上海市教育科研课题"新时代上海高校课程思政教学改革探究"(编号 C19116)
上海电机学院人文社科研究专项计划"高校专业课教师课程思政教学改革的
　影响机制与驱动策略"的阶段性成果

新时代高校思想政治理论课教学改革探索

吕小亮　著

上海大学出版社
·上海·

图书在版编目(CIP)数据

新时代高校思想政治理论课教学改革探索 / 吕小亮著. —上海：上海大学出版社，2020.10
ISBN 978 - 7 - 5671 - 3956 - 5

Ⅰ.①新… Ⅱ.①吕… Ⅲ.①高等学校－思想政治教育－教学改革－研究－中国 Ⅳ.①G641

中国版本图书馆 CIP 数据核字(2020)第 200243 号

责任编辑　傅玉芳
封面设计　柯国富
技术编辑　金　鑫　钱宇坤

新时代高校思想政治理论课教学改革探索
吕小亮　著
上海大学出版社出版发行
(上海市上大路 99 号　邮政编码 200444)
(http://www.shupress.cn　发行热线 021 - 66135112)
出版人　戴骏豪

＊

南京展望文化发展有限公司排版
上海华业装潢印刷厂有限公司印刷　各地新华书店经销
开本 710mm×1000mm　1/16　印张 13　字数 213 千
2020 年 10 月第 1 版　2020 年 10 月第 1 次印刷
ISBN 978 - 7 - 5671 - 3956 - 5/G・3150　定价　58.00 元

版权所有　侵权必究
如发现本书有印装质量问题请与印刷厂质量科联系
联系电话: 021-57602918

序言 | Preface

教学对象在发生着代际更替,国内外环境局势也在深刻演变,推动思想政治理论课教育教学的大力改革已经成为学者的当然责任,《新时代高校思想政治理论课教学改革探索》在这样的背景下应运而生。

思想政治理论课是落实立德树人根本任务的关键课程。全国思想政治教育研究者高度关注课程教学改革,他们从教育教学方法论、教师专业发展、课程体系建设等不同领域研究改革问题与对策,体现了学者们对时代新人培养工作的责任感和使命感。应该说,通过研究和改革优化,思想政治理论课的教学质量得到了显著的提升。但随着时代的发展,新的困境接踵而至,低头族、低互动、低获得感、大班额等现象普遍存在,难题越来越多,新的教学改革呼声渐高。全国教育大会和全国高校思想政治工作会议强调,思想政治理论课要坚持在改进中加强,即要通过教育教学改革提升课程教学质量。

吕小亮博士将教育理论与教学实践相结合,围绕思想政治理论课教学问题,对 20 所高校主要领导、中层干部和专任教师进行了深度访谈,对大学生进行了大量的实证调查,认真梳理了思想政治理论课教学改革的历史脉络,深刻剖析了改革的实践逻辑和现实问题。第一,从历史发展视角梳理了思想政治理论课改革的基本脉络,比较清晰地厘清了我国四十多年来思想政治理论课教育教学改革的背景、理念和内涵,肯定四次系统性改革呼应了时代发展和社会进步的需要,在顶层设计、课程体系到内容建构等方面成效卓越。第二,从课程评价视角阐释了思想政治理论课教学出现的种种问题,并运用课程评价技术,对相关问题进行研究厘清,认为人口统计学因素、教学内部因素和外部环境因素等是影响思想政治理论课教学质量提升的主要因素。第三,从供需理论视角系统地提出了思想政治理论课教学改革的整体思考,即思想政治理论课教学要充分考虑"供"和"需"的协同均衡,以此来推动课程教学的价值实现。思想政治理论课教学应该从"教师中心"向"学生中心"转变,以需求导向优化课程供给，推动教学设计、教学互动、教学方法、教学评价、教学团队和教学条件等方面系统改革，实现育人目标。从这三方面来看，作者比较系统地阐释了思想政治理论课教育教学进程中出现的主要问题，找出了主要影响因素，提出了具体解决对策，对于推动思想政治理论课教学改革具有非常重要的借鉴意义。

在"以本为本、回归初心"的改革呼声中，我们应该看到，思想政治理论课作为培养时代新人的"头部课程"，质量建设愈发重要。大学生处于人生发展的"拔节孕穗期"，迫切需要高质量的思想政治教育，迫切需要高质量的思想政治理论课，迫切需要高质量的思想政治理论课教学。在这样的时代背景下，"施教者"和"受教者"汇聚了强大的共识基础，形成了牢固的教学改革阵地。因而，系统地推进思想政治理论课教学改革性成为必然。在本书中，作者提出了改革要遵循的基本原则、基本要求和基本思路，强调要秉持政治立场、培养政治信仰、遵循教育规律、满足学生需求，整体设计、分步实施，从教学的前段、中段、后段以及评价逐步推进改革。这一观点符合改革的目标追求，也回归了思想政治理论课教学的初心使命。

未来已来，思想政治理论课教育教学还将面临多维挑战：一是教育对象代际更迭。"00后"将成为大学生主体，其思维模式、行为习惯、价值观念和知识图谱已经发生巨大变化。二是时代环境呈现巨变。在百年未有之大变局中，如何理解和阐释新时代中国特色社会主义，如何落实时代新人培养任务，这将使得思想政治理论课教学内涵和环境发生巨大变化。三是高等教育发展进入新阶段。在规模扩张和质量提升的螺旋进程中，思想政治理论课教师队伍建设亟待加强，尤以数量结构优化、教学能力提升、研究水平提高最为迫切。在这三个方面，本书也给了了比较具有前瞻性的研究分析，对于未来的改革指向也提供了比较好的建议。

作者从自身工作实际出发，研究提出了推进思想政治理论课教学改革的主要原则和实践对策，情怀值得肯定、成果值得推荐。是为序。

史秋衡
2020年10月20日

目录 | Contents

第一章　高校思政课教学改革省思 ··· 1
　　第一节　问题缘起与背景 ··· 1
　　第二节　概念界定与阐释 ··· 8
　　第三节　学术争鸣与共识 ·· 21
　　第四节　教学改革的意义、目标与路线 ································ 35
　　第五节　基本理论依据与分析视角 ···································· 37

第二章　思政课教学的评价视角与现状分析 ································ 46
　　第一节　思政课教学评价的内涵 ······································ 46
　　第二节　思政课教学评价的原则 ······································ 51
　　第三节　思政课教学评价的要义 ······································ 59
　　第四节　思政课教学的现状分析 ······································ 66

第三章　思政课教学的变化诊断 ··· 71
　　第一节　教学对象变化诊断 ·· 72
　　第二节　课堂教学变化诊断 ·· 75
　　第三节　时代环境变化诊断 ·· 81

第四章　思政课教学的现实困境 ··· 89
　　第一节　教学对象研究滞后于学生群体发展 ···························· 90
　　第二节　教学实践发展迟慢于教学理论进步 ···························· 97
　　第三节　师资队伍建设落伍于时代环境需要 ··························· 103

第五章 思政课教学改革的基本原则、要求和思路 ……………… 106
   第一节 思政课教学改革的基本原则 ……………………… 106
   第二节 思政课教学改革的基本要求 ……………………… 115
   第三节 思政课教学改革的基本思路 ……………………… 122

第六章 思政课教学改革实践探索 ………………………………… 128
   第一节 需求与供给：基于学生需求优化教学设计 ……… 130
   第二节 组织与技术：瞄准教学过程加强教学互动 ……… 141
   第三节 守正与创新：依循传统基础革新教学方法 ……… 150
   第四节 成效与评价：遵照学习投入鼎新教学评价 ……… 166
   第五节 素养与能力：始于教学实践建设教师团队 ……… 179
   第六节 服务与保障：依照教学需求改善教学条件 ……… 186

参考文献 ……………………………………………………………… 192

第一章　高校思政课教学改革省思

第一节　问题缘起与背景

高校思想政治理论课（以下简称"思政课"）是落实立德树人根本任务的关键课程，是开展大学生思想政治教育的主渠道、主阵地，是回答"培养什么人、怎样培养人、为谁培养人"根本问题的主要路径。在此背景下，高校思政课要用马克思列宁主义、毛泽东思想、邓小平理论、"三个代表"重要思想、科学发展观和习近平新时代中国特色社会主义思想武装广大青年大学生头脑，为培养德智体美劳全面发展的社会主义建设者和接班人筑牢思想基础。因而，高校推动思政课教学改革、提升思政课教学质量意义重大、使命光荣。

与此同时，提升思政课教学质量是专任教师、教育学界乃至整个社会都在探讨的问题。作为大学生思想政治教育工作者，笔者一直参与第一课堂、第二课堂乃至第三课堂的教育教学活动，十余年的相关工作经历和切身感受发现思政课难上、教学质量不佳是普遍现状。这种现状让许多教育工作者，尤其是思政课教师百思不得其解：党和政府对思政课越来越重视，高校和教师的投入越来越多，社会和家庭的关注度越来越高，思政课教学质量却一直不佳，长期停留在一种"点上有惊喜、面上难起色"的徘徊状态。于是，疑问来了：思政课教学怎么了？

冰冻三尺，非一日之寒。思政课教学质量问题由来已久，因程度不同而呈现不同。"78方案"①时期，高等教育处于精英化阶段，思想高度统一，教学注重内容传授，形式多以讲授为主，灌输性强。"85方案"时期，高等教育依旧处

---

① 指1978年思政课程体系改革方案，后文"85方案""98方案""05方案"指对应年份的思政课程体系改革方案。

于精英化阶段,但经济建设开始彰显影响力,思政课教学开始涉及社会实践,但灵活度不够,教师教学话语权开始减弱。"98方案"时期,高等教育开始进入大众化时期,社会思想更加多元,思政课教学受到显著冲击,计划性教学供给与市场性学习需求矛盾渐显。"05方案"时期,高等教育开始逐渐进入普及化阶段,经济、政治、社会、科技对教育影响更大,时代环境、课堂教学、教学对象等发生重大变化,供需矛盾更加凸显。

四十余年来,国家推动四次思政课教学改革,足见国家对思政课教学的重视。改革是在思政课教学遭遇新问题、出现新变化或肩负新使命的情况下推动的。国家推动制定改革方案,高校如何落实和细化思政课教学改革,以适应新变化新要求,成为新时代思政课教学改革的新命题。进一步而言,高校要推动思政课教学改革必须回答为何改革、改革什么的问题。

一、改革何求：现象级问题待解

通过与思政课教师的工作交流与学术对话,以及长期的文献研究,笔者发现在长期的思政课教学实践中,有不少现象级问题值得关注,比如学生怠学、大班额教学、教学方法呆板、学习成效评价粗放、教师数量不足、教学保障不够等。这些现象级问题广泛存在于"985""211"及一般公办本科、民办本科等各类高校的思政课教学之中,虽然因环境不同、群体不同表现出不同形式,但问题内核基本一致。具体表现如下所述：

（一）学生怠学现象普遍存在

学生怠学的具体表现形式有：课堂上低头族多、课堂响应度低、做笔记的少、作业敷衍、获得感低等,学校和教师通过多种手段试图改变学生怠学情况,诸如改变教学设计、增加问答互动、集中管理手机等等,但是收效甚微。怠学与学生学习主动性和教学吸引力有密切关系。彭建国等对该问题进行了深入的研究,认为高校思想政治教育吸引力就是高校思想政治教育把受教育者(大学生)的注意力、兴趣、情感、思想观念等吸引到自己所传播的内容上来的力量[①]。如果课程教学没有吸引力、学生需求不被满足,那么出现怠学现象是必然的。

---

① 彭建国.增强高校思想政治教育吸引力问题研究[D].湖南师范大学,2011：1.

(二) 大班额教学现象普遍存在

思政课教学生师比普遍高于 350∶1 的标准值,这就造成了单班 100、120 人甚至 150 人以上的大班额教学普遍存在,虽然部分高校在点上尝试小班额教学,但无法根本改变全国性、全校性的思政课大班额教学的普遍现状。大班额与教学互动、教学质量等密切相关,邵龙潭等对该问题进行了深入的研究,认为大班授课不利于师生互动、讨论交流,不利于及时解决学生思想中的疑惑[①]。显然教师们认为大班额问题亟待破解。

(三) 教学方法运用不佳现象普遍存在

思政课教师习惯使用传统的讲授式、问答式教学方法,纵然有翻转课堂、慕课、对分课堂等多种现代教学方法可供选择,但现代教学方法未能在面上推广、传统方法也未能灵活运用,最终导致各类教学方法都未能发挥实效。教学方法与教学内容、对象密切相关。马文认为推进思想政治理论课教学方法改革,要发挥好教师的主导作用和学生的主体作用[②]。显然,强调教学方法改革是因为教师们在方法的使用中出现了问题。

(四) 学生学习投入与支持不力现象普遍存在

学习投入与支持不力不单表现在不在乎学习成绩如何评价,还表现在日常关注度低、生活实践指导少、热点事件认知度低等现象上。学生将思政课置于副课地位,不愿增加思政课方面的学习投入,教师虽然动用过诸多方法刺激,但也收效甚微。学习投入与支持是影响学习效果的重要因素,评价是较好的引导性措施。吴凡提出过类似问题,认为在具体的实施与评价环节中,课程目标与课程评价脱轨严重,课程理念与实践方面存在巨大落差,应试教育与功利主义倾向突出,不利于学生形成深层学习方式[③]。可见,评价导向对学生学习投入影响显著。

(五) 教师队伍数量不足现象普遍存在

思政课教师数量不足,师资队伍结构得不到优化,师均课程教学课时量

[①] 邵龙潭.高校思政课"大班授课、小班讨论"教学模式的探索与思考[J].思想理论教育导刊,2011(11).
[②] 马文.大力推进思政课教学方法改革创新[J].中国高等教育,2015(10):1.
[③] 吴凡.我国研究型大学课程目标与课程评价问题研究[J].中国高教研究,2017(10):98.

大、班额大、教学压力大，教师长期处于备课、上课、备课的高强度循环中，研究空间受到挤压，教学能力和水平得不到显著提升，教师获得感、认同感下降，教学职业倦怠问题也愈发凸显。在此情况下，教师队伍工作状态难以提升，教学质量难以提高。

（六）教学条件保障不佳现象普遍存在

思政课教学硬件基础配套不完善，教学人均经费投入低，人才培养力度不够，政策支持力度不够，新技术运用度不佳，导致教学硬件、软件和经费支持长期处于短缺的状态，质量保障体系运转不良，教学条件质量堪忧。纵然思政课教学条件受限于高校基础设施条件，但在大班额、短师资等情况的综合影响下，思政课教学条件不佳的影响更加显著。

通过与教师们的工作交流与学术对话，结合文献研究思考，研究认为上述思政课教学现象级问题的普遍存在，标示着思政课教学质量的确存隐忧，这些问题分布于思政课教学设计（学生怠学、供需不匹配）、教学互动、教学方法、学习成效（教学评价、学习投入）、教学队伍、教学条件等多个领域。高校要解决上述领域的现象级问题，提高思政课教学质量，就必须依靠教学改革。本研究通过质性访谈和实证评价相结合的研究方法，从课程评价的角度对影响思政课教学质量的因素进行分析，并据此探索思政课教学质量不佳的原因，为思政课教学改革的有效推进提供数据支持，最终根据研究结论提出改善思政课教学质量的针对性建议。

二、改革思辨：问题归因与假设

思政课教学改革，既是一个理论研究问题，涉及教学理念发展、教学内容创新、教学对象研究，又是一个实践探索问题，涉及教学方法改革、教学技术运用、教学评价设计、教学条件支持等；既是一个新命题，涉及新环境、新对象、新时代和新使命，又是一个老大难，包括内容不新、方法不彰、师怠学怨等。这既说明思政课教学改革迫在眉睫，又说明相关改革研究与实践任重道远。思政课教学改革是一个整体的、系统的问题，必须通过各个领域的协同推进，才能实现思政课教学质量的整体改善。

如前文所述，思政课教学现象级问题标示着教学质量确存隐忧，现象是质量水平的具体表现，造成现象级问题的成因也是导致质量不佳的关键因素。

不管是教育实践者,还是理论工作者,都必须正视并尝试解决这些问题。正是基于这样的现实问题,促使笔者试图通过理论研究,梳理、分析、解决种种问题。为更好开展针对性研究,笔者结合多年实践工作经验和相关学术成果梳理,试图析解纷繁复杂的问题,分别提出以下研究假设,并将在后续研究中寻求检验。

(一)供需不匹配是导致学生怠学的主要原因

学生怠学是普遍现象,为深入探知其中原因,笔者通过开展质性的课程评价,即运用访谈诊断该问题,发现有两类情况值得关注:一是大部分学生认为课堂教学没有自己需要和喜欢的内容,"老师讲的都比较空,感觉离我们实际需求有点远",所以他们不愿意投入学习,进而陷入怠学境地;二是还有一小部分学生在认真听讲,访谈发现这一部分学生能够在课程中找到一些自己需要的东西,如对于社会热点问题的困惑解读、法律意识的培育增强等,"有些迷茫的时候,听老师讲起一些思考,顿时觉得开悟了"。可见教学设计是否到位、需求是否被满足成为学生学习是否投入的关键因素。经济学领域中,商品价值与价格受到需求供给曲线的影响,供给大于需求价格低于价值,供给小于需求价格高于价值,供需协同价格价值实现均衡。笔者认为,供给需求理论一样可以解释思政课教学矛盾,尤其是学生怠学问题,即教师教学供给与学生学习需求不均衡、不匹配,导致学生需求得不到针对性的供给满足,进而导致学生怠学现象普遍存在。由此,提出研究假设一:供需不匹配是导致学生怠学的主要原因。

(二)组织创新不力是导致教学互动不佳的主要原因

大班额教学是思政课堂最普遍的现象之一,也是令思政课教师最为头疼的问题之一。不少研究认为思政课教学互动不佳主要是大班额问题导致的,认为小班化教学可以改变这一现状。本研究发现,大班额的确是原因之一,但并不是关键原因。大班额教学在欧美发达国家也很普遍,但其教学互动并未受到影响。他们所采用的是大班额教学、小组式讨论研究的教学模式,由一名教授、多名助教以及多名学生助理组成教学团队,单门课程教学团队人员可多达20人以上,同时教师讲授内容是建构在小组讨论、课下学习和资料学习基础上的,学生看得到、学得懂的基本不讲,教师把重点放在难懂、不懂的问题上。欧美发达国家的大班额教学的组织形式非常有活力,课程有教学团队,由师生联合组成;学生有学习分组,根据不同问题或者学习兴趣组建。他们充分运用和发挥各类教学组织形式的优势,集中破解了大班额教学互动问题。借鉴组织行为学相关理论分析,这一教学组织创新模式对于组织成员行为引导、激励、消除倦怠都起到了一定的效果。可见,大班额教学互动问题并非不可解决,也并不完全是超高的生师比造成,更不是仅有一条小班额教学之路才能解决。由此,提出研究假设二:组织创新不力是导致教学互动不佳的主要原因。

(三)运用失活是导致教学方法效果不佳的主要原因

教学方法是教学研究和实践领域最为焦点的问题之一,关于教学方法改革、研究和实践拓展的成果很多,而且教学方法具有一定的普适性,许多方法是在各门课之间通用的,诸如讲授法、案例分析法、苏格拉底"产婆术"等都常运用于思政课教学之中。与此同时,不同历史和科技发展阶段,产生了许多更新的方法,诸如PPT教学法、慕课教学法、对分课堂教学法等。按照方法论的观点,有什么样的世界观就应运用什么样的方法论,思政课隶属于马克思主义,理应运用马克思主义世界观和方法论来指导教学方法改革,辩证法很关键,即凡事有长短,关键在于匹配,即内容与方法要匹配,针对什么样的内容使用什么样的方法,教学方法与教学内容要匹配。这些足以说明,一是思政课教学有足够多的教学方法可以使用,二是如何使用教学方法是教师开展思政课教学必须思考的问题,三是新旧教学法都有其可用之处、长短之别,关键是要做到不同教学方法在不同教学内容和阶段的灵活运用。由此,提出研究假设三:运用失活是导致教学方法效果不佳的主要原因。

(四)评价举措不力是导致学习成效不彰的主要原因

评价的主要功能历经四个主要阶段发展,形成了测试、选拔、诊断、改进的四项主要功能。虽然诊断和改进功能已经形成和发展几十年,但是当前思政课教学的评价功能依旧徘徊在测试和选拔领域,即测试学生学习成效,通俗地说就是判定学生的成绩。当前思政课学习成效主要通过出勤率、课堂表现和期末考试成绩综合而成,一般而言,占比分别为10%、30%、60%。固定的评价范式和内容,缺少对学生主体的关注和激励,具体表现在课堂激励和成绩激励。评价激励的方式有很多种,从认识论上看,传统的评价追求的是引导和提升认知兴趣,尤其在课堂激励方面对于激发学生的学习积极性有很大帮助,成绩激励则有利于提高学生对思政课学习的积极性,进而更加愿意投入其他思政课程的学习。毕竟思政课是一个课程群,各门课之间既有共性又有不同,评价激励得当则彼此互为基础、互为助力,评价激励不当则可能互相消解。根据课程评价论,诊断和改进功能应该成为当前思政课教学的主要功能,诊断可以发现学生实际需求、找到学生关注焦点,改进可以促进教学发展、提高教学针对性,诊断和改进成为评价功能发挥的重要举措,成为以评价提升学习成效的关键。由此,提出研究假设四:评价举措不力是导致学习成效不彰的主要原因。

(五)教师数量不足是导致师资队伍建设不力的主要原因

教师数量不足是当前思政课教学队伍建设中存在的最为显著的现状之一。在思政课教学领域,师资队伍数量不足是核心问题,绝大部分高校生师比远高于350∶1,这就造成了师均课时量巨大、小班额教学无法普及;师资队伍结构,尤其是学历、年龄、专业和职称等分布不均,造成了教学工作量分配无法科学合理、教学效益无法最大化、教师成就感低,导致教师职业倦怠现象普遍而严重。整体而言总工作量、总师资数以及教师年龄、学历、职称结构等师资队伍建设乏力问题,造成了思政课教学出现超强度工作量、低水平研究等实际情况。根据心理学的相关理论,职业倦怠主要是由超强的工作压力导致的心理枯竭现象,既有表面的肉体的劳累,又有心理层面的疲惫、殆尽的感受,具体工作表现为工作热情降低、态度消极、职业价值认同感降低等情况。个体职业倦怠影响整体职业状态,整体职业倦怠势必影响整体师资队伍建设,进而影响思政课教学质量。由此,提出研究假设五:教师数量不足是导致师资队伍建设不力的主要原因。

(六)条件不足是导致教学保障乏力的主要原因

教学保障是支撑教学高效运行的重要基础,教学保障的内容涉及教学的方方面面,设备保障是教学的基础条件,涉及教室规模、形式、设施等,制度保障是教学的重要条件,涉及教学管理、评价、考核等,经费保障是教学的关键条件,涉及教学能力培养、科研水平提升、实践教学拓展等。设备、制度和经费都是教学保障的重要内容和条件,保障条件不足会导致教学运行混乱、质量低效。有关研究表明,教学保障不是学生关注的核心,原因可能是教学基础条件保障已经能够满足基础教学需要,如阶梯教室满足大班额教学空间需要、多媒体设施满足课堂展示需要等。不过这并不能说明提高思政课教学保障条件不重要,相反在满足基本需求的情况下,这限制了思政课教学条件的进一步提升。根据教育技术相关理论,先进的教育教学技术发展和适用将极大地促进教学条件的改善,进而促进教学质量的提升。由此,提出研究假设六:条件不足是导致教学保障乏力的主要原因。

上述六点研究假设是综合现象观察和初步理论分析后构思而成的,主要是思政课教学设计(学生怠学、供需不匹配)、教学互动、教学方法、学习成效(教学评价、学习投入)、教学队伍、教学条件等领域出现的现象级问题的主要成因猜想,正确与否有待研究,本书将在其后的相关章节从质性研究和量化实证研究两个角度分别论证。

第二节 概念界定与阐释

本书从思政课教学的现状研究出发,从课程评价的视角分析高校思政课教学存在的主要问题及其成因,研究推进思政课教学改革的对策。这其中涉及课程、课程评价、思政课、教学改革、"00后"大学生等多个重要概念及其相关内涵阐释与外延拓展。

一、课程的基本定义与阐释

(一)课程的基本定义

研究思政课,必须先厘清课程的主要内涵。课程是课程论、甚至是教育学领域中最基础的概念,做相关学术研究都绕不开对"课程"一词的界定和认知。因课程自身的复杂性,导致学者对于"课程"的有多种理解,但是这并不意味着"课程"是不可捉摸的。在特定时期和一定的历史条件下,人们对"课程"的基本理解是可以确定的,这也是学者开展相关学术探讨的对话基础。

古今中外,不同学者曾对"课程"概念进行专门的阐释,对此,笔者无意对课程进行历史溯源,现仅选取经典观点,借以提供对本研究最直接的启示。比彻姆在《课程理论》专著中指出,经统计,对"课程"一词的定义多达 119 种[①]。我国现代学者对"课程"一词也多有阐述,如王策三认为课程是"人类长期创造和积累起来的经验的精华"[②]。《现代汉语词典》中对"课程"的解释为"学校教学的科目和进程"[③]。还有观点认为课程的本质在于建构文化,文化是课程的母体,课程是对文化的一种精选。

综合上述不同学者的观点可以发现,课程与科目、进程、文化精华密不可分,其内涵文化核心、承担教育意义、循序渐进推进,既是一类知识集合,又是一种育人平台,以过程和内容为核心,体现育人价值。在课程评价视角下,课程作为评价对象,评价的核心聚焦在课程的内容、过程和结果与预设的达成度上。结合本研究的目的与对象,特将"课程"理解为:为实现人才培养目标、依据一定的逻辑组织、既满足外部要求又符合学习者特点的知识体系。即课程是有目标、有逻辑、有要求且符合学习者需求的知识集合。思政课教学的终极目标是培养社会主义建设者和接班人,其内容是马克思主义世界观、方法论及其中国化的最新成果,逻辑建构是基于思想政治教育规律和学生认知成长规律。这既符合国家人才培养要求,也符合学习者人生发展需要和价值实现,这也是思政课及其教学存在的价值和意义。

(二)课程的价值定位

课程是教育的核心单元。从教育学视角来看,课程是集理论性、教育性和过程性于一体的教育基础单元,既有理论逻辑内容体系,也有教育培养基本功能,还必须按照一定规律和进程开展。从文化学理论来看,课程本身就是一种独特的政治文化,并不只是信息和知识的载体,而是以事实为基础、以价值为主导的文化现象,文化承载着价值和价值观,这就决定了课程本身具有价值属性,有价值判断和价值观。课程中的文化因素,如意识形态、社会价值观、民族文化传统等都会在课程中体现[④]。从上述两方面可以确定,课程是文化载体,承接文化传承、发展和教化作用,也是育人载体,承担人才培养、知识传承等

---

① G.A.比彻姆著,黄明皖译.课程理论[M].北京:人民教育出版社,1989:169.
② 王策三.教学论稿[M].北京:人民教育出版社,1985:168.
③ 中国社会科学院语言研究所词典编辑室编.现代汉语词典[M].北京:商务印书馆,1998:717.
④ 刘志军.发展性课程评价体系初探[J].课程教材教法,2004(8):19-21.

作用。

鉴于此,思政课是所承载的价值属性最强的课程类型之一。结合我国的文化意识形态,本书将思政课的价值定位于符合社会主义核心价值观,并为实现中国特色社会主义服务的知识体系。

(三)课程的基本导向

课程应该以教育的根本任务为基本导向,支撑和落实教育的根本任务。在课程教学的师生价值认知与目标达成、教学内容与方法、教学互动与组织、学习投入与支持、学习成效与评价以及学生人口统计学因素、师资队伍建设和教学条件保障等一系列过程实践中,要紧密结合学生需求、思想行为特征和认知特点,致力于提升课程教学质量,保障根本任务的实现。

课程既要反映外部要求,又必须关照自身属性。课程与科学知识(体系)是不同的,因为很多科学知识并不适合在大学课堂传授,它们是科学探索的内容和结果,有科学知识独特的保存和流传体系。选取哪些科学知识进入大学课堂,关键是要依照学习者的特点。因此,思政课在对马克思主义知识体系进行遴选时,要关照到学生的身心特点,结合当下的内外部环境,既要满足科学知识体系的规律,又要关照学习者的诉求。

二、课程评价的基本定义与阐释

(一)课程评价的基本定义

19 世纪末,教育评价工作在一些国家萌芽,直到 20 世纪中叶,课程评价的相关工作和概念才真正获得教育工作者的重视。此后,课程评价的概念获得持续发展。美国教育学家拉尔夫·泰勒在《课程和教学的基本原理》中最早提出"课程评价"的概念,他认为课程评价过程实质上是一个确定课程与教学计划实际达到教育目标和程度的过程[1]。英国课程专家凯利认为课程评价是评估任何一种特定的教育活动的价值和效果的过程[2]。桑德斯在《国际教育百科全书》中将课程评价定义为研究一门课程某些方面或者全部的价值的过程[3]。还有一些教育学家从课程评价的内涵出发来解

---

[1] 拉尔夫·泰勒.课程和教学的基本原理[M].施良方译.北京:人民教育出版社,1994:85.
[2] 丹尼斯劳顿等.课程研究的理论与实践[M].北京:人民教育出版社,1994:85.
[3] 江山野编译.简明国际教育百科全书.课程[M].北京:教育科学出版社,1991:168.

释课程评价。美国学者麦克唐纳认为课程评价有其目标追求，在于确定课程设计的效果，要阐明和周围环境的关系，并以有利于教育决策者的方式提供情况，以便估计采取这种方案的可能结果①。美国教育专家比彻姆则认为课程评价包含判断课程系统的效果和所规划的课程效果的那些必要的过程②。

不同专家对课程评价的基本概念都会有不同的侧重和解释，因此英国课程专家劳顿认为评价是课程研究领域中最难理解的概念之一。

综合前人的研究和探索，结合近代以来课程评价实践的发展，笔者认为课程评价至少应该包含三方面的核心内涵：一是评价目标的达成度，二是评价课程的价值性，三是诊断、改进课程的实践过程。具体到关键点上即目标、价值和过程。课程评价深受课程评价观的影响，而课程评价观又是教育价值观在课程领域的具体化。因此，课程评价观的价值导向就尤为重要，不同课程评价观下会产生不同的课程评价模式，注重目标与结果的达成度可选择结果性评价，注重过程评价的可选择形成性评价。

鉴于上述析解，本书提出课程评价是根据一系列的评价方法、评价策略，从不同重点对课程活动各个环节及相关问题做出价值判断、分析的过程，贯穿于课程始终。课程评价至少包括四个方面：课程使用的评价、课程设计的评价、学生成绩的评价、课程系统的评价，依靠不同评价模式（该模式基于不同的课程评价观导向），以确定教育目标、选择学习经验、组织学习经验、评价教学效果。本文所阐述的课程评价即以此为基本参照。

（二）课程评价的发展历程

美国评价专家古巴和林肯把评价概念的发展划分为四个时期：第一代是测验与测量时期。19世纪末到20世纪30年代，代表性的事件是1897—1898年，美国学者莱斯对三万余名小学生进行拼写测试，以检测教学时间对学习效果的影响。这个以改进和发展教育为目的的评价活动被认为是评价研究的开端，开启了学业成绩测量时期。第二代是描述时期。20世纪30年代到50年代，以美国进步教育协会主持的"八年研究"而兴起。第三代是判断时期。

---

① 拉尔夫·泰勒.课程和教学的基本原理[M].施良方译.北京：人民教育出版社，1994：85.
② 比彻姆.课程理论[M].黄明皖译.北京：人民教育出版社，1989：185.

1957年至70年代,以美国发动教育改革为代表。第四代是建构时期,从70年代至今①。总体看来,评价概念已经发展100余年,课程评价也已经发展60余年。通过四个时期、长时段的实践发展,课程评价的主要功能也在不断延展,艾斯纳认为至少包含具体包括诊断、课程修订、比较教育计划、确定教育需要和确定目标是否达到等五个方面②。

随着课程评价的实践发展与研究推进,相关理论、实践和要素都在不断深化,日本名古屋大学安彦忠彦教授认为课程评价要素包括内部要素和外部要素两部分,内部要素包括教学内容是否适于该年龄层的学生、组织原理、修习原理、教材、课时、教学方式、教学方法与技术等,外部要素包括设施设备、教师集体的素质、行政决策过程等③。

可见,课程评价的影响因素颇多,本研究通过质性与实证调研,敏锐地感受到,教学对象(包括师生及其年龄、专业等)、价值认知与目标、教学内容与方法、教学组织与互动、学习投入与支持、学习成效与评价、师资队伍建设、教学条件等可能成为思政课程教学质量的重要影响因素。基于这样的考虑,笔者对思政课教学质量的评价也会涉及上述领域,尤其是在进行实证调查时,在问卷题项中尽量涵盖如上要素,以期对思政课的评价相对全面而系统。

(三)课程评价的主要模式

经过100余年的探索和发展,课程评价模式逐渐多元,越来越有针对性,目前主流的课程评价模式有五种,主要包括:目标评价模式、CIPP评价模式、回应模式、阐述性模式以及发展性评价模式④。

(1)目标评价模式:目标评价模式是最早被提出、论证并获得广泛认可的,由"课程评价之父"泰勒提出,认为课程评价过程应按照确立目标、确定评价情境、选择评价方式和工具、判断评价结果等四个步骤开展,强调程序的循环往复,并以此形成连续环。目标评价模式重视目标达成情况,针对目标结果开展评价,所以多使用客观的、实用的工具和办法。目标评价有其价值导向和

---

① 蒋雅俊.课程评价:课程价值的创造与实现[J].华南师范大学学报(社会科学版),2014(3):63-65.
② 李雁冰.课程评价论[M].上海:上海教育出版社,2002:126-133.
③ 钟启泉.课程评价:从量化评价到质性评价——与日本课程学者浅沼茂教授的对话[J].全球教育展望,2002(3):4.
④ 刘志军.发展性课程评价体系初探[J].课程教材教法,2004(8):19-21.

优点,与此同时也存在一定短板,譬如目标评价模式过于强调结果达成度,造成评价必须参考最终结果与目标的一致性评价,这就造成了该模式显而易见的缺点:过程忽略、学生中心忽略。因其过度重视结果,造成过程忽略,因其评价焦点由学生中心转为整个方案,造成学生中心的主体忽略。如上两个短板,也成为制约目标评价模式价值提升的关键要素。

(2) CIPP 评价模式。1966 年,丹尼尔·斯塔弗比姆提出 CIPP 评价模式,包括背景评价、输入评价、过程评价及产品评价,其中背景评价是一个反复的过程,其他三个评价是在背景评价提出需要的基础上逐一进行的。他认为评价的目的是为了决策,通过评价可以为课程做出结构决策、计划决策、实施决策、处置决策[①]。CIPP 评价有其价值导向,即评价最重要的目的不在于证明,而在于改良,为被评价对象提供改进和发展指导,使其更具成效。这是 CIPP 模式为何尤为重视实践过程的关键所在。与此同时,CIPP 也存在一点短板,即过于重视过程属性,弱化了评价导向的控制性格,过于迎合过程实践,而缺少对实践的反思与批判,这使得 CIPP 走上了另一个偏颇的情境。

(3) 回应模式。1975 年,罗伯特·斯太克提出回应模式,他认为测量的准确性与委托人的有用性导向不同,回应模式必须以委托人的有用性为导向,必须更注意方案的活动内容而不是意图,必须关注评价的最多利益相关者的意志而不是某一部分人的意志。可以看出,回应模式非常注重委托人的意志和需求,所有的委托人即利益相关者的需求都应该得到关注和尊重,因此评价内容相对宽泛,评价契约相对弹性,评价设计相对开放,评价技术相对多元,评价报告相对叙事,评价沟通相对自然,评价取舍相对侧重有用性,对待评价误差相对宽容。其评价内容和次序相对灵活,可以在评价时钟的基础上跳跃发展。由此看来,回应模式关注和尊重所有利益相关者诉求,认为评价是对各种事件的客观描述与判断。进而,回应模式更加注重实践旨趣导向,更加注重利益相关者诉求,更加注重评价灵活性,更加注重对多元价值的尊重。不足的地方在于,回应模式周期长、过程复杂、照顾的利益相关者较多,适应性和时效性相对较弱。

(4) 阐述性评价模式。1976 年,帕莱特和海密尔顿提出阐述性评价模式(也称解释性评价模式),该评价模式特别重视两个概念,即教学体系和学习环

[①] 刘义兵.当代国外课程评价的基本模式[J].外国教育研究,1992(1):14-17.

境。教学体系是指课程方案革新的整体性,这种整体性实施会形成一种教学体系;学习环境是指师生相处于一定的社会心理和物质环境之中相互作用。因此,阐述性评价模式认为须关注课程所作的描述与解释,而不是对课程实施的结果进行测定,分为三个阶段,即观察、探究、解释。阐述性评价是通过对课程相关情境进行影响,并进行针对性的描述和解释,以帮助人们更好地理解和实施课程。不过,阐述性评价过于重视质性资料,对质性资料的解读容易陷入主观意见之中,导致评价结果的不准确。

此外,具体实践中常用的评价模式还有发展性评价模式。发展性课程评价制度是指课程评价的目的、主体、内容、过程以及结果的解释与运用等方面以发展的理念和方式来展开的课程评价制度。发展性课程评价理念强调课程的发展、学生的发展、教师的发展;目的强调课程系统的整体发展,尤其是课程的目标内容结构管理等方面是否相协调;主体强调多元,包括教育内部的主体及多方面的社会主体,如科学家、政治家、社会活动家、人文学者、地区代表、家长、企业雇主等;内容强调对课程活动的全程进行全面评价,具体可包括课程设计评价、课程实施评价、课程效果评价等。这三个部分有交集却又相对对立,呈螺旋状,重视目标、过程和效果的达成①。由此可见,发展性评价模式集合了目标评价模式、阐述性评价模式、回应评价模式的优点,既注重结果与成效,又注重设计与过程,还呼应利益相关者诉求,因此发展性评价越来越受到课程评价领域的重视。

因此,对思政课教学评价会选取符合其特点的评价模式,所遵循的原则就是尽量选用多种评价模式。限于篇幅和水平,本书主要涉及的评价模式为目标评价模式、发展性评价模式等。

(四)课程评价的发展现状

(1)评价理念逐渐发生变化。随着时代发展,人们对教育的需求和期望不断提高,课程评价的理念、导向、路径和实施也随之发展、变化。从最初的描述测量、描述,到后来的判断、建构,以及今天的发展性评价,从最初重视测试、选拔,到今天重视改进、提升,都使得课程评价变得越来越有意义。

(2)实践路径更加丰富。课程评价模式越来越多,每种评价模式都需要

---

① 董建春.论发展性课程评价制度建设[J].中国教育学刊,2008(4):53.

不同的实践路径,这是推动实践变革的动力基础,同时新技术、新思路的发展,也为实践路径的丰富奠定了现实选择。尤其是一些需要大量数据采集和数据分析性的评价模式,新技术的运用会起到非常好的作用。

(3) 更加聚焦现实问题。课程评价的主要目的是为了持续的改进和发展,故其存在的最大价值就是为了发现问题、分析问题、解决问题。所以课程评价的发展趋势和价值导向就以问题为中心,不断发现、关注、诊断问题,直至找到解决方案,发现问题是为教学改革找到病灶,解决方式则是为教学改革提供改革思路和对策。为了更好地服务教学改革,课程评价就必须更多地关照现实问题,评估教学对象、价值认知与目标、教学内容与方法、教学组织与互动、学习投入与支持、学习成效与评价、师资队伍建设、教学条件等内外部领域建设的进展、情况、不足,诊断各个环节存在的问题及轻重缓急,描绘出课程全貌,为后期制订解决方案、改革措施奠定基础。

高等教育课程评价的新发展、新思路,会体现在对思政课教学的评价上。比如,评价理念更关注到学生学习成效与评价,在评价的实效性上,也更加关注需求问题。

三、思政课的基本定义与阐释

(一) 思政课的基本定义

高校思想政治教育是由高校思想政治教育者按照一定的社会政治要求、思想观念、道德规范,利用各种环境、机制、载体等手段,对受教育主体施加有目的、有计划、有组织的影响,进行的政治教育、思想教育、道德教育和心理教育等实践活动[1]。思想政治教育本质是一种有目的性、具有超越性的实践活动[2]。思政课就是开展大学生思想政治教育的课程,是大学生思想政治教育的主渠道,是发展大学生政治、思想、道德、心理等方面素质的主阵地,是贯彻落实立德树人根本任务,培养德智体美劳全面发展的社会主义合格建设者和可靠接班人的重要法宝。

由此可以看出,思政课是育人主阵地、主渠道,是关键金课。因此,思政课教学是高校实现职能使命的重要路径,这也是支撑本研究的现实价值。

---

[1] 季海菊.新媒体时代高校思想政治教育研究[D].南京师范大学,2013:1.
[2] 郑永廷.论思想政治教育的本质及其发展[J].教学与研究,2001(3):49-52.

(二)思政课的发展历程

40多年来,思政课的课程建设,经历了四轮改革、发展。第一轮为"78方案",从1978年开始,倡导解放思想、实事求是;第二轮为"85方案",从1985—1987年,关注学科建设,强调启发式教学,包括6门课程;第三轮为"98方案",从1998年开始,关注多样化、强调综合性,包括8门课程(其中"当代世界经济与政治"只有文科开设)、14学分(开始试行学分制);第四轮为"05方案",从2005年开始,强调系统化、整体性,包括必修课(4+1)和几门选修课程,约16学分①。回顾思政课建设历程可以看出国家对思政课的重视程度及思政课教学改革的价值和意义。

(三)思政课的主要内容

当前本科阶段的思政课包括5门,分别为:"马克思主义基本原理"(以下简称"原理",3学分)、"毛泽东思想和中国特色社会主义理论体系概论"(以下简称"概论",5学分)、"中国近现代史纲要"(以下简称"纲要",3学分)、"思想道德修养与法律基础"(以下简称"基础",3学分),以及"形势与政策"或"当代世界经济与政治"等(2学分),以上合计5门课、16学分。仔细对比"05方案"与"98方案"可以发现,"05方案"总课时理科减少了33学时、文科减少了83学时,但相对比例并没有减少,而且理科、文科还分别增加了3%、1.5%,这从一个侧面说明思政课不仅没有被削弱,而且还有所加强②。

按照"05方案"的要求,每门课的主要内容和任务分别如下:"原理"着重讲授马克思主义的世界观和方法论,帮助学生从整体上把握马克思主义,正确认识人类社会发展的基本规律。"概论"着重讲授中国共产党把马克思主义基本原理与中国实际相结合的历史进程,充分反映马克思主义中国化的理论成果,帮助学生系统掌握毛泽东思想、邓小平理论和"三个代表"重要思想、科学发展观、习近平新时代中国特色社会主义思想等基本原理,坚定在党的领导下走中国特色社会主义道路的理想信念。"纲要"主要讲授中国近代以来抵御外来侵略、争取民族独立、推翻反动统治、实现人民解放的历史,帮助学生了解国史、国情,深刻领会历史和人民是怎样选择了马克思主义,选择了中国共产党,选

---

① 丁国浩.改革开放以来高校思政课教学方法改革的基本经验与趋势[J].前沿,2013(1):145-148.
② 赵永振.论全面实施高校思想政治理论课新课程方案[J].教育与职业,2008(9)中:101.

择了社会主义道路。"基础"主要进行社会主义道德教育和法制教育,帮助学生增强社会主义法制观念,提高思想道德素质,解决成长成才过程中遇到的实际问题。"形势与政策"等选修课主要讲授时政热点、当代世界经济与政治等内容和问题[①]。

(四) 思政课的现实关照

思政课是体现国家意志和政治意图的意识形态教育课程,是培养建设者和接班人的重要法宝,是开展大学生思想政治教育的主渠道。其鲜明的政治性使其成为大学第一课。其核心主旨是通过教授、传递马克思主义的基本原理、思想、方法及其中国化的成果,讲授、分析中国近现代史、思想道德及法律基本知识以及形势与政策等时政热点,武装大学生政治头脑、解答大学生思想困惑,抵御外来多元价值及各类文化思潮的侵蚀、冲击和影响,教育引导大学生树立正确的世界观、人生观、价值观。思政课教学关注现实问题,以问题引领,将马克思主义理论教育放到历史发展的趋势和逻辑中去,寻求建设和产生赢得高校青年的时代理论;坚持马克思主义的核心指导地位;做到马克思主义科学世界观和方法论的统一;立足学科特点、学生的成长和发掘课堂的资源和特色,从而保持课堂教学的张力和生命力[②]。

四、教学改革的基本定义与阐释

(一) 教学改革的基本定义

要确定教学改革的基本定义,首先需要剖析"教学"的基本内涵。关于"教学"的内涵,学术界有多种不同的意见。扈中平认为,广义上教学就是指教的人指导学的人主要以一定文化为对象进行学习的活动,狭义上教学专指学校中的老师引导学生学习的教与学相统一的活动[③]。王策三认为,教学是教师教、学生学的统一活动[④],教学既是科学,又是艺术[⑤]。本书认为,教学既有教、

[①] 《〈中共中央宣传部教育部关于进一步加强和改进高等学校思想政治理论课的意见〉实施方案》. http://old.moe.gov.cn/publicfiles/business/hTCMlfiles/moe/moe_772/201001/xxgk_80414.hTCMl.
[②] 王佳. 浅谈如何坚持高校思政课的问题导向[J]. 长春师范大学学报,2017(5):161-164.
[③] 扈中平主编. 现代教育理论[M]. 北京:高等教育出版社,2000:265-266.
[④] 王策三. 教学论稿[M]. 北京:人民教育出版社,1985:88-89.
[⑤] 张华. 课程与教学论[M]. 上海:上海教育出版社,2000:73.

学的分立，也有教、学的协同。教学由师生主体通过教学互动实现人才培养，可以阐述为教学即教师的教和学生的学所组成的一种人类特有的人才培养活动。作为一种经由双主体互动实现的人才培养活动，教学改革就必须探索主体关系以及培养过程、逻辑和质量。在此基础上，理解教学改革才会更加清晰。

关于教学改革，顾明远教授主编的《教育大辞典》定义为旨在促进教育进步，提高教学质量而进行的教学内容、方法、制度等方面的改革。也有学者认为教学改革就是按照一定的目的和要求，把落后的教学思想、教学观念以及教学活动中陈旧的不合理的部分改成新的、能适应一定社会政治、经济需要的一种实践活动。可见，学者们关注教学改革的核心内涵没有冲突，即改变落后的教学思想、观念、方法等，促进教育进步、提高教育质量，以期适应政治、经济和社会发展。由此可以看出，教学改革的根本出发点是因为教学出现了种种不适应发展的问题，阻滞了教学质量提升、人才培养进程，如前文所述，教学改革必须聚焦主体关系和培养过程、逻辑和质量。因此，本书认为，教学改革是对教学关系、内容和实践逻辑进行变革的过程。关系的重点在于师生教学互动关系，师德师风、教风学风都会对此关系的健康发展产生影响，内容的重点在于学科、课程内涵，同时也应注重实际需要，国家层面的多次重大教学改革内容都是重点改革领域，教学方法应该随内容改革适度变化。实践逻辑的重点在于教学互动与组织、学习投入与支持、学习成效与评价等多个方面，息关教学进程和质量。由此可见，前文所提出的若干假设已经存在一定的验证基础。教学改革的重点领域和实现路径主要是教学方法、教学互动、教学评价，要推进这些领域改革，就必须研究影响该领域发展的主要因素，前文假设就是尝试提出影响上述领域进展的主要因素。

总体来看，教学改革实践大体为三个层次，分别具有三方面特性：一是宏观层面改革具有全国性、统一性的特点，聚焦思政课的价值导向，由国家教育主管部门主导并推进的全国性的教学改革，涉及教材、课时量等；二是中观层面改革具有地方和高校的自主性特点，聚焦思政课内容丰富与创新，多由地方或者高校自主设计推进，旨在打造具有地本、校本特色的内容和教学法；三是微观层面改革具有师生群体性特点，聚焦日常教学实践创新，多由教师团队或者个人与学生一起推进，旨在微调课程教学内容与方法、教学互动与组织、学习投入与支持、学习成效与评价等。本书所议教学改革的重点聚焦在中微观层面,主要指在地方、高校和教师方面推动的对策研究。

(二) 教学理论的基本流派

(1) 行为主义教学理论。由美国心理学家华生(J. B. Watson)为首提出学习即"刺激—反应"之间连接的加强,教学的艺术在于如何安排强化。由此发展出程序教学、计算机辅助教学等多种教学方法,其中斯金纳(B. F. Skinner)的程序教学理论最具代表性,其主张要设定预期行为结果的教学目标,实施相倚组织的教学过程,运用程序教学的方法。

(2) 认知教学理论。主要以美国教育心理学家布鲁纳为代表,他认为要设定理智发展的教学目标,坚持动机—结构—程序—强化的基本原则,构建学科知识结构,运用发现式的教育方法。认知教学强调分析学生认知背景,并在此基础上激发学生学习动机,使学生在发现中学习。

(3) 情感教学理论。这是人本主义心理学领域的代表性理论,认为教学的本质是促进,促进学生成为一个完善的人。美国人本主义心理学家罗杰斯提出非指导性教学,认为教育的目标应该是培养充分发挥作用的人、自我发展的人和形成自我实现的人,通过确定帮助情景、探索问题、形成见识、计划和抉择、整合等五个环节推进,教师在教学中发挥着"促进者"的作用,与学生真诚相处、相互接受、深刻理解。

本书认为,教学理论指导教学改革实践,从不同理论视角可以提出不同改革建议,不同理论也蕴含不同价值导向。从上述的三个主流教学理论来看,思政课教学改革可以重点借鉴情感教学理论中的人本主义,关注学生发展和需求,促进和引导学生互动进步;可以借鉴认知教学理论中的建构主义,分析学生认知基础和背景,激发学生学习投入;可以借鉴行为主义教学理论中的程序主义,基于规律、按照程序逐步推进。

(三) 教学改革的主要理论

教学改革的价值定位普遍认为有三个取向,即人本位论、知识本位论和社会本位论,当前我国学者普遍认为必须兼顾三者,以达到人和社会的协调统一,既满足人的发展需要,也满足社会的发展需要,使得知识的价值、人的价值最大化。教学改革还应该明确三方面的基本问题:一是教学改革的本体性领域,即研究和发展教学改革的设计、目标、内容、方法、互动、评价等;二是教学改革的技术性领域，即教学改革理念与实践之间的技术路线创新，如何使得改革设计成为改革现实，这一环节决定改革的成败；三是教学改革的社会性领域，即与教学改革相关的社会、政治、经济和文化因素及其对教学改革的影响。明确这三方面基本问题，才能有效推进教学改革。

本书认为，教学改革的价值定位非常关键，三个"本位论"各有侧重，也各有失衡，不少学者认为应该兼顾三者，但不论从改革政策制定还是改革实践推进，难度都很大。具体到思政课教学改革中的微观层面而言，"学生中心"越来越受到教育者的重视，即人本位论占据主要地位，学生的发展需要、学生的价值最大化成为改革实践的主要导向。但并不是说知识本位论和社会本位论就没有价值，笔者认为，在当前的教育阶段，思政课教学应该坚持人本位论为主，知识本位论和社会本位论为辅的改革取向，知识关照人的内涵挖掘与思想发展，社会关照人的实践体验和价值实现。因此，人本位论、知识本位论、社会本位论各有价值，高校推进思政课教学改革要根据具体情况和需要，适度布局不同领域内的改革价值导向。

（四）教学改革的现实关照

教学改革的基本要求是改变当前教学中与实际需要不满足、不匹配、不适切的地方。如前文所述，思政课教学出现了各种现象级的问题就是改革必须直面和解决的关键。具体在思政课教学改革中，包括教学理念的创新，如从"教"中心转向"学"中心；教学方法的发展，如从"满堂灌""填鸭式"到利用信息化手段开展多媒体教学；教学内容的挖掘，如浙江地区高校深挖红色遗产开展思想课教学等。这些既往的思政课教学改革实践无不从"不满足"之中变革而来，即满足现实需要、解决现实教学问题、呼应师生现实需求等就是教学改革的现实关照。

五、"00后"大学生的基本定义与特点

（一）"00后"大学生的基本定义

"00后"大学生是相对于"80后"大学生、"90后"大学生的又一个以时间区间来定义的大学生群体，本书特指2000年1月1日及以后出生的在校大学生。以时段来定义学生群体历来有之，但其区分的本质并不仅是时段，还有时段背后的历史时期及其给该时段成长起来的学生所带来的生命影响。具体而

言,不同时代的学生会有不同的代际特征,这会影响到教学领域,即学生的认知背景、认知基础、认知价值取向等都会有所不同,其对思政课教学影响甚大,必须给予重点关注和研究。

(二)"00后"大学生的特点与需求

"00后"大学生是新世纪第一批新生儿,成长在互联网高速发展时期,国内经济发展、社会进步也比较快,物质、文化生活相对于"80后"大学生、"90后"大学生的成长时代更加丰富,其成长环境和社会背景与其父辈(多数为"70后")甚至与"90后"大学生都相去甚远,思想、行为、观点等差距颇大。

通过深度访谈发现,"00后"大学生身上有着鲜明的个性特征,他们拥有独立的思考和判断能力,叛逆,想按照自己的想法安排自己的人生,热爱学习却又略显迷茫不知方向,有奋斗欲望但又怕苦怕累贪图享乐,价值认知多元,注意健康看重友情,处于"421"型家庭氛围中,在手机的陪伴下长大。与此同时,"00后"大学生有如下诸多现实需求:一是精神需求,"00后"大学生迫切期待从形式独立走向思想成熟;二是价值追求,"00后"大学生迫切需要从不知所为而学习向为了目标去奋斗转型;三是行为诉求,"00后"大学生迫切需要从为了反抗而叛逆走向自我觉醒;四是教育苛求,"00后"大学生迫切需要从"421"式的家庭中心者向开放式的朋辈教育互动者转型;五是学习技术要求,"00后"大学生迫切需要从沉迷网络娱乐向借力技术学习转变。因此,在思政课教学中,教师要充分呼应"00后"大学生的个性特征与现实需求,将传统的思想政治教育变革为符合学生需求、服务学生成长的思想政治教育,只有更加关注"00后"才能更多地获得"00后"的认可和接纳。

第三节 学术争鸣与共识

本书的主要内容涉及课程评价、思政课及教学改革等三个领域。不同领域的研究进展不同,会涉及相应的专业理论与实践策略。要推动思政课教学改革,就必须先对思政课教学领域的学术研究进展及其主要观点、结论进行分析、借鉴和把握运用,才能为研究找到突破空间,从而为制定改革对策奠定基础。

一、课程评价领域的学术争鸣

有关课程评价的研究在学术界有相对比较丰硕的成果,虽然课程评价起源国外,但国内相关研究发展很快。以下将从国内、国外两个方面分别述评课程评价相关研究进展。

(一)国内课程评价领域的研究进展

课程评价是当前中国高等教育质量建设工程的重要组成部分,通过课程评价诊断和改进教学已经成为教育界的基本共识。国内第一本课程评价专著《课程评价论》对国内外课程评价发展做了系统、专门的梳理,提出了一系列的观点,专著作者李雁冰将其博士后成果细化、深化形成该书。书中,李雁冰对课程评价的价值观、目标、模式、方法、路径等进行了梳理、评论,主要观点有:课程评价观是教育质量观的课程领域延伸,他认为课程评价的主要功能至少包括诊断、课程修订、比较教育计划、确定教育需要和确定目标是否达到,主要有目标模式、CIPP 模式、发展性评价模式等多种模式①。他对不同的评价模式进行批判解读,对高校课程评价相关工作者有很强的借鉴意义。

近年来,不少研究者开始承袭课程评价领域的研究,形成了一些成果和观点,丰富和发展了课程评价理论和实践。综合众家观点可以提炼出以下几个方面的主要内容:

(1) 进一步确认课程评价质量价值。如王晓佳认为,高校课程评价将"教育—质量—课程"链接起来以诊断课程建设中存在的问题、引导课程建设的方向、提升人才培养的质量②;蒋雅俊认为,课程评价有发现课程价值、创造课程价值,并为课程价值的实现保驾护航的作用,课程评价是事实与价值判断的合体,是一项"渐进工程"③。

(2) 进一步达成课程评价目标共识。课程评价的目标不是为了证明、惩罚,而是为了诊断、改进④。走向核心素养的课程评价呈现出从关注课程到重

---

① 李雁冰.课程评价论[M].上海:上海教育出版社,2002:126-133.
② 王晓佳.高校课程评价问题与对策研究[J].北京教育(高教),2015(3):62-64.
③ 蒋雅俊.课程评价:课程价值的创造与实现[J].华南师范大学学报(社会科学版),2014(6):63-68.
④ 陆长平,姜锐,邓庆山.构建探究式教学课程评价指标体系[J].中国大学教学,2013(6):76-78.

视人、从关注学业成就到重视素养的特征①。如刘启迪认为,课程目标是构成课程内涵的第一要素,课程目标应该是对知识、社会、学生等三要素的科学整合,不可偏废②。

(3) 进一步发展课程评价内容体系。如韩艺等认为,可以构筑基于"主体间性"的精品课程教学效果评价指标体系,即课程评价体系应该包括课程设置、师资队伍建设、教学过程、教学效果等核心板块③;丁朝蓬认为,课程评价是一个系统过程,从课程设计到课程的实施,始终伴随着课程评价,内容涵盖课程教材、教师教学、教学方法、考试评价等;吴永军提出,应该基于特色人才培养构建课程评价体系,关注操作性、反思性和相关性研究,从专家视角、学生视角和企业视角透视课程、构建评价体系④;钱铭、袁兰提出,应该构建基于学生发展理论的大学课程评价体系,认为课程评价应以促进学生发展为核心,不局限于单门课程,要从整体上把握大学课程评价⑤;母小勇认为,课程评价应该从学业成就评价走向学业评价、从重结果的评价转变为强调学业过程的评价、从重甄别的评价转变为强调学生发展的评价、从重知识的评价转变为强调活动表现的评价⑥。此外,随着评级的发展,在不同领域范围内的评价,诸如校企联合课程评价、不同类型高校课程评价等都应在内容上有所侧重、有所设计。

(4) 进一步拓展课程评价主体。"谁来评、评什么、怎样评"是关键。如夏玉环提出,教师应该拥有课程评价权,认为保障教师课程评价权是优化课程编制和实施的有力保障、促进教师专业发展的重要途径、开展课程评价对话的必要前提,教师的自我转变、提高是内部条件,国家和学校及家长的支持是保障教师课程评价权的实现条件⑦。除教师以外,学生、学校、政府主管部门、专家学者、社会都可能是课程评价的利益相关者,差别在于主次。

(5) 进一步强化课程评价的互动机制。如史晓燕认为,教师教学质量评价机制是多方面的相互作用的联动机制,包括课程选择和课程评价的联动机制、评价过程和评价结果联动机制、评价者与评价对象的联动机制、教学水平

---

① 王润,张增田,章全武.核心素养:课程评价的时代追求[J].教育理论与实践,2018(4):52-56.
② 刘启迪.课程目标:构成、研制与实现[J].课程·教材·教法,2004(8):24-29.
③ 韩艺,陶珊珊,郭鹏飞.基于"主体间性"的精品课程评价系统及其构建[J].高等教育管理,2017(7):105-111.
④ 吴永军.基于特色人才培养的课程评价体系构建[J].大庆师范学院学报,2015(3):154-157.
⑤ 钱铭,袁兰.基于学生发展理论的大学课程评价研究[J].天津教科院学报,2017(8):30-32.
⑥ 母小勇.课程评价:从学业成就评价走向学业评价[J].教育理论与实践,2007(8):46-49.
⑦ 夏玉环.教师课程评价权:内涵、意义及其实现[J].教育导刊,2015(6)上:86-89.

鉴定与教师发展的联动机制①。

(6) 进一步深化了课程评价的发展观。如李志厚等认为,可持续发展的教育课程的评价指标应突出知识与理解、能力与技能,以及情感、态度与价值观三个维度②;董建春认为,发展性课程评价理念突出课程评价的发展观,强调课程的发展、学生的发展、教师的发展③。

(7) 进一步理清了课程评价的缺陷。如江星玲认为,课程评价目标与社会需求脱节、评价方法单一、评价内容侧重对文化知识的考查、评价过程缺乏反馈机制、评价过程缺少教育测量与评价方面的专业指导、注重评价结果不关注评价过程、学业评价研究相对偏少等是当前课程评价的主要问题④。

(二) 国际有关课程评价的研究进展

国外关于课程评价的研究和实践发展较早,理论颇多,实践成熟。目前世界范围内影响比较大的评价模式均源自欧美等发达国家,比如目标评价模式、CIPP 评价模式、发展性评价模式等。研究趋势主要表现为:

(1) 研究思想不断发展。早期是课程预定目标,对课程实施结果进行评价,不过问实施过程。20 世纪 70 年代后,更多关注课程实施过程,并把实施过程看作决定课程是否成功的关键因素;选择课程评价的具体方法方面,兼顾定性与定量、主观与客观相结合的方法,处理结果更加注重全面分析与慎重解释。1976 年艾斯纳在《美育杂志》上发表了题为"教育鉴赏与教育批评它们在教育评价中的形式与功能"的文章,首次把文艺批评中的鉴赏与批评概念引入课程评价领域,他认为所谓教育批评就是把组成课程计划和课程活动的那些必要的、不可言喻的特质,翻译成有助于人更深刻地理解这些计划和活动的语言⑤。

(2) 研究呈专业性发展态势。各国在不同阶段成立了课程评价的研究中心,比如美国生物科学课程研究中心、英国英格兰课程编制中心、以色列国家课程中心等。

---

① 史晓燕.教师教学质量评价机制探索[J].教育评论,2014(3):48-50.
② 李志厚,李如密.论可持续发展教育的课程观[J].课程·教材·教法,2004(1):10-14.
③ 董建春.论发展性课程评价制度建设[J].中国教育学刊,2008(4):52-55.
④ 江星玲.高校学业课程评价存在的问题及对策研究[J].中国教育技术装备,2017(24):116-117,120.
⑤ 李雁冰.课程评价的新途径:教育鉴赏与教育批评——从艾斯纳的课程评价观再探[J].外国教育资料,2000(4):14-18.

(3)各国研究不断深化。1995年加拿大学者蓝森在与一些学习化学的中学生交谈中发现,传统科学教育中肤浅的学习现象背后蕴涵了某种学习方式,并称之为法蒂玛法则,指各种应付或者消极应付的学习机制。加拿大学者瑞安通过研究提出,评价方式策略主要由三种评价范式支配:经验分析范式、解释学范式、批判理论范式。加拿大有效评价学生科学素养的工具:VOSTS即科学—技术—社会观点评价表,由114个测试项目构成[①]。钱小龙与盖瑞·马特金联合研究了加州大学欧文分校本科生课程评价,认为该校建立了较为完整的本科生课程评价体系,致力于外部评价、内部评价和培养方案评价等三个不同层面对课程进行评价,具有非常明确的评价理念与浓厚的评价文化、强大的教师评价接入机制、科学的评价体系与质量保障机制,以及完善的评价工作管理机制与保障措施[②]。章建石于2007年对澳大利亚课程评价进展进行了研究,认为澳大利亚课程学习经验问卷是非常有价值的测量工具,能够达到改善教学质量的目的,也能为家长、学生提供客观的信息,并为学校进行绩效管理以及推动高等教育问责制奠定了基础。问卷已经实施了20多年,共11项内容,其中1项为总结项,其他10项涵盖课程评价的各个方面,主要有课程目标、智力发展、教学效果、一般技能和目标与标准等等,采用5点评价法,要求大学生从"激烈反对"到"强烈赞成"5个选项中选出自己的看法。钟启泉在深度采访日本课程学者浅沼茂教授后,认为日本教育评价研究呈现量化评价和摆脱传统的书面测验中心的评价方法两种趋势,日本成就度评价以布鲁姆的掌握学习理论为依据,以"保障学力、保障成长"为口号展开,强调保障每一个学生的学力水准,而评价则是掌握学力水准的重要因素,提出了诊断性评价—形成性评价—终结性评价的系列,借以保障目标的实现。同时致力于摆脱传统的书面测验中心的评价方法,依据多样的方法展开多元的评价[③]。

(三)对已有成果的评论

(1)业已形成的共识与成果。

综上所述,课程评价历经100余年的发展,形成了其特有的价值观、功能

[①] 周勇.加拿大关于科学课程评价的研究与启示[J].全球教育展望,2003(7):66-70.
[②] 钱小龙,盖瑞·马特金.加州大学欧文分校本科生课程评价研究[J].现代大学教育,2016(6):60-65.
[③] 钟启泉.课程评价:从量化评价到质性评价——与日本课程学者浅沼茂教授的对话[J].全球教育展望,2002(3):3-6.

和目标定位,泰勒、斯塔弗毕姆、斯太克等学界泰斗从各自研究视角研究提出了目标评价模式、CIPP评价模式、回应模式等课程评价范式,中国学者钟启泉及其博士后李雁冰将国外课程评价发展与优劣做了深入的探究,形成了一些开创性的成果,为国内课程评价理论和实践的发展奠定了良好的基础。在历经国外创设、历史演进和中国发展之后,课程评价的内涵、外延、价值、目标不断明晰,呈现出专业化、科学化和系统化的发展态势。所谓专业化是指课程评价的理论、技术经过100多年的研究探索基本成熟,逐渐发展形成了发展性评价模式等。所谓科学化是指课程评价标准越来越科学、技术越来越先进、方法越来越便捷,逐渐发展出加拿大VOSTS量表、澳大利亚课程学习经验问卷、李克特五点量表、等级量表等多种科学性强的评价技术。所谓系统化是指课程评价体系越来越健全,从研究到操作、从教学设计到学习成效都有一定的评价方式和手段,为研究课程教学的整体情况提供了强有力的支撑。

(2)已有研究的不足。

一是理论与实践发展错位严重。国内课程评价理念、理论发展迅速,但具体评价实践的操作进展明显滞后,其中一方面是技术发展和运用不够,另一方面是经费投入和利益相关者的共识基础不强。这就导致课程评价过于停留在理论上的研究、沙盘模拟,对于实际课程教学诊断和改进的促动作用有限,实践发展滞后于理论探索太多。

二是课程评价主导权失衡。课程评价利益相关者众多,从不同评价观出发,课程评价主导权应由不同群体把握。这就造成评价观的选择与主导权的把握成为焦点,要提升课程评价现实价值,就必须解决主导权问题。如前文所述,虽然有不少学者认为该兼顾"三个本位",但本书认为兼顾依然有主导,主导应该在学生中心,那么主导权应该交给学生。所不同的是,应该加强对学生的培训、指导,以提升他们对课程评价的认知度和责任感。

三是课程评价结果运用度不够。课程评价的反馈不及时、作用发挥不够,与思政课教学相关的师生考核评价结合不紧密,一定程度上限制了课程评价作用的发挥。评价结果使用与作用发挥呈现消解的现状,必须在实践中给予重视和解决。应该加强结果的运用,使其能够为教师改进教学、学生提升学习投入、师生加强互动、课程教学设计所用,指导虽有课程教学要素及环节的诊断、改进和提升。

四是课程评价的针对性不强。绝大部分高校采取的课程评价范式和内容如出一辙,全校所有课程一盘棋,没有个性化,缺乏针对性地开展不同课程的评价设计,这就导致评价的粗放性。课程评价一旦丧失针对性,其信度、效度就会大减。因此必须加强研究,提高课程评价的课程教学的针对性,以不同课程评价支撑不同课程教学,包括课程内涵和教学实践。

(四)本书尝试聚焦的研究领域

从当前的课程评价理论与技术的发展程度来看,高校要想运用课程评价技术助力思政课教学改革,就必须做以下三方面的工作推进:

(1)加强思政课教学领域的课程评价针对性设计。如前文所述,针对性不强,课程评价信度、效度会大减。因此要发挥课程评价在思政课教学改革领域的作用,就必须根据思政课教学的实际来设计课程评价,至少包括课程价值认知与目标、教学内容与方法、教学互动与组织、学习投入与支持、学习成效与评价等多个方面,甚至还应该包括学生认知背景等、教师队伍建设等领域。思政课与其他课程有诸多不同之处,在课程评价中必须予以因应,本研究试图运用独立设计开发实证调查问卷和质性访谈开展相关研究,就是对该领域的一种尝试探索,虽然可能存在一些不足,但不失为一种有益实践。

(2)加强课程评价结果的实践运用。课程评价的主要功能是诊断、课程修订、比较教育计划、确定教育需要、确定目标是否达到。每项功能产生的课程评价结果都可以对实践产生一定的指导意义,必须加强运用。在实践中,不少评价结果(暂且不论针对性和质量高低)反馈到教师手里的只有分数高低,没有任何不足说明和改进建议,实际效果大打折扣。因此,高校应该积极发展新时代的课程评价的理论和技术,提高与思政课教学的结合度和针对性,以更好开展专业化的思政课教学评价,推动实现更高质量的思政课教学改革。本研究在对思政课教学质量进行总体评价的基础上,针对影响思政课教学质量的关键因素,开展了一些改革设计,为推动思政课教学改革奠定了坚实的基础。

(3)加强课程评价理论与技术的研究实践,即基于当前的理论与技术发展,进一步探索和提高相关理论与技术在实践领域的探索,一方面是理论的中国化改造,另一方面是实践的中国化发展。

第三点由于笔者的学术能力和水平,还不能完全胜任。因此,本研究尝试对第一、二个领域有所触及,这也是本研究选取课程评价作为研究视角的重要原因。

二、思政课教学改革领域的学术争鸣

本研究的对象是思政课,其是高校人才培养的重要组成环节。教育实践中的重要性也延伸到了学术研究领域,学界也开展了各方面的理论探索,形成了诸多的研究成果。基于本研究的需要,有必要对学术界有关思政课教学改革的学术成果作一述评。

(一)有关思政课教学的哲学思辨

思政课作为开展大学生思想政治工作的主阵地、主渠道,其教学质量一直受到党和政府的高度重视,也受到高校、教师、学生和社会等主要利益相关者的高度关注。学者从思政课教学理论与实践研究、教师从思政课教学实践改革、高校从思政课教学团队建设、学生从思政课学习投入等各个方面投身思政课教学领域。从思政课教学改革研究与实践趋势来看,思政课教学哲学正在逐渐发生转向,"78方案""85方案"时期,思政课教学形式上强调逻辑、依赖讲授(灌输),本质上是一种"表演哲学",即教师如同一个演员,按照教材(剧本)在讲台(舞台)上将课程(剧目)讲完(演完),可能其中有演员的艺术、技巧和方法,但似乎与台下观众无关,即便没有观众,演员一样可以完成任务。表演哲学下,教师与学生不存在太多的互动,教师是教学的主导者,学生容易成为被忽略的一方。"98方案"及至"05方案"后,"以学生为中心""以学生需求为中心""教师学生双主体""教师主导、学生主体"等教育教学理念不断提出、更新,对思政课教学改革产生了很大促进作用,体现在教学哲学上即由"表演哲学"向"实践哲学"转向。这种转向不仅体现在四轮国家思政课教育教学制度改革上,还深度体现在日常思政课教育教学实践中。如思政课的实践教学提出,教学互动越来越受到重视,教学设计与方法运用研究越来越多,学生特点、需求和体验越来越受到关注,思政课教学不再是教师一个人的"独角戏",而是师生"合唱团",由师生共同参与、共同实践、共同完成。

(二)有关思政课教学实践探索的研究

在思政课教学改革实践的具体领域,国内学者也开展了一系列具有深度、广度的研究。具体包括课程教学设计、教学方法、教学互动、教学组织、实践教学、成绩评价,还包括学生特点和需求研究、师资队伍建设研究、教学保障条件研究等。

国内思政课教学改革研究总体上契合思政课教学环境和要求的变化需要,具体包括内容发展、方法创新、组织形式拓展、学习评价和对象研究等多个方面。

(1) 思政课教学内容在不断充实。教学内容改革是要素主义逻辑的体现,其遵循的是一种内容要素的重构。地本、校本内涵被不断挖掘、创新运用在思政课教学内容之中,创新创业、红色文化等专题内容不断开发、内化到思政课教学内容之中,比较成功的探索有上海地区的高校实践,从复旦大学的"治国理政"、同济大学的"中国道路",到华东理工大学的"绿色中国"、东华大学的"锦绣中国",都是地本、校本教学素材深化、转化成为思政课教学内容的成功案例;浙江理工大学与地方相关部门共建红色文化教育基地,在全省范围内建立省级实践基地 20 个、校级基地 156 个,其中思政课教学红色文化实践教学基地 5 个[①]。思政课教学内容的充实,一定程度上解决了思政课教材更新不及时、教学内容固化等问题,引入的教学内容大都结合生活实际、社会热点、地域文化,与学生生活实际和需求切合度更加紧密,能够引发学生学习共鸣,激发学生学习动力,进而提高思政课教学质量。所要克服的问题是,思政课教学内容拓展的把握必须注意素材向教材转化的构建、必须注意引入内容的教育性与发展性、必须提高教师的掌控力,否则内容创新效果会大打折扣。

(2) 思政课教学方法与技术不断创新。方法技术创新是机械主义改革逻辑的体现,其遵循的是方法模式的实践。虞满华等认为翻转课堂混合教学模式结合思政课的教学要求和教学目的,设计了三大模块和四大阶段的实施过程,并运用过程化形成的考核体系,有效地激发了学生学习的主动性、积极性[②]。网络技术运用也成为新热点,"00 后"是网络原住民,他们更习惯于通过网络等新技术开展学习。唐燕认为,高校思政课教师应该运用多媒体、博客、微博、资源共享网站等多种网络技术,注入课堂新活力[③]。曹胜认为,可以将教学目标、手段、组织等融为一体,实施课堂教学、多媒体教学、案例教学、网络教

---

① 王艳娟.红色文化进思想政治理论课的改革与实践——以浙江理工大学为例[J].浙江理工大学学报(社会科学版),2017(2):71-76.
② 虞满华,祁国风,孙丽.基于"翻转课堂"的混合式教学模式在思政课中的应用[J].鸡西大学学报,2015(11):7-10.
③ 唐燕.基于网络技术探索高校思政课教学新方式[J].黑龙江教育,2012(12):47-48.

学、案例教学、实践教学的全方位、多层次、立体化的教学综合体系①。方法与内容、技术联动不可或缺。方法必须基于内容,什么样的内容运用什么样的方法予以教学,技术是方法的催化剂,新技术的运用可以是方法更加灵活、高效、更有吸引力和针对性。当前思政课教学方法的创新多是基于内容、借力技术至上投入实践的。

(3) 思政课教学组织不断发展。组织创新是管理主义的体现,所追求的是组织管理形式与环节的逻辑重构。在进入教学活动的前期,教师和学生由于各自的先前经验,拥有不同的教学观,对"教"和"学"有着不同理解,他们进入教学环境后对教学环境各因素产生不同的感知和认识,这些认识直接影响师生教和学的方式,并最终影响学生的学习结果②。既往思政课教学拘泥于传统班级教学及其组织形式,随着教学理念、内容及课程设计的发展,教学的组织形态是和实施路径也在发展,大中小结合成为新形态,党委书记、校长等一把手上讲台、开讲座领衔大课,思政课专业教师开必修课巩固中型课堂阵地,思政课教师携手辅导员、班主任等推进团队化实践教学丰富小组课。同时课堂形式也由原先单一的实体课堂逐渐演进成为网络课堂、虚实结合课堂的综合形式。教学组织形式的发展既是对教学要求的因应,也是对教学环境的调试。超高生师比使得思政课教学大班额情况普遍,教学组织形式创新变得愈发困难,虽然现在有众多领导的重视、众多形式的尝试,但无法从本质上改变大班额的常规组织教学形式,这也是限制思政课教学组织形式变革、阻滞思政课教学质量提高的重要因素。

(4) 实践教学平台建设进展显著。韩淑芹等认为,可以通过建立多部门联动机制、构建思政课实践教学一体化体系、培训师资队伍、加强基地建设、充分调动学生参与积极性的路径丰富发展应用型院校思政课实践教学路径③。王美定认为,以"读书会+答辩会"为主,以"辩论会""兴趣沙龙"等为辅的实践教学模式是契合"原理"课程特殊性的有效模式④。实践教学是思政课教学改

---

① 曹胜.基于网络运行的思想政治理论课立体化教学模式研究[J].学校党建与思想教育,2011(11):38-39.
② Prosser, M., & Trigwell, K. Perceptions of the teaching environment and its relationship TIO approaches TIO teaching[J]. British Journal of Educational Psychology, 1997(1).
③ 韩淑芹,张德学.基于应用型人才培养的思政课教学改革探讨[J].黄山学院学报,2016(10):133-135.
④ 王美定.基于课程特殊性原则的高校"原理"课实践教学研究[J].内蒙古师范大学学报(教育科学版),2016(2):77-79.

革中非常重要的组成部分,凸显了"实践哲学",正视了学生需要。从访谈中可以发现,实践教学是最受学生欢迎的教学阶段之一,其价值可见一斑。与国外实践教学相比,我国思政课实践教学还有显著不足,尤其是组织规模,我国思政课实践教学只是在大班额教学的基础上做了一定的分组,每组有一定主题,组内成员按照主题和任务开展实践。实践教学指导依旧由教师一个人担任,没有指导团队,导致指导针对性差、及时性差,一定程度上影响了实践教学质量。

（5）思政课学习成效评价不断改进。学生学习成效代表着大学的品质和效能,是大学的首要目标和衡量大学文化建设的关键①。既往高校多采用期末考试来判定学生学业水平,当前更多采用期末考试与日常评价相结合的方式,且期末考试常考开放题,日常评价多兼议出席、互动以及在讨论课上的表现等,成绩评定越来越全面、公正、客观。这一方面显示了评价理性,但却容易陷入工具理性陷阱。即评价的目的不只是为了测量、证实和选拔,还为了诊断和改进,片面追求评价理性容易将评价带入不近人情、忽略学生需求和情绪的境地,进而导致排斥情绪的产生。当前思政课教学评价中的学生表现足以证明该情况已然发生。因此要想改变学习成效评价的工具主义倾向,必须兼顾学生情感、需求和价值认可,即注重评价的内在价值、精神价值和多元价值,引导学生正式评价、认可评价、参与评价。

（6）学生学习投入与支持研究渐受重视。学习投入度与高等教育质量关系密切,主要包括两层内涵:一是指在学习过程中,学生投入到学习中的有效程度;二是学生对于自身学习状况和学校所提供学习条件的满意程度②。在厦门大学史秋衡教授主持研究的"国家大学生学习情况调查研究"项目成果中,其博士生汪雅霜在认为大学生学习投入度总体状况也是随着年级的升高,其平均得分呈现"高—低—低—高"的趋势,且同伴互动因子对学习收获有较高的解释力③。当前,学生学习倦怠是一种普遍现象,既表明学生投入度低,也表明学生受到的支持少,学习动力没有被激发。有学者认为,既往教学呈现的教师中心化、学生边缘化,教材中心化、实践边缘化,课堂中心化、现场边缘化等

---

① 史秋衡,卢丽君.大学文化:提升学生学习的育人文化[J].云南师范大学学报(哲学社会科学版),2012(5):129
② 石芳华.本科教育质量评价改革新视角:学习投入度[J].现代教育管理,2010(5):51-54.
③ 汪雅霜.大学生学习投入度的实证研究——基于2012年"国家大学生学习情况调查"数据分析[J].中国高教研究,2013(1):32-36.

几个方面的问题可能是造成学生投入度低的原因之一,即学生在教学中没有被需要、被尊重的感受,是被边缘化的。此外,学生需求没有被满足也是造成其学习投入低的重要原因。

(7) 思政课教学对象研究不断深化。近年来关于"90后""95后"大学生的思想行为特点的研究越来越多,研究尤其关注当代大学生的学习、认知、行为和思想意识等方面。如罗华丽认为,可以针对"95后"大学生更多采用讨论式教学模式,师生双方建立自由、民主、尊重、平等的教学关系,讨论前精心准备、讨论中精细指导和讨论后精要总结,以此达到教学目的[①]。对象研究是思政课教学必须重视的关键部分,教学对象的代际更迭要求这种研究必须持续不断,以确保教师教学与对象需求之间能够匹配协同。当前对象研究有诸多不足,最为显著的是研究的滞后性。例如高校教育研究者针对"00后"大学生的研究基本都是在其入校后一段时间,而不是在高中阶段就开始对其开展追踪研究,以便帮助高校教师建构比较顺畅的教学衔接,帮助学生适应崭新的大学教学。

此外,在泛思政课教学研究领域,还有一些新的现象受到研究者的积极关注:一如上海推动的"思政课程"向"课程思政"转型,充分发挥了课堂主渠道作用,推动了立体育人实践。二如思政课教学队伍建设不断强化,全国高校的马克思主义学院建设,从根本上推动了思政课专业教学队伍的建设,缓解了思政课教师队伍在数量、结构等方面的矛盾。

(三) 国外有关思想政治教育的研究

国外鲜有思想政治教育的说法,多数与德育互鉴。国外德育的发展历史相当悠久,研究成果也非常丰富。

(1) 德育理论发展悠久。国外思想家、教育家对道德教育研究深刻。内涵研究领域,包括道德教育、自由教育、人格教育和劳动教育等,夸美纽斯提出德育方法论:一是正面教育、二是行为习惯塑造、三是榜样引领、四是强化教诲、五是学会择友;杜威和涂尔干认为德育与社会性关系紧密。马克思和恩格斯的德育思想在伦理道德问题和人的全面发展问题上有比较透彻的阐述,指

---

① 罗丽华.基于"95后"大学生思想特点的"概论"课讨论式教学模式探索[J].大庆师范学院学报,2017(1):141-145.

出教育的阶级性和历史性,要确立无产阶级的教育、德育,教育与劳动生产相结合是造就全面发展的人的唯一方法。理论研究领域,相关研究可以追溯到20世纪初期(如 Engleman, J. O, 1923.9, Moral Education, American Journal of Education。Leslie Willis, 1905.3, Moral Education, International Journal of Ethics),从哲学、社会学与心理学等领域对德育原理和机理进行研究。美国学者里考纳提出完善的人格教育理论,还有学者提出人格道德教育,包括道德的认识、情感和行为,并以此形成了德育课程的核心内涵。

(2)德育实践发展迅速。国外不少学者关注教学评价视角下的德育实践研究(如 Mihai Andronie, 2016.6, Teachers Assessing the Effectiveness of Values Clarification Techniques in Moral Education, Procedia-Social and Behavioral Sciences),关注评价的介入。总体而言,国外研究者的研究早期偏理论研究,随着时代的发展和技术的进步,研究逐步具有实践性,与社会学逐步结合,开始交叉学科研究。

在教学改革领域,国外教育学者开展了深入且富有创见性的研究。从教学思想发展来看,也经历了专才教育向通才教育、专通结合转向的历史阶段。从教学实践进程上看,国外高校也经历了从传统讲授教学、习明纳研讨式教学到大班额教学,及至与现代科学技术相结合的教学实践和改革探索。从教学质量保障体系建设来看,他们提出质量评价理念,将评教作为教师改进教学的依据之一,一定程度上推动了教学质量的发展建设和教师教学水平的提升。

国外的研究实践给予了国内思政教学改革多项启示:一是思政课教学改革应该聚焦利益相关者需求,尤其要开展教学对象及其需求研究,协调各方利益形成教学改革共同体;二是思政课教学应该探索主要教学因素的改革,国外教学实践进程中关于价值探索、教学方法、教学组织、学习投入和成效评价的内容非常之多;三是思政课教学团队建设尤为重要,国外大班额的教学团队总是由多名教师和若干名助教(包括学生骨干)共同组成的,而国内则是教师一个人的独角戏。

三、已有研究的不足

前文对思政课教学改革和课程评价领域的研究和实践成果进行了述评,一定程度上厘清了前人在上述两个领域的主要成果、观点,并对其进行了一定的探讨分析，指出了相关成果存在的不足。由前文可知，众多研究者在课程评价、思政课教学领域取得了不小的成就，包括理念探索、价值研究、内容拓展、方法创新、组织协同、学习投入、成效评价及至师资队伍建设、学习对象研究、教学保障条件等方面，成果系统，指导性强。不过也存在一些不足，主要表现在以下三个方面：一是思政课教学改革与课程评价相结合的研究较少。从笔者在中国知网检索的文献规模数量上就可以明显看出来，将这两个词汇同时作为检索关键词，得到的检索结果少之又少。这一研究视角与"结合部"领域的缺陷，为本研究的深入探讨提供了比较大的空间，期望能在两者结合方面有所"破""立"。二是思政课教学改革的系统性研究深度不够。主要表现在当前研究关注思政课教学的单一领域较多，即分别关注理念探索、方法创新、学习投入度评价等，将之系统建构作为整体研究对象的少。三是对于思政课教学改革的实践重构不够充分。关于改革的研究与实践，最难的不是解构，不是论述当前事物的如何落后、有何问题、何等不及，最难也是最关键的是重新建构，将论题解构清晰、厘清思路，重新建构一个改革系统，且在不断调试的基础上，使得重新建构的系统能够解决之前的弊病，且没有更大的问题带出。因此，解构与建构，是思政课教学改革研究与实践的重要过程，这既是本研究可能取得的进展，也是本研究面临的重大挑战之一。

总体而言，课程评价、思政课教学改革等方面的探索研究具有一定的历史基础和发展过程，有关成果丰富在规模数量上比较丰富，有的成果具有较强的实践性，这些都是众多先贤经过艰苦科学探索的智慧结晶。随着时代的发展、科技的进步、教学对象的变化以及多元文化激荡交融，课程评价和思政课教学改革等都出现了一些与新时代发展不适应、不匹配的问题，需要加强研究予以解决。基于前期文献述评的梳理与结论，本研究提出两个方面的探索思考：一是加强课程评价的诊断功能，为发现、分析和研究思政课教学问题提供参考，发现问题是解决问题的前提，真实、科学地找到思政课教学存在的问题是本研究的基础工作；二是发挥课程评价的改进功能，为推动思政课教学改革提供策略。本研究在尝试解决思政课教学实际问题的路径上，也期望从课程评价的视角有所突破。正是基于如上两点的考量，本研究认为通过课程评价视角引领思政课教学改革，既有理论支撑，也是现实所需；既可以发展改革理论，也可以指导思政课教学改革实践。这两方面是本研究希望着力和突破的重要方向和目标。

第四节　教学改革的意义、目标与路线

本研究旨在探索思想课教学改革的实现对策,预期通过实证研究、质性研究等多种方式,分析把握思政课教学的基本现状、问题及其成因,提出针对性的思政课教学改革对策,借以提升思政课教学质量,为本科院校开展思政课教育教学提供理论和实践参考,为坚持立德树人根本任务,培养和造就德智体美劳全面发展的社会主义合格建设者和可靠接班人奠定扎实基础。

一、研究意义

本研究遵循"来源于问题发现,回归于问题解决"和"理论论文从实践中来到实践中去"的基本研究原则,加强理论研究和拓展,指导实践创新和发展,进而在理论和实践两个方面都实现一定的价值和意义。

在理论意义上,本研究以高校思政课教学为研究对象,深入课程和教学内部,选取课程评价的视角,研究和拓展思政课教学质量的理论依据。一方面是从课程整体来审视和解读新时代高校思政课的教育教学,另一方面是探索强化课程评价理论在思政课教学领域的研究、运用,进一步完善高校思政课教学的理论研究。与此同时,本研究提出了涉及思政课教学改革较为完整的研究假设,并在一定意义上创新性地从质性研究和实证分析两个方面予以论证,对研究假设的论证结论可以为后来者相关学术研究提供启示与借鉴。

在实践意义上,本研究以高校思政课教学存在的现象级问题为导引,分析教学对象及其需求、时代环境及其挑战、课堂教学及其条件等方面的变化对思政课价值认知与目标、教学内容与方法、教学互动与组织、学习投入与支持、学习成效与评价以及人口统计因素、师资队伍建设和教学条件支撑等方面的影响,从课程评价视角,注重质性与量化评价结合,推动高校思政课教学的整体改革,提升高校思政课教学质量。

二、研究目标

近年来,随着社会经济、政治、文化等外部环境的变化,全面深化教育改革、实现"教育强国梦"的使命召唤,以及学生群体的特征变化,高校思政课教学工作面临巨大挑战,需要高等教育工作者提出新的应对策略。本研究希望

通过实践探索与理论分析,尝试达成以下几点研究目标:

（一）以实证研究评价思政课教学现状

本研究通过问卷调查和深度访谈,对高校思政课教学现状进行分析,充分把握思政课教学存在的现象级问题及其与新时代对思政课教学新要求不适应的情况,找出思政课教学供需的矛盾点,对思政课教学现状进行实证评价,并为后续的教学改革探索做好铺垫。

（二）分析思政课教学存在的问题及其成因

从课程评价的角度,分析当前高校思政课教学存在的现象级问题,透过数据和现象分析问题本质,研究探索阻滞思政课教学质量提升的主要原因。

（三）思政课教学改革对策研究

针对问题进行研究设计,主要从课程评价视角研究思政课教学改革对策,通过教学供给与需求、教学组织与技术、方法传承与创新、学习成效与评价、教师态度与能力、教学服务与保障等六个方面的革新,探索教学设计、教学互动、教学方法、教学评价、教师团队、教学条件等六个方面的改革对策。

三、研究技术路线

为实现上述研究目标,本研究设计了一套较为完整的技术路线。研究的首要工作是要发现问题:一方面是理论问题,源于文献述评,即课程评价与思政课教学结合度低等问题;另一方面是实践问题,实践问题是通过工作实践实证调查来发现,即从当前高校思政课教学及评价中存在的问题入手,通过实证调研和深度访谈对问题进行分类、归纳,形成系统而实在的"真问题",即思政课教学领域存在的现象级问题。

在发现问题的基础上,还要审慎分析思政课教学环境因素。思政课教学有其特殊性,内外部环境对其有着极为重要的影响。因此,在尝试开展思政课教学改革的实践探索之前,需要对影响思政课教学的内外部环境进行梳理,确定思政课教学改革必须关照的内外部要素。

在发现问题之后,就要分析产生这些问题的原因是什么。在此基础上,提出思政课教学改革应遵循的基本原则和主要思路,这是对思政课教学改革的大方向性问题,后续的改革对策都需遵照这些原则与思路。在此基础上,本研究提出了思政课教学改革的针对性对策,以解决上述发现的相关问题。

以上是本研究设计的技术路线,具体路线图如图1-1所示。

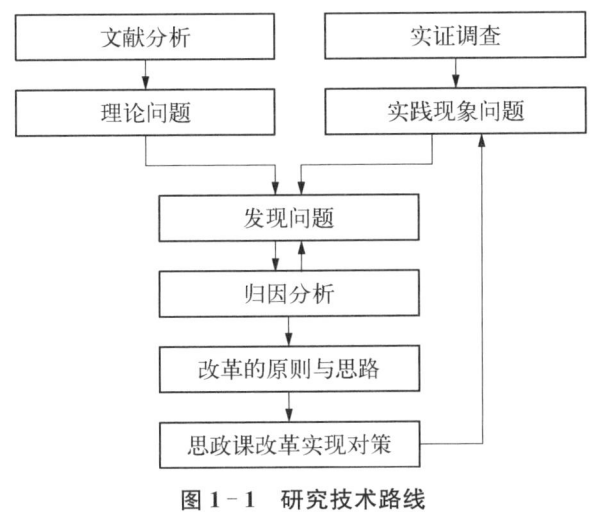

图1-1 研究技术路线

第五节 基本理论依据与分析视角

思政课是体现社会主义大学本质特征和要求的德育课程,是以理论形态方式开设的直接为提升学生思想政治素质服务的课程,是由国家统一制定和实施的、每一位大学生都必修的公共基础课程[①]。推进思政课教学改革既是贯彻国家教育目标、方针和政策、落实立德树人根本任务的要求,也是基于课程教学实际状态、引领学生成长发展的要求;既是国家倡导"以本为本"推进"四个回归"(回归常识、回归本分、回归初心、回归梦想)的重要平台,还是推动建设思政课"金课"的重要举措。思政课的核心是指向人,聚焦人、以人为中心,关注人的认知、需求和全面发展,思政课是思想政治教育类课程,遵循教育规律、注重教学实践。因此本研究选取课程评价理论为研究视角,坚持"以学生为中心",探索引用需求供给理论来分析思政课教学问题、成因和改革实现对策。

---

① 佘双好.思想政治理论课程教学法探析[M].北京:中国人民大学出版社,2018:13.

一、课程评价理论

根据研究述评和上述定义不难发现,课程评价与课程、价值、判断、过程等核心词密切相关,在本研究中,课程即指思想政治理论课,价值和判断则是关系一体,即何以、以何判断思政课的价值,这就必须有价值导向、有标准体系、有评价主体、有实操办法等,过程既包括教学过程,又包括评价过程,过程是一种描述,也是一个价值导向。这样看来,本研究选取课程评价视角,就必须弄清楚课程评价的理论体系、价值导向,构建思政课教学评价体系、确定思政课教学评价主体,再辅以适当的操作办法,开展思政课教学评价,进而将评价结果应用于问题析解、原因剖释和对策研究。

课程评价价值导向尤为重要,因价值判断涉及多种价值导向,且依据不同理论、代表不同观点,故确定价值导向对于思政课教学改革的探索和抉择尤为关键。随着理论探索和实践发展,课程评价的合理性必须认真、审慎考虑下述两个问题:一是工具价值与内在价值,二是共同价值与多元价值①。

工具价值,即一事物对他事物所具有的意义或价值。内在价值,即一事物自身的存在意义或价值。工具价值探讨的是对他事物的有用性,而内在价值所探讨的是对己事物的有用性。课程评价中,课程的价值应该如何来判断,选择工具价值作为导向,即课程对于学生成长的意义或者价值,还是选择内在价值,即课程对于满足人的需求和激发人的成长动力的意义或者价值。选择工具价值结果会是导致功利主义的,以追求学生成绩进步和知识提升的,选择内在价值结果会是更加具有内驱力的。显然,作为评价价值导向,当前多数的评价都是单极的、割裂的甚至是将两者对立的,但一个好的课程评价体系必然是要将两者统一的,既能够提高学生的知识、能力,又能够彰显课程的魅力和价值(即激发学生的兴趣、动力)。

共同价值,即不同人或者不同利益群体在交往中达成共识的价值追求。多元价值,即不同人或者利益群体在发展中形成的个性化的价值追求。共同价值强调群体价值追求的共性,多元价值强调的是群体价值追求的差异性。持多元价值观的人认为,不同学生对于课程的认可标准、价值标准是不同的,价值追求是多元的,甚至同一人在不同阶段的价值追求也会不同。持共同价

---

① 李雁冰.课程评价论[M].上海:上海教育出版社,2002:30-38.

值观的人认为,价值是客观存在的、不以人的意志为转移的事物固有的属性,因而存在对所有群体都共同的价值标准。具体到课程评价领域,选择共同价值作为导向的结果,可能会是标准化的,课程缺失活力、学生缺乏个性色彩,选择多元价值作为导向的结果,可能是多元化的,课程走向散乱、学生缺乏逻辑秩序。实践来看,一个好的课程评价体系必然是要将共同价值与多元价值统一的,一方面共同价值与多元价值本质上各有存在的合理性、价值归宿,另一方面共同价值与多元价值应该互相支撑、交互作用。在课程评价领域,将共同价值与多元价值统一于一体,借鉴和运用多元主义价值观对于开展思政课教学的课程评价具有显著的正向意义。

本研究选取课程评价视角,所期望达成的是在合理、科学的评价导向指引下,推动设计、制订和使用课程评价课标准体系,这种标准体系能够尽可能满足所有利益相关者(各评价主体)的诉求,通过一定的路径和实操办法来实现课程评价的核心功能和价值。为达成本目标,研究在遵循上述价值导向的基础上,"以学生为中心",制作了思政课教学实际情况问卷,内容涉及课程教学的主要影响因素,调研对象涉及全国 20 个省市 55 所本科高校的 16 140 名本科生。在调研问卷和访谈的基础上,综合评测当前思政课教学的质量情况,循其规律,诊断问题,为开展思政课教学改革提供对策参考。

二、需求供给理论

需求供给理论是经济学基本理论之一。需求是指在其他因素不变的条件下,消费者在一定时期内在各种可能的价格水平愿意并且能够购买的该商品的数量[①]。供给是指在其他因素不变的条件下,生产者在一定时期内在各种可能的价格水平愿意并且能够提供出售的该商品的数量[②]。需求、供给和均衡价格是市场经济中的最显著特征,需求和供给是价格机制运行的重要影响力量,所有商品的价格都是在供给和需求的共同作用、相互作用下形成的。因此,供给、需求还深刻地影响着每个经济个体和群体的决策行为,进而影响整个经济社会的资源配置。发挥市场在资源配置中的决定性作用,也是据此而来的。

谈论需求、供给,首先必须厘清需求曲线、供给曲线及其交互关系。需求

---

① 高鸿业.西方经济学(第七版)[M].北京:中国人民大学出版社,2018:22.
② 高鸿业.西方经济学(第七版)[M].北京:中国人民大学出版社,2018:26.

曲线是需求函数的具体体现,也是需求对市场影响的数据反映,是需求数量和价格的关系曲线。所体现的是,一种商品的需求数量受到商品价格与相关商品价格、消费者收入与偏好及预期等多种因素影响。在此基础上,研究将需求函数定义为一种商品的需求数量和影响该需求数量的各种因素之间的相互关系。该函数的数学表达式为:

$$Q^d = f(P)$$

式中,P为商品价格,Q^d为商品的需求数量。

函数图示如下(图1-2):

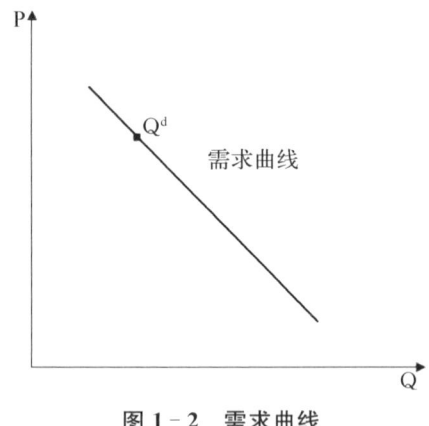

图1-2 需求曲线

需求定理是在其他因素保持不变的条件下,一种商品的价格上升,则对该商品的需求量减少,反之增加。即商品的价格和需求量呈反向变动[1]。

需求曲线会因需求或需求量的变动,产生位移,或沿着需求曲线移动、或需求曲线产生移动。

供给指只在其他因素不变的条件下,生产者在一定时期内在各种可能的价格水平愿意并且能够提供出售的该商品的数量。所体现的是一种商品的供给数量受到商品价格、生产成本、技术,以及相关商品的价格、生产者预期等因素的影响。在此基础上,研究将供给函数定义为一种商品的供给数量是所有影响该商品供给数量的因素的函数。该函数的数学表达式为:

$$Q^s = f(P)$$

---

[1] 高鸿业.西方经济学(第七版)[M].北京:中国人民大学出版社,2018:23.

式中,P 为商品价格,Q^s 为商品的供给数量。

函数图示如下(图 1-3):

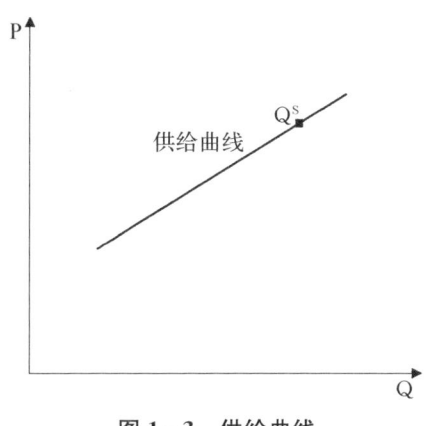

图 1-3 供给曲线

供给定理指在其他因素保持不变的条件下,一种商品的价格上升,则该商品的供给量增加,反之减少。即商品的价格和供给量呈正向变动[①]。

供给曲线会因多种因素影响产生位移,包括供给量变动产生沿着供给曲线的移动,以及供给的变动产生供给曲线位置的移动。

综上所述,需求供给理论所阐释的是需求、供给和市场价格之间的互动关系,主要的观点是需求和供给分别或协同作用于市场价格,形成了市场"看不见的手"的独特运行机制。需求供给影响的是价格,价格是价值的波动表达,一定程度上代表了价值,促动了价值调整,给予市场各利益相关者以启迪、指导。

本研究将需求供给理论引入思政课教学改革领域,既有理论依据,又有实践基础。理论依据在于,需求供给理论讨论的是自由市场环境下商品价格的波动,课程本身也有商品属性(虽然在我国高等教育多由国家举办,公益性主导,但依旧向学生收取学费等相关费用,学生付学费读书,一定程度上说明课程具有商品属性,此处不做过多论证阐述),有教的供给和学的需求,并且在大学(可视为局部市场环境)中,可以引用和借鉴该理论来讨论课程的需求供给及其价值体现(此处不用价格,因为课程价格体现为学费,本身是固定的,使用价值体现表达价格的象征意义)。这样就将思政课教学的需求、供给和价值体

---

① 高鸿业.西方经济学(第七版)[M].北京:中国人民大学出版社,2018:27.

现联系起来,形成需求曲线、供给曲线和均衡价值体现。

均衡价值体现图示如下(图1-4):

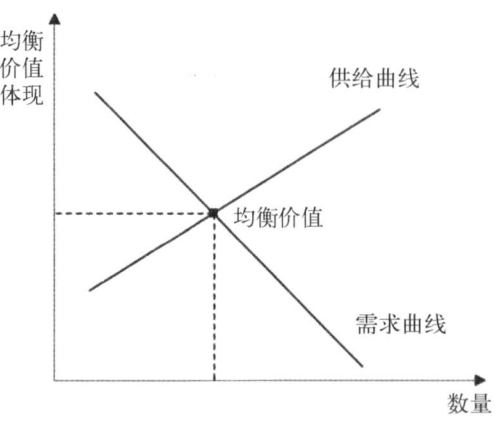

图1-4 课程均衡价值体现图

由均衡价值体现图示可以看出,思政课教学的均衡价值体现指其学习需求量和教学供应量相等时的价值体现,该值被称为均衡价值。

此处市场需求量和供应量指思政课教学的课时数以及课时内容,均衡价值体现受到需求函数和供给函数的双重影响,受到两个函数的影响因素的共同影响,包括教学对象、价值认知与目标、教学内容与方法、教学组织与互动、学习投入与支持、学习成效与评价、师资队伍建设、教学条件等内外部因素,由此可以绘出均衡价值体现的位移图(图1-5):

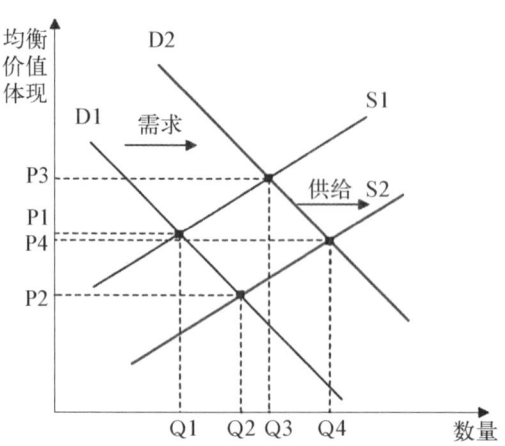

图1-5 课程均衡价值体现位移图

从上述图示可以看出，要实现思政课教学的均衡价值，必须以思政课教学的供需为基准，适度调整、平衡上述内外部因素。这就为借助需求供给理论来研究思政课教学改革提供了基础依据。

因此，从需求供给理论来看，推进思政课教学改革的主要路径应该放在学生学习需求与教师教学供给的均衡、协同、匹配上，以此为改革的基本出发点和目标。这样，学生学习需求就成为教学研究与实践的中心，即必须加强学生思想行为特点、学习动机、学习目标及其行为、学习投入度等方面的理论和实践研究。具体到思政课教学领域，尤其应该加强"00后"大学生研究（因其成为高校思政课教学的主要对象），掌握他们对思政课教学的诉求、价值认知与目标定位、学习投入与支持等关键信息和情况，分析他们的认知基础、取向和能力水平，以更好开展教学供给的设计实施。教学供给端则应该根据学生学习需求，开展针对性的教学内容与方法、教学互动与组织、学习成效与评价等领域的改革，力求达成供需均衡、协同和匹配。此外，按照需求供给理论观点分析，思政课教学的均衡价值体现在受到教学供需的主要影响之外，还会受到教学团队建设（生师比数量）、教学条件保障、教学评价激励等因素影响而产生位移（沿线的点位移、线体位移均有可能），因此开展思政课教学改革还应该适当考虑上述因素而具体斟酌设计。

三、课程评价理论和需求供给理论的应用方式与领域

从两项理论阐释和分析来看，课程评价理论与需求供给理论有其共同点，即都高度重视和关注需求，课程评价中非常注重诊断需求、确定教育需要，即把握学生学习需求、兴趣、不足之处以及关注教育需要，同时比较教学计划、确定目标是否达成，以便开展针对性的教学供给。需求供给理论中非常注重需求曲线，重视学生需求的满足，加强学生需求与教学供给协同，在各种教学影响因素的共同作用下，追求均衡价值体现。两者不同之处在于，课程评价注重价值导向的选择，不同价值导向下评价的标准体系、实施策略和质量结果都会有所不同，因此课程评价的设计要求非常高。需求供给理论的重点在于发挥学生学习需求与教师教学供给之间的"看不见的手"的作用，"看不见的手"可以影响甚至决定均衡价值体现，因此要格外强调"学生中心"理念，加强对象及其需求研究，为其开展针对性的教学供给。与此同时，思政课有其特殊性，是落实立德树人的关键课程，政治性强、质量要求高，因此在"看不见的手"基础

上适当的宏观调控也是必须的。这就要求在开展思政课教学研究与实践时必须兼顾市场机制与调控机制。

因此选择课程评价视角，是因为课程评价具有非常显著的诊断、改进功能，这对于分析和把握当前思政课教学面临的种种现象级问题和忧虑有很明显的支持作用，也是解决该类问题的一种独特视角。所需要注意的是，课程评价的价值导向确立、标准体系以及技术方法运用非常关键。本研究采用"以学生为中心"的评价导向，客观上倾向于多元主义评价观，即追求共同价值与多元价值的统一协同，重点关注学生群体的不同需求和认可标准，以促进所有学生的成长成才为主要目标。因此，本研究在设计问卷和开展访谈时，尤为关注学生的需求和感受，调研了巨量的学生，问卷设计的内容也强调学生的主观感受、关注教学的运行实际，以求精准把握学生、学生需求、学生评价的基本情况，为教师开展教学改革提供依据和建议。与此同时，研究还兼顾访谈校领导、中层干部和思政课专业教师，听取他们对思政课教学情况的理解、思考和判断，关注他们的期望和诉求。选择需求供给理论作为思政课教学改革研究的重要支撑理论，主要是思政课具有一定的商品属性，教师教学投入量和均衡价值体现又分别具有数量和价格的一般特点，运用需求供给理论可以帮助探索思政课教学供给与需求双方的均衡价值，即达到思政课教学质量的最佳状态。

所需要注意的是，思政课的总门数、总课时数、师生数量相对固定，高校的学费也相对固定，数值上具有鲜明的计划属性，表面上看不一定适合供需理论，但是剥去固定数量、价格的外衣，我们认真审视思政课教学内部的学生学习需求与教师教学供给之间，的确存在着不容忽视的供需矛盾，教师教学供给的数量、内容、方式等与学生学习需求的数量、内容、方式等存在着一定的错位，未能达成供需均衡。

本研究提出，以教师教学投入量代表数量作为横轴，所标示的是教师愿意为思政课教学所做的精力投入，即课程均衡价值越高，教师教学投入的积极性也越高，反之越低。需求曲线中，课程均衡价值越高（即要求越高），则学生学习投入积极性越低，反之越高，教师教学投入与学生学习投入与均衡价值曲线正好相悖。从思政课教学的需求供给理论来看，并不是教学供给越多，学生学习投入也越多，而是正好相反，只有将两者综合考虑达到均衡点、实现均衡价值才会使得思政课最有价值。这既要求需求供给相互均衡，又要求需求供给内容匹配。具体而言,关键点在于教师"教"的供给与学生"学"的需求两方面的平衡。"教"是内容的整合、梳理、输出,需要教师将教材体系转化为教学体系、教材内容转化为教学内容,并经一定的教学方法、教学组织、教学互动等传输中介,输出给学生;"学"是内容的消化、吸收、内化,需要学生将教师教学内容、教材内容一起转化为学习内容,并通过消化、吸收、内化,成为个人掌握的知识、技能,从而实现成长、成才的目的。

青少年阶段是人生的"拔节孕穗期",最需要精心引导和栽培。高校以思政课引导和培育大学生,帮助青少年健康度过"拔节孕穗期",既是责任担当,也是使命所负。实现这一目标的关键是高校能否推动思政课教学改革,提高思政课教学质量。由此这也进一步明确了本研究的核心指向,即以教改提质量,改革是手段,质量提高才是目的。

第二章 思政课教学的评价视角与现状分析

课程评价是保障高等教育质量的有效措施和重要途径。高校课程评价能诊断课程建设中存在的问题、发现教学双主体的需求、引导课程建设的方向,为提升人才培养质量提供依据。课程评价的教学诊断、改进和发展等功能,使其成为发现课程教学问题、分析课程教学问题成因、探索课程教学改革方案的重要工具。课程评价自出现以来,经历了四个主要的发展历程,已经形成了目标评价模式、CIPP评价模式、回应模式、阐述性模式以及发展性评价模式等多种理论及类型。课程评价的目标追求随着理论与实践的发展不断演进,已经呈现出改进和发展的目标导向。因此,研究思政课的课程评价,厘清思政课程评价的核心内涵、践行依据和本体要义,有利于推进课程教学改革走向深入,有利于推进教学质量工程建设,有利于服务人才培养。

第一节 思政课教学评价的内涵

课程评价是课程质量乃至教育质量建设领域非常重要的命题之一,其主要的价值在于帮助教育者诊断课程教学问题、提供教学改革依据、提升教育教学质量。具体到思政课的课程评价领域,应由有其对应核心内涵、价值导向、标准体系和主体诉求。

一、思政课教学评价的功能目标

在前期的文献综述中,笔者梳理了课程评价概念发展的历程及当前的理念,综合前人的研究成果,本研究认为对于思政课程评价应该具备以下核心内涵:

第一,思政课教学评价是一种目标与实际达成度的比较;第二,思政课教学评价是对思政课教学活动的价值与效果的判断;第三,思政课教学评价的组织实施主体多样;第四,思政课教学评价的核心目标在于推动思政课教学改革,提升思政课教学质量。

结合课程评价理论与实践的发展,本研究认为思政课教学评价的功能目标应该包含诊断教学、改进教学、比较教育计划、确定教育需要和确定目标达成等[①]。它需要对教学对象的学习投入、学习成效进行评价,并根据这些评价结果进行分析,考试是重要的选拔工具和评价手段,它还需要对现有的教学活动及学习情况进行诊断,找出存在学习问题、学习需求,分析核心成因,思政课教学评价的最重要目的是为了改进,通过诊断、比较等多种方式,确定问题制定改进举措,改进教学活动中一切可以改进的环节,包括教学对象研究、价值认知与目标确立、教学内容与方法、教学互动与组织、学习投入与支持、学生成效与评价等多个方面。

(一) 诊断思政课教学

要了解思政课教学的总体情况,必须开展全过程、立体化的教学诊断,才能比较清晰地把握思政课教学存在的问题、矛盾和困难。但是,教学诊断是要分对象和阶段的。从这个意义上看,思政课教学诊断需从两个角度来考虑:

(1) 要开展全过程的思政课教学诊断。诊断在于找出思政课教学过程中存在的问题,剖析原因,并为后续的教学改革提供依据。当前思政课教学诊断的质性研究较多,提出的教学设计、教学方法、教学组织等方面的问题及对策颇多,但对思政课教学的实然状态的把握还不够精准,这方面需要在深度的质性研究分析的基础上开展广泛的、针对性的量化研究,如学生学习成效评价、教师教学质量评价、师资队伍建设情况等。这样通过量化与质性研究方法的综合运用,对教学全过程进行评价,才能比较深刻的诊断出思政课教学的主要问题和矛盾。

(2) 要开展立体化的思政课教学诊断。所谓立体化诊断,就是既要开展教师教学诊断、学生学习诊断,也要开展学校课程设计诊断、课程规范建设诊断,既要教学内容落实诊断,也要开展教学方法运用诊断,既要开展教学管理制度建设诊断,也要开展教学组织创新诊断。只有将思政课教学活动立体化,开展全方位的审视和判断,才能比较系统地分析思政课教学的故障点、困

[①] 李雁冰.课程评价论[M].上海:上海教育出版社,2002:126-133.

难处。

（二）改进思政课教学

改进是思政课教学评价的重要目标导向和价值归宿。只有将改进功能发挥出来,才能实现课程评价的关键价值。

（1）开展教学诊断。诊断是基础,是查找问题的源头,是改进的起点和诉求的基础。通过课程评价对课程进行全过程、立体化的诊断,可以将思政课教学有关的教学对象研究、价值认知与目标确立、教学内容与方法、教学互动与组织、学习投入与支持、学生成效与评价等各个领域的问题发掘出来,进行分析研究,为后期开展改进研究提供事实基础。

（2）制订课程建设发展规划。思政课具有鲜明的政治性,教学难免枯燥,但教学团队应该科学运用评价方法,找出学生、学校和国家最为关切的问题,聚焦教学质量,提出针对性的改善办法,与此同时,更进一步修订课程建设发展规划,为后期思政课教学发展指引方向。

（3）制订改革举措。高校要在遵循教育规律、教学原则的基础上,针对诊断提出的具体问题和本质问题,提出改进策略。如上海开展的课程思政改革就是针对当前传统思政课存在的内容创新不足、融通性不够等问题,提出的解决方案,这一改革举措从理念到理论,从形式到内容均对思政课教学进行了针对性的改革,校本特色、上海特色得以彰显,团队教学形式优势得以发挥,思政课呼应热点、引领思考的功能得以落地,教学质量显著提高。

因此,研究认为,思政课教学评价是评估课程应然与实然状况一致程度及作出价值判断的过程。这个判断可以由目标评价做出,也可以由过程性评价等其他评价模式做出,不同方式可以从不同角度反映出课程的概貌及优劣,以此服务人才培养与选拔、课程诊断与改进等功能和目标的实现。

对思政课进行课程评价主要围绕课堂教学开展,因为思政课教学的开展最主要的场所就是在教室课堂。基于这样的考量,本研究的实证调查、评价目标与原则、对策提出等等,也都基于课堂教学。

二、思政课教学评价的相关主体

思政课教学评价的主体呈现多样性：

(一) 学生

学生作为学习主体,是学习需求的主要提出方,他们有权利对教学和课程提出要求及开展评价。

(二) 教师

教师作为教学主体,对教学活动及课程成效评价承担主要职责,既是个人课程评价的重要实施者,也是同行评价的重要参与者。

(三) 学校

学校作为办学主体,有义务对课程教学实施进行综合评价,以保证教学质量,培养合格人才。

(四) 教育主管部门

主管部门作为教育举办主体,既要承担办学义务,又要保证办学质量,培养国家需要的人才(包括培养人才的政治素养),因此必须深入教学,参与课程评价。

(五) 社会、企业

社会及企业作为用人主体,需要吸纳大量有用人才服务社会、企业发展,人才培养质量是他们关注的重点,确保人才培养质量的实践基础就是课程教学质量,社会、企业介入学校开展课程评价也在情理之中、法理之内。它需要将教学活动的预期目标、计划等与教学活动的实际结果进行比对,分析判断教学目标与实际成效的达成度,找出其存在的问题、不足及长处。

三、思政课教学评价的内容方法

随着高等教育质量建设工程的推进,国家对思政课教育教学要求逐步提升,思政课教学评价的内涵、技术和方法也在不断发展。

(一) 思政课教学评价的内容与形式

思政课教学评价从最初只关注课程教学本身,到逐步关注所有课程要素,包括师资队伍、教学方法、基础条件等;从只关注课程教学结果,到逐渐关注课程教学全程,包括课程设计、教学实施、学业评价、考核反馈等全过程;从只关注课程内部,到逐渐关注所有课程主体,包括师生、领导、政府主管部门、社会企业、家庭等。与此形成对比的是,思政课教学评价形式还相对单一:一是基本沿用标准的课程评价体系、路径和方法,数据采集、质量判断和成果运用力度不够;二是对思政课的特殊性关照较少,缺少针对性的思政课程评价体系。

(二)思政课教学评价的方法

课程评价方法越来越多,主要有测量评价法、质性评价法和质性与测量相结合法三大类。测量评价法可以分为考试评价和标准评价两种,考试评价是一种结果评价,有笔试、口试等形式,课程的期中考试、期末考试就是典型的考试评价,以成绩来评价学生学习成效、甚至评价老师的教学质量;标准评价是为选择内容和学习、为激励教师和学生所取得共同目标提供的一个标准,用来比对目标与实际达成的程度。如上文所述,现状是思政课程评价技术与方法基本沿用学校统一的课程评价标准体系、技术方法,鲜有根据思政课教学特殊性所制订和实施的评价方法。

以上海某高校思政课教学评价为例,该校课程评价主要通过学生网评、学生课堂评价、学校教学督导评价、学院教学督导评价、校院两级领导评价、同行评价等6个部分开展,分别占比为30%、20%、20%、10%、10%、10%。学生网评的方式主要通过教务系统网络评价平台开展,一般而言是学生查阅考试成绩前评价,内容涉及教师教学态度、能力、效果和学习感受等。学生课堂评价主要通过答题卡式问卷实现,学生在课上填写问卷,由教师回收并交由学院教务部门统计上报,内容主要涉及课程授课情况(包括课程教学规划、内容方法、组织实施、答疑辅导、成绩评价、关系处理、质量状态等)、学生学习情况(包括学习投入、出席、兴趣、能力提升及收获等)、课程建议。校院两级督导评价主要是通过选派督导员进班听课方式实现,督导员对教师授课情况进行综合评价;校院两级领导评价与督导评价相似,但更侧重教师讲课的政治立场判定、逻辑体系以及师德师风等方面;同行评价主要通过同行听课、备课等高密度的教学互动实现,内容涉及课程教学的方方面面,比较具体。这种评价方式是当前教学评价的主要方式之一,已运用到思政课教学评价领域。所需要探讨的是,各相关主体的评价内容、标准和占比需要根据课程教学目标要求和学生需求实际进行适当调整,可以确定的是学生是课程教学评价的主要利益相关者,其评价占比应该成为思政课教学评价的主导内容,从该校实践来看,学生评价占比50%,按照"以学生为中心""学生需求导向"的观点,这个比重还有进一步提升的空间。所需要改良的是,该评价体系中,对于思政课教学的特殊性内涵没有深度体现,造成其针对性略显不足,后续的评价体系重构应该重点解决思政课教学评价的针对性、特殊性问题,进而更加精准地提升思政课教学质量。

测量评价法之外,思政课程评价还可以运用质性评价法,以及质性与量化相结合的评价法。质性评价法包括综合素质评价、档案袋评价、表现性评价等。质性评价是通过比较全面的观察、描述、分析学生的日常学习情况,并根据课程教学要求,来评价课程教学质量和学生学习成效。质性评价的理论基础是人本主义思想,它致力于推进课程评价从注重甄别、选拔向培养、发展转向。质性与测量相结合的评价方法主要有当事人中心评价模式、自然主义评价模式和发展性评价模式等,是当前课程评价理论与实践发展的有益实践,因为它既可以规避测量的机械和局限,又可以呼应质性的发展关切,能通过数据找出问题的所在,也能通过质性挖掘问题的本质关键,以便通过评价为课程教学改革提供价值判断和政策制定依据,体现了更多的价值判断的含义。

未来,评价的价值导向,必将随着理论研究的深入和理念的牵引发展聚焦;课程评价的核心功能,必将随着时代的发展和需要不断迁移。本研究认为思政课领域的课程评价功能,应该更加强调"学生中心",以学生需求引导教学供给,以学生评价主导教学评价,将学生作为课程评价的核心利益相关者,推动课程评价功能的进一步发展,即在诊断需求、助力发展方面更加深入,进而提升思政课教学质量;评价的体系建设,必将随着评价实践的开展不断完善形成系统。此外,还应该兼顾教师、学校,尤其是国家对思政课教学的要求,这样才能将教学目标进一步巩固,服务于培养德智体美劳全面发展的社会主义事业的合格建设者和可靠接班人,培养学生成为担当民族复兴大任的时代新人;评价的标准化流程,必将随着各方的互动达成新的共识;评价的方法路径,必将随着科技的进步不断发展;评价的理论与实践互动,必将随着评价研究的中外协同、本土化而更加适切于中国实际。

第二节 思政课教学评价的原则

科学的组织与实施是支撑课程评价达成诊断和改进目标的基础。科学的组织与实施课程评价是指通过科学设计、有序组织、分布实施、专业评价、系统反馈与调试等工作,确保课程评价的高效、准确和有序。思政课教学评价与一般性课程评价有共同追求,也有不同之处。相同之处在于两者同属课程范畴,具有课程的一般属性,即均由教学设计、教学内容、教学方法、教学互动、教学组织、学习成效评价等一系列要素构成;不同之处在于,思政课的政治属性及其价值导向。即思政课的政治属性要求思政课程评价要坚持政治性原则,其价值导向是培养德智体美劳全面发展的社会主义合格建设者和可靠接班人。因此,思政课程评价的组织与实施应该坚持一定的原则,强化顶层设计,注重过程实施、方法创新和评价考核于一体,以期提高思政课程评价的科学性,高效推动评价组织与实施,提高课程评价的针对性、实效性,为开展思政课程教学改革奠定基础。

一、基本原则

基于思政课的独特课程属性,对思政课教学的评价有其不同于其他课程的特殊性,首要的就是在于指导性原则的迥异。以下几个基本原则是高校开展思政课教学评价的基本依循:

(一)坚持政治性原则

思政课与其他课程的显著区别就是其鲜明的政治性,政治地位非常突出,政治目的非常明确,即思政课的主要任务是为大学生奠定理论和信仰基础。思政课内容有非常强的政治内涵,教育形式具有非常强的宣教形态,师生多以政治视角去看待思政课。因而,思政课程评价必须坚持政治性原则,坚持立德树人根本任务,培养和造就德智体美劳全面发展的社会主义合格建设者和可靠接班人。

(二)坚持教育性原则

课程评价从功能上源于一种管理手段的发展,但从活动的目的上,是一种具有价值意义的行为[①]。教师运用课程评价诊断教学、改进教学,提高教学质量和水平,服务人才培养;学生通过评教,促使教师不断推进教学改革,提高教

---

① 李彬,杨鹏.教育性原则:课程评价的应有之义[J].湖南师范大学教育科学学报,2009(9):77.

学质量和水平,满足学生成长发展需求。师生通过课程评价实现教学互动、教学相长,本质上是一种具有价值意义的教育行为。因此要坚持教育性原则,发挥课程评价的指导性、引领性、教育性作用,服务教育教学改革发展。

(三) 坚持多元化原则

思政课的参与主体和利益相关者众多,包括学生、教师、管理服务人员及学校、社会、家庭等。所有的学生必须上思政课,思政课老师和课程思政老师共同组成思政课教学团队,高校马克思主义学院、教务处、质量办等部门人员一起协同做好教学及监控服务工作,学校教师工作部做好教师的教育管理和服务工作,政府的教育部门、宣传部门都要对思政课进行建设、指导,社会、家庭要时时关注学生的政治学习和政治进步。因思政课具有更加多元的相关主体,各主体之间对课程诉求各有侧重,放在推进思政课程评价时,必须充分注意思政课的不同主体之间的协调与互动,使其能够在评价中共享关键信息。所以要坚持多元化原则[1],为后期发展建设提供关键支撑。

(四) 坚持理论与实践相结合原则

关于课程评价的理论发展经历量化评价、质性评价到量质结合评价,逐渐成熟。评价实践推进相对落后,且是普遍现象。理论应然、实践实然和行政亦然成为当前思政课教学评价的突出矛盾和问题。因此要坚持理论与实践的协同创新,即理论要以实践为基础,密切结合现实情况,开展理论引领实践建设工程,做好评价的顶层设计和整体推进,强调系统性;实践要以理论研究为指导,不断实验验证理论成果,积极推行可行方案,做好实践方案的探索和检验,强调可操作性。只有将理论与实践相结合,才能真正解决"理论、实践、行政"三张皮的问题。

(五) 坚持全面性评价原则

思政课教学评价除了要关注课程知识学习及成绩取得之外,还要关注信仰巩固、实践体验等关键性内涵;除了要关注教学结果,更要关注教学过程,还应关注课程设计、教学方法、实施进程、课程效果、评价反馈以及课程改革等,

---

[1] 宫黎明.试论校本课程评价的原则[J].现代教育科学,2004(6):1.

真正做到全面性评价、系统性评价。只有将课程的所有环节和相关主体都放入评价体系之中,关注所有课程目标和元素的落地,才能真正发掘课程的内涵,找出课程的问题,提出改革的举措,提高课程的质量。

上述基本原则是基于对思政课与课程评价本体的特殊属性考察而得出的,是"应然",或者称其为"最高理想"。至于教育实践是否真正深入贯彻执行这些基本原则,还需深入研究。基于这样的考量,这些原则都是本研究进行实证调查、问题分析以及改革发展对策建议的基本参照。

二、顶层设计

在开展思政课评价之前,需有好的顶层架构来支持,否则思政课的实施效果将会直接影响课程评价的方向与质量。通常,对思政课评价进行顶层设计需考虑以下几个方面的内容:

(一)明确价值导向

思政课的根本问题是"培养什么人,怎样培养人和为谁培养人",思政课有明确的价值导向,即为培养接班人服务,所有的质量建设、教学改革举措以及课程教学的实施都应该聚焦在培养接班人的根本问题上,评价应该聚焦在学生的政治信仰是否得到坚定、政治素质是否得到提升、政治意识是否得到强化、政治水平是否得到提升等。

(二)明确课程定位

思政课的基本定位是公共基础课,是党赋予高等教育的重要政治任务的课程载体,是"育人为本、德育为先"教育理念的实践载体,是高校落实立德树人中心环节的主渠道、主阵地。因此,思政课应居于课程建设的核心地位。只有将思政课的德育功效发挥出来,才能更好发挥其他课程的智育功能,实现人才培养的最终目标。

(三)构建评价体系

评价体系是开展课程评价实践的关键,评价体系源于理论的探究和构建,基于实践的检验和完善。总体来看,思政课教学评价应该包括教学对象需求诊断、价值认知与目标确立、教学内容与方法、教学互动与组织、学习投入与支持、学生成效与评价等。具体到实践中,思政课程评价体系应该细分为教学内容的重点难点的理解程度、教学手段和教学方法对理解教学内容、激发学生思考的作用;课堂教学的氛围是否能够引导学生积极思考;课堂教学的领会程度;课后是否复习;先行课程的教学效果对该课程理解和掌握的影响程度;考核内容与教学内容的相关性;考核的形式;考核的难度;选修该课程的总体收获,主要受哪些因素影响,等等[①]。同时,应该注意课程设计是否科学、课程目标、教学方法、教学内容是否呼应多元主体需求、课程组织与实施是否高效可行、学习成效评价与课程考核是否公正客观、课程反馈是否通畅落地等,只有将课程评价体系建构完善,才有可能实现课程评价的最终目的和预期效果。

(四)抓住关键环节

思政课教学评价有其特殊性和关键点,要研究其特殊性、抓住其关键点,才能使得课程质量得到保障。思政课的关键环节在于其教学实施过程,主要包括教学对象研究、价值认知与目标确立、教学内容与方法、教学互动与组织、学习投入与支持、学生成效与评价等、教学评价的反馈落实等。

这些顶层设计也是思政课教学评价的指导性框架,在其后提出的改进举措上,也希望在顶层框架上做好设想与策划,以促进思政课教学评价既符合基本原则,又有统筹性科学规划。

三、实施过程

虽然思政课的教材是由国家统一编制并在全国范围内使用的,但其课程评价的实施与标准仍然大有空间,不同的实施与评价对教育教学效果具有很大影响。思政课教学评价的实施是一个系统过程,涉及课程教学目标设定、教学方法运用、教学组织与实施、学生学习投入与成效评价、评价反馈等环节,不同环节需要有不同的侧重及方法。

(一)课程教学目标设定

思政课的目标是落实立德树人根本任务,培养社会主义事业的建设者和接班人。要达成这一目标,就必须针对学生的思想、行为特点,开展针对性的

---

① 刘桂芝,李婧.完善本科生课程评价体系,激发师生联动发展[J].中国高等教育,2012(Z3):53.

目标设定。

（1）思政课要帮助学生树立正确的世界观、人生观和价值观，引导他们正确认知世界与中国、思考人性道德与社会法治、探索人生价值及终极意义、坚定理想信念与信仰追求，深刻分析当前政治、经济、社会、文化等各个领域发生的问题，从知识习得到实践运用，再到形成比较成熟、富有科学精神的自我判断。

（2）思政课要阐发深刻的文化内涵，一方面思政课本身就有非常强的文化属性，是一种政治文化的传播载体；另一方面思政课拥有极为深刻的文化内涵，既有马克思主义文化的唯物辩证及科学内涵，又有中国传统文化的优秀基因和博大精深，阐发文化内涵，使之成为新时代中国新青年大学生追求进步的不竭动力源泉。

（3）思政课要成为所有课程的航标，思政课是大学生思想政治教育的主阵地、主渠道，也是"育人为本、德育为先"的实践载体，思政课不仅有其自身的意义和价值，还要为所有课程育人实践提供航标，引导课程育人坚定正确的政治方向，培育德智体美劳全面发展的时代新人。

与此同时，思政课的各门课的具体目标也应该进一步明晰、夯实，并借以指导课程教学实践创新。

（二）教学方法运用

高校教学方法的研究和探索要发现有效的教学方法，目的在于倡导教师模仿、学习、采用有效的教学方法，但这既不会导致教学的模式化、刻板化、简单化，也不会诱使教师自己轻视和不进行教学方法探索[①]。当前高校思政课教学方法总体上呈现出三方面的特点：

（1）教学方法发展呈现多样化、综合性的基本特点。多样化是指教学方法多样，既有传统的课堂教学，也有各种翻转课堂、对分课堂等形式创新，既有多媒体教学，也有社会实践类教学。综合性是指要综合思政课的课程属性与教学方法两方面因素来考虑教学方法的创新。

（2）注重系统化、整体性的基本特点。系统化既是思政课程本身的基本特点，也是其对课程教学方法创新的基本要求，系统设计教学方法，充分考虑

---

① 姚利民.有效教学论：理论与策略[M].长沙：湖南大学出版社，2005：13-14.

学生群体共性需求、个体差异。整体性是统筹设计不同思政课、不同课程阶段、不同课程对象的教学方法的创新与设计,既要注重阶段性,又要注重课程整体性和课堂整体性。

(3) 运用现代化成果、突出科学性的基本特点。现代化技术为思政课教学方法的发展提供了坚强的后盾,思政课可以充分运用新媒体等现代化技术提高课堂教学的趣味性,要发展思政课教学理念,充分汲取和借鉴其他科目的教学理念与方法,推动思政课教学方法的科学创新。

思政课教学方法创新需要如下多方面的协力:一是教师自己的内驱力。教师得有教学激情、热情,这样才会潜心教学,探索创新教学方法、提高教育质量的路径。二是学生的学习热情。没有学生的需要作为导向,教师就无从下手,只好照本宣科,学生有热情、有思考甚至有挑战,这样才能更好促进教师开展学习。三是学校有激励保障措施。既不能让老师停留在不思进取的懈怠区,也不能让老师失去创新的支撑力,要给老师创新的基本支撑和动力,还要在教师身后加强考核激励推动他们开启教学方法创新的动力。四是加强教师学习进修制度建设。教师成长需要多方促进,教师自我学习、实践是一条路,教师开展教学研究、组建团队相互学习是一条路,教师外出参加各类论坛、培训班、报告会更是创新教学方法的重要路径,这需要学校、学院、系部等多个层面的支持和引导,激发教师走出校门,向同行学习、交流,以更快创新教学方法。

方法是否适用是评价方法好坏的关键。创新教学方法重要的导向就是要适用、易用。一方面教学方法与教学实践相匹配,教师可以根据不同学科专业、不同课程、不同时间及场合运用不同教学方法[①]。在不同的时间、场合针对不同的对象,得运用不同的教学方法。这就使得教学方法评价需要结合具体的场景、内容和对象来设计评价标准,这对教学评价的实施者来说一个非常重要的考验。一般而言,教学方法评价存在于整个教学环节之中,是教学的重要组成部分,绝大部分高校没有将教学方法单列出来作为评价专项,多数是作为课程评价中的子项目。因此在后续的思政课教学评价中,可以探索将教学方法评价单独列出,作为一个基于内容、支撑内容又优化内容的方法论来开展评价,还有待进一步的研究探索。

---

① 姚利民.高校教学方法研究述评[J].大学教育科学,2010(10):26.

(三) 教学组织与实施

(1) 发挥大班额教学的积极作用。鉴于当前思政课教师队伍的实际状况,绝大部分高校思政课还处于大班额教学阶段,虽然大班额教学总体弊端较多,但依然可以开展通过组织创新开展教学实践,如大班授课、分组讨论甚至辩论,既能引发思考、又能激发碰撞,引起更加深度的思想交流。

(2) 加强教学管理实践。思政课教师是课堂的主导者,要充分掌握课堂主导权、加强课堂运行管理,对于课堂上低头族、手机族、睡觉者要予以教育、批评甚至惩戒,以达到教育整体的目的。

(3) 加强师生互动和需求响应。要关注学生上课反应、及时响应学生需求、提高师生互动频率,这样才能将学生的注意力吸引并保持在课堂之上,倘若学生关注点漂移、提出疑问得不到解答、极少与教师在课堂上互动,那么思政课的教学质量必然会受到影响。

(4) 要培养、选拔和建设优秀的教师教学团队。思政课教师的政治素质、业务素质都要过硬,且要充满正能量。思政课教学团队要分工协作、梯队合理,优化学历梯队、年龄梯队、职称梯队。加强思政课教师培养和团队建设十分重要,高校可以通过开展专题研修、开展全员教学培训、参加学术会议、培养教学骨干、邀请专家指导、开设示范课程、参加教学比赛等多种形式,培养、选拔和建设优秀教学团队①。

(四) 课程评价路径创新

从学生视角来看,学生要获得 16 个思政课学分、要经历 256 个学时(以每学分 16 个学时换算),从教师视角看,满足如此巨量的学分和学时需求,就需要更多精力投入和教学创新,以确保教学质量。这就要求发挥课程评价的重要功能,探索课程评价的路径创新,以发现思政课教学需求矛盾、问题,提出改进措施。当前思政课程评价多是通过课堂问卷调研、教师督导及领导课堂听课评价、学生学业成效分析评价等,这些评价可以从不同侧面反映课程的真实情况,但还有一些不足亟待弥补:一是加强课程论证期的综合评价。这包括教师个人综合素质评价、教案评价、课程设计评价等课程立项考察,借以对思政课教学实施和效果进行预判,只有满足一定的质量保障要求才能确保教学

---

① 董学荣.加强高素质思政课教师队伍建设[J].社会主义论坛,2018(5):50-52.

实施高效运行。二是加强课程实施期的教学评价。这包括教师教学方法运用评价、教学互动评价、学生响应度评价等教学过程评价,过程是结果的基础保障。

(五)评价考核

(1) 单门课程的评价考核。思政课主要由5门必修课和多门选修课组成,每门课都需要进行一定的学习成效评价。针对学生学习成效的评价考核,一般由教师判定,主要内容包括考试成绩、课堂表现和出勤等,主要途径包括期中、期末考试,课堂问答测试,以及出勤情况等。教师可以通过内容和途径评价,综合设计出学生学业成效的评价体系。目前绝大多数高校思政科成绩总评设计基本为:考试占60%,课堂及平时表现占30%,出勤10%。通过综合汇总成为该门课程的学业成绩。

(2) 思政课的整体考核。一般而言,思政课以单门课程考核为主,但不代表只需要进行单门课程的考核。实际上所有思政课的考核集中在一起,就形成了学生思政课的总体考核成绩。该成绩一方面反映学生的学习态度和成效,另一方面也反映了思政教育工作的实际成效,甚至可以从侧面反映学生的意识形态,反映出其对马克思主义及其中国化理论和信仰的真实态度。思政课的总体考核评价有利于学校开展教师教学评估、学生学习和思想状态评价,为后期开展针对性的改革提供研究基础。

以上对思政课实施与评价的设计与构想还是基于我们对于应然状态的思考,实践性与操作性还有待考察。正因为如此,本研究将在后文对上述一些实施与评价的现状进行调查、分析,并希望在最后能对上述实践问题有具体的发展对策建议。

第三节 思政课教学评价的要义

2016年12月,习近平在全国高校思想政治工作会议上强调把思想政治工作贯穿教育教学全过程,开创我国高等教育事业发展新局面。2018年6月发布的《一流本科教育宣言》要求全国高校"以本为本",坚持立德树人,培养堪当民族复兴大任的时代新人。国家把大学生思想政治教育工作提到空前的高度,思政工作受到空前的重视。思政课是大学生思想政治教育的主渠道、主阵地,做好思政课教学及其评价工作意义重大。思政课教学评价具有区别于其他类型课程的特殊性,这些特殊性无论从学术研究还是实践层面,都是应充分考虑到的,具体考虑的方面包括:一要注意思政课的特殊性。思政课具有政治性、阶级性和时效性等特点,是为国家培养接班人服务的,开展思政课程评价必须有鲜明的国家观。二是要注重国家人才培养的要求。要支撑和服务接班人的培养。三要注重理论与实践相结合。思政课是理论课程,理论只有与实践相结合才能发挥最佳的育人效果。四要注重高中与大学相衔接。大学与高中的思政课具有天然的联系和区别,开展课程教学和评价应该重点注意。

一、关照思政课的特殊性

思想政治理论教育的阶级性表现在道德教育、思想教育、法制教育等多个方面,但最突出地表现在政治理论教育方面①。思政课是所有课程之中政治性和阶级性最为显著的一个门类。我国教育的根本任务是立德树人,基本目标是培养德智体美全面发展的社会主义事业的建设者和接班人,基本方向是社会主义方向,基本途径是坚持教育与生产劳动相结合。

(一)思政课的政治性

思政课具有鲜明的政治属性,一方面是课程本身的内容所决定的,思政课包括马克思主义及其中国化的最新成果、中国近现代史纲要、思想道德修养等等,每门课都蕴含着浓郁的政治性;另一方面,国家赋予思政课的主要功能是教育、引领青年大学生认知、提高、坚定马克思主义信仰,使青年自动、自发、自觉努力成为中国特色社会主义事业的建设者和接班人。在这样的基本背景下,教师在推进思政课的教学实践中,应不断教授、引导和启发学生的政治知识、认知、意识,提高他们的政治素养和能力,使其成为政治素质过硬的接班人。

(二)思政课的阶级性

思政课是教育传播社会政治意识形态的主渠道、主阵地。思政课具有鲜

---

① 石阔.论思想政治理论教育的四个特征[J].思想理论教育导刊,2007(6):46.

明的阶级性①,是为广大劳动人民服务的,是维护和体现社会主义优越性、不同于资本主义教育的根本所在。我国思政课教育教学必须为社会主义现代化建设服务、必须为培养有社会主义觉悟的劳动者服务、必须为培养能够坚持社会主义方向的各类人才服务和提供支撑。与此同时,思政课还需要为培养全面发展的人打好政治基础,使得个人、社会、党和国家能够思想一致、价值取向一致。

(三) 思政课的时效性

思政课具有鲜明的时效性特征,宏观可以体现在整个思政课的内容体系是马克思主义中国化进程中的最新成果,是中国革命和建设实践探索出来的新时代的理论结晶。微观可以体现在各门课程的经典案例、时政热点事件、学习生活问题等,教师可以针对各类问题对学生发问、互动,引发思考、激发辩论,导出真知。这些内容与时代发展密切相关、与生活实践密切相连、与课程理论密切互动,具有非常强的现实性和时效性。

此外,思政课还有社会性、民族性和专业性等特征,与政治性、阶级性和时效性一起构成了思政课的特殊性。思政课特殊性要求思政课教师开展课程教学要坚持以人为本,要根据教学需要巧妙设计和组织课堂教学②。课程评价要支撑教师开展针对思政课的教学改革。

以上所述思政课特殊性是本研究的重要参考依据,既会在课程评价状况的实证调查中予以考察,也会在发展对策建议中充分考察。

二、因应国家人才培养的要求

培养社会主义建设者和接班人,是思政课教学的终极目标。所有的评价标准、体系设计和实践推进都应该以是否能够坚持和贯彻立德树人根本任务,是否能够把思想政治教育贯穿到教育教学全过程,是否能够为党和国家培养政治素质过硬的社会主义建设者和接班人为主要标准。

(一) 明确思政课教学评价标准:培养建设者和接班人

课程评价应该聚焦课程的终极目标,推进各个课程目标的实现。将课程

---

① 石阔.论思想政治理论教育的四个特征[J].思想理论教育导刊,2007(6):46.
② 陈文干.高校思想政治理论课的特殊性及对教师的要求[J].杭州电子科技大学学报(社会科学版),2007(11):24-27.

评价总体导向设置为聚焦并服务终极目标的实现,各个课程的目标应该服务于、服从于终极目标的实现,应该是终极目标的组成部分和阶段标识,所以课程评价应该分课程、分阶段、分层次、分学科、分人群有所侧重、有所关照,比如针对政法类低年级学生,需要把重点放在与中国"依法治国"根本国策的宣传、制定、推进和落实上,应该引导政法类学生加强学习,正本清源,将来投身国家法制建设的伟大实践中去,成为社会主义建设者和接班人。

(二)构建思政课教学评价体系:贯彻到教育教学全过程

教育教学全过程,不仅强调课堂教学和实践教学等第一课堂教学体系的全过程,还强调社会实践、志愿者、文体活动等第二课堂教学体系,甚至还有网络空间等第三课堂体系的全过程。强调全过程还包括教学设计、教学内容整合、教学方法创新、教学组织与实施、学生学习投入与成效考核等各个环节的考核评价,关注内容要素、技术要素、方法要素等整合一体化的考核体系,使得思政课教育教学的全过程都有条不紊、有据可依、有效推进。

(三)思政课教学评价内容设计:整体性与针对性协调发展

思政课教学评价的内容应该是充分考虑系统性与针对性的协调发展,一方面思政课教学本身是一个整体育人工程,需要国家基本方针指导、学校基本条件保障、教师基本教学投入、学生基本学习投入,思政课教学角色缺一不可、功能缺一不可、环节缺一不可,是整个教育循环系统的子系统,需要一个整体性的评价体系来推进思政课教学评价。另一方面需要加强针对性评价建设,尤其是思政课强调的政治性、阶级性、时效性,以及社会性、民族性和实践性。新时代,开展大学生思想政治教育工作要在学生的理想信念、爱国情怀、品德修养、知识见识、奋斗精神和综合素质等六个方面[①]。从是否问题、程度问题、到优劣问题都应该有一个相对准确的评价,这种针对性关键就是要判断培养的人才是否符合国家需要,人才培养质量在什么水平,优劣比例如何,以及如何改善。

三、强调理论与实践的结合

理论与实践性相结合是马克思主义的基本精神内涵,理论是关键,是指导

---

① 顾明远.新时代教育发展的指导思想——学习习近平总书记在全国教育大会上的讲话[J].北京师范大学学报(社会科学版),2019(1):6-7.

实践的准绳,理论又受实践制约,必须结合实践的基本现实来开展理论教学。高校思政课要提高教学效果,使得教学理论具备实用价值,就必须坚决贯彻理论联系实际的原则①。在实际评价中,必须关注理论教学是否精讲、讲透,实践教学是否务实、准确,理论联系实际中的"联系"桥梁搭建是否得当、理论与实践是否匹配,是否互相呼应、互相印证、互相支撑。在实际的评价设计中,应该关注方案的设计、师生的投入和产生的实效,只有将理论指导实践、实践检验理论的联系设计才是最有效、最有质量的活动形式。

(一) 理论指导实践

思政课教学实践要因时而进,要根据时代的发展和理论的进步,设计与理论和时代发展相呼应的社会实践项目。比如当前社会已经出现了互联网＋、社会结构"扁平化"、价值取向"多元化"等新的时代特征,正确了解并把握这些新的时代特征,才能实现思想政治工作时代化的政治要求②。要把握时代要求,必须以理论为指导,研究先行,根据理论的逻辑来指导设计对应的实践活动。这种设计,一方面需要关注理论的着力点、实践的落脚点的统一,另一方面理论聚焦在什么领域,实践就需要围绕什么问题。评价应该关注理论与实践间的联系互动与匹配。

(二) 实践检验理论

实践是检验真理的唯一标准,实践是体现真理价值的现实路径,实践还是教育学生的重要方式。应该密切实践与理论的现实关系,两者关系是强关联、还是弱关联,是直接呼应、还是间接关照,是推进理论发展、还是阻碍理论革新,是促进学生理解、还是增添学习障碍。理论与实践互动要求将理论的知识点融进实践环节中去,学生通过实践深化理解、提高认知,进而促发行为转变,更进一步运用理论、检验理论,促进理论内化。这一过程应由评价来分析、引导、加强,只有形成理论指导实践、实践检验理论的良性互动才会更好提升思政课教学质量。

---

① 吴雪丰.高校思政课课堂讨论中贯彻理论联系实际原则的有效途径[J].教育教学论坛,2016(3):47-48.
② 吴俊芳.论高校思政课实践教学的基本原则[J].教书育人,2018(9):110-112.

四、关切高中与大学的衔接

随着高考制度的改革,不同省区招考制度已经有所区别,但一个基本的趋势是,政治课已经不是所有高校专业录取的必需科目,而是部分高校、部分专业录取时的考试科目之一。以上海新高考改革方案为例,考生可以从思想政治、历史、地理、物理、化学、生命科学 6 门科目中选学、选考 3 门①。显然,高考不选政治课的学生,在结束高中合格性考试之后就不再学习政治。直到进入大学开始学习思政课,中间会有断档。此外,即便是选择思想政治科目进行高考的学生,其在高中阶段是以应试为目的的课程学习,与大学阶段的思政课学习目的有很大不同,学生需要调整学习行为习惯、学习方法,以适应大学阶段学习的需要。选考和非选考思想政治科目将大学生分为两大类,教师应该分别设计针对性的教学。

(一) 加强非选政治课新生的思政课教学

高考选不选政治作为考试科目,直接影响大学阶段的思政课教学。其一,基础不同。大学思政课是选课制,各个学科专业的学生混选在一门思政课中,里面有高考选考政治课的,也有没有选考的,学科背景、理论基础和实践基础都有很大差异,故在课程教学设计的初始阶段就应该进行分类教学设计,其中最为关键的是大部分省市"理科的高中生高考不考政治的",这与文科类学生的学习基础水平相差很大。其二,专业不同。学生学习思政课程的价值认知与目标因不同专业而有所不同,教学方法理应不同,尤其是设计选课环节时,应该设计专业相近的学生混选在一门思政课上,使得他们拥有更多的相似背景、学习能力,以提高教学针对性。比如工科学生、政法类学生的思政课程价值认知和目标会有明显不同,工科生普遍在高中会考后不再学习政治课,而进入大学后他们必须重新学习、更新知识,以便为国家做出更大的贡献。

(二) 加强选考政治课新生的学习衔接

高中的政治课学习与大学有着截然不同的内涵,高中生学习政治课主要

---

① 陆佳.上海高考新改革方案解读——兼与英美高考制度比较[J].课程教学与研究,2016(7):27.

是靠背,将相关的基础理论记下来,然后输出到试卷上,而大学的思政课则是要求理解,要将马克思主义中国化的理论、实践和思想、方法理解清楚,内化于心、外化于行。这里面有两个差别需要衔接:一是专业理论的内涵。高中强调基础,大学强调运用,理论内容和水平也有一定差异,一个是侧重长期沉淀的,另一个是具有发展和时代性的。二是课程的学习要求。高中更多侧重于背诵、记忆和考试输出,大学更重要在于理解、判断和实践输出。文科生相对于理科生而言基础更好,容易听得进去。但也存在不少问题,"将来打算考公务员、考研之类的学生,他会比较用心,专业相近影响大一些",还有就是"大一的学生要乖一些,他们听的比较多"。这样可以看出,学习背景不同、目的不同、阶段不同的学生,在学习投入、课程价值认知和目标方面也会有所不同。

基于此,开展课程评价时应该强调学科专业的区分度和针对性,在推进思政课教学时,应该分学科、分专业教学,把理论基础和学科专业水平相近的学生汇在一起,开展针对性教学。学校应该通过课程评价的导向作用,引导、激发教师开展关注学生实际、密切学生需求、助力学生成长的思政课教学实践,在教学基础设施、经费、资源等方面做好充足的保障。

总之,开展思政课教学评价需要充分关注以下四个方面的问题:一是思政课课程的特殊性。重点在于充分考虑思政课本身的政治性、阶级性和实效性的特征,在课程评价时需要重点关注。二是国家人才培养的需求导向。重点在于建设者和接班人的培养导向要坚持,贯穿教育教学全过程要坚持,系统性针对性要协调,这样才能使得评价更有针对性、更有实际意义。三是注重理论与实践相结合。思政课一定要强化理论联系实际,否则理论就很空洞,没有说服力和感召力,就没有办法吸引更多的学生真学、真信、真懂、真用。四是注意高中与大学的衔接。这方面容易受到忽视,实际教学中基本上没有关注到这个区别的,高中与大学的思政课学习既有联系又有区别,文理分科考试对于学生学习思政课的影响极大,应该从这个角度切入,重新思考、设计、评价思政课教学组织运行机制,建构一套具有相近学习基础(如以学科专业为基础)的班级教学体制,这样才能更好地推动思政课教学实践,提高教育质量。

以上四个方面是开展思政课评价在实践层面需要重点考虑的注意事项,但这里提到的发展主张,在科学性和操作性上还有待进一步深究,这些特殊性在后续的课程评价调查研究与发展对策都会有所衡量和体现。

第四节　思政课教学的现状分析

思政课教学出现一些现象级问题，受到各教学利益相关者的高度重视。从访谈的情况来看，上自国家、省市主管部门，下到高校领导、中层干部和思政课教师等实践人群，都在探讨、研究和尝试解决上述问题。

在访谈研究中，笔者提出课程价值认知与目标达成、教学内容与方法、教学互动与组织、学习投入与支持、学习成效与评价等五个方面是影响学生对思政课教学质量评价的关键因素，换个角度说，这五个方面是学生最为关注和在乎的领域。在访谈评价中，与实证研究①判断相互呼应，同时还关注到思政课教学对象研究、教学队伍建设和教学条件保障等因素的作用。

一、实证评价结论的诠释

实证研究结果认为，课程价值认知与目标、教学内容与方法、教学互动与组织、学习投入与支持、学习成效与评价等教学因素对学生判断思政课教学质量影响显著，强度依次为教学内容与方法、价值认知与目标、教学互动与组织、学习成效与评价、学习投入与支持，这为推进思政课教学改革提供了非常有益的实证依据。

同时，思政课教学质量又因性别、年级、专业、家庭经济条件等人口统计学特征变量因素影响而变化，呈现出不同质量水平。从整体来看，除学校所在地对思政课教学质量影响不显著以外，学校属性、学生性别、年级、专业、家庭经济条件、家庭所在地、学习成绩等七项人口统计因素均对思政课教学质量产生一定程度的影响。这说明，思政课教学必须关注学生认知基础、认知背景和现实需求等方面的要素，并加以针对性地研究，为后续教学设计和供给提供支撑。

二、质性研究结论的诠释

质性研究内容比较宽泛，涉及面比较大，借助 MAXQDA 2018 软件辅助

---

①　实证研究数据与结论参见《课程评价视角下的高校思政课教学改革研究》，厦门大学教育研究院博士论文，2019，吕小亮博士，下同。

编码处理,将有关信息进行分析、归纳、提炼,形成以下六个方面的主要观点:

(1) 各个方面对思政课价值和意义都高度认可,但教学条件保障在某些学校依然存在不足。造成这种偏差的主要原因可能在于重视与落实之间存在差异,"说起来高度重视,做起来不够扎实",教学投入、设施建设、政策支持等各种支撑条件未能得到很好落实。这既是普遍现状,也是症结所在。

(2) 思政课教学内容处理难度大,内容与方法协同、需求与供给协同要求高,需要教师用心钻研。教学内容来源于教材和实践转化,必须关注学生需求,如果教学内容转化不当、与学生需求对接不畅,那么思政课教学就容易出现供需不均衡的情况,学生怠学现象就会普遍出现。

(3) 思政课教师队伍建设非常重要,甚至直接决定了思政课教学的质量和水平,但建设难度非常大,制约因素非常多。教师队伍的数量、结构、水平、层次等诸多要素都是队伍建设的重要方面,也是当前思政课教师队伍建设的问题领域,如果不加以针对性的建设补强,思政课的教学供给就不可能支撑高质量发展。

(4) 教学方法可以在很大程度上调动学生的学习积极性和主动性,但实践的效果并不尽如人意,尤其是新老方法的灵活运用不够。教师们尤为关注教学方法的运用,当前更多关注新方法的使用,却忽视老方法的价值。要想方法发挥作用,灵活使用,与内容匹配、与对象匹配是关键。

(5) 教学互动现状不佳,绝大多数的压力在老师身上,缺少组织形式创新和团队协同。思政课教学大班额现象普遍、师资队伍紧张、教学工作量巨大,这从一定程度上压抑了教师在教学组织创新领域的积极性,形成一种恶性循环。如果思政课教师充分发挥学生骨干积极性,推动学生参与教学,则有可能逆转这种现象。互动既是优化师生关系的方式,又是提升学生参与度、提高学生认可度的重要方式,值得深究。

(6) 课程评价的价值和效果存在偏差,主体参与不积极、效果显示度不高。思政课教师应该探索发挥学习评价的激励和引导作用,以满足学生需求、激发学习动力为主要目的,调动学生学习积极性和创造性。

上述六个方面是思政课质性评价的主要观点。在评价中,不少老师的观点对前期假设形成了验证关系,笔者通过评价分析,借助前期文献综述观点,将绪论部分所提研究假设一一验证,为解决思政课教学现象级问题指明了方向,为开展思政课教学改革、提升思政课教学质量奠定了坚实的基础。

三、思政课教学现状总体评价

鉴于质性和量化研究的结论相应,在后续研究中,我们需要将实证的五个领域和访谈补充的三个领域加以高度关注,为更加聚焦关键问题,提升思政课教学改革的针对性,本研究将上述八个领域进行进一步提炼、凝聚,重组为教学设计、教学互动、教学方法、教学评价、教学团队、教学条件等六个领域,后续研究也将按照这六个领域来推进。具体而言:

(1)人口统计学因素是影响思政课教学质量的重要因素,高校需要根据学生的基本认知背景、学习需求来设计思政课教学,即要通过教学设计引导教师教学供给与学生学习需求的均衡实现来激发学生学习动力,解决学生怠学问题,进而提高思政课教学质量。

(2)结合质性评价的有关结论可以看出,教学互动与组织是思政课教学质量的重要影响因素之一。大班额教学并非思政课所独有,亦非国内教学所独有,发达国家解决大班额教学的实践经验值得借鉴,他们借用组织形式和技术创新来解决大班额教学质量问题,足见大班额不是导致思政课教学质量不佳的关键原因,核心在于组织创新不力。要通过教学组织创新来推动教学互动变革,进而提高思政课教学质量。

(3)结合质性评价的有关结论可以看出教学方法是影响思政课教学质量的重要影响因素之一。传统教学方法、新式教学方法均有其存在价值和可用之处,导致思政课教学方法评价不高的主要原因并非方法本身没有价值,而是方法的运用不当导致。因此要通过方法的灵活运用来推动教学方便革新,进而提升思政课教学质量。

(4)结合质性评价的有关结论可以看出学习成效与评价、学习投入与支持是思政课教学质量的重要影响因素。教师可以通过客观和及时评价激励和支持学生积极投入学习,进而提升思政课教学质量。现状是学生学习评价并没有发挥应有激励和支持作用,导致学生学习成效不彰。因此要通过学习成效与评价来鼎新教学评价,进而提升思政课教学质量。

(5)从质性评价的有关结论可以看出,思政课师资队伍数量、结构、比例等存在严重的失调,使得超高的生师比、大班额和高强度的教学压力普遍存在,导致教师精神压力大、心理消耗大、价值认可度低、职业倦怠感增强。因此要通过培训提升能力来加强思政课教师团队建设,进而提升思政课教学质量。

（6）从质性评价的有关结论可以看出，思政课教学条件保障非常关键，教室结构、硬件设施、教学科研的经费投入、政策支持等都是高校支持思政课教学的重要路径和条件保障，没有基本条件保障，思政课教学质量就难以得到保证。因此要通过服务和保障建设，加强和改善思政课教学条件，进而提升思政课教学质量。

综合上述研究结论，本研究发现影响思政课教学质量的因素既有教育因素也有非教育因素。教育因素主要包含价值认知与目标、教学内容与方法、教学互动与组织、学习投入与支持、学习成效与评价。非教育因素包含性别、学校属性、专业、年级、家庭经济条件、家庭居住地、个人学习成绩等人口统计因素。对思政课教学质量影响因素的分析和探讨是为了探索思政课教学改革的对策，进而推动思政课教学质量的提升。研究认为价值认知与目标、教学内容与方法、教学互动与组织、学习投入与支持、学习成效与评价等五个因素是大学生思政课教学质量的主要影响因素，据此认为应该通过教学方法、教学互动、教学评价等领域的改革推动思政课教学改革。研究认为，高校属性与七个人口统计变量在大学生思政课教学质量方面存在显著差异，故高校和思政课教师应该做好思政课的教学规划和设计，提高思政课教学的针对性，尤其在"00后"大学生逐渐成为思政课教学的主要对象的背景下，推动思政课教学设计改革。

此外，在深度访谈中发现，除上述因素外，教学条件、教学团队也是影响思政课教学改革的重要因素。这是由教育的内外部规律决定的。按照潘懋元先生关于教育内外部规律的论述，教育受到师资、学校等教育内部因素和政治、经济、文化等教育外部因素的多重影响，因此思政课教学改革一样会受到教育因素的影响和制约。上述结论中所提到的教学条件、教学团队受到高校领导、中层干部和思政课教师的普遍关注，他们从实践中深刻认知到上述两项因素对于教学的极端重要性，学生也从自己的喜好、选择中表达了同样的观点。这对研究和探索思政课教学改革对策都有一定的借鉴和指导意义。

总之，从现象级问题所反映的思政课教学质量问题来看，加强教学质量建设迫在眉睫。研究运用质性访谈和量化评价两种手段对前文研究假设进行了论证和检验，提出人口统计学因素、价值认知与目标、教学内容与方法、教学互动与组织、学习投入与支持、学习成效与评价、教学条件支撑、教学团队建设是影响思政课教学质量的主要因素，研究还对前述六项做了量化研究，从整体上对全国 55 校思政课教学质量进行了评价判断,结果与问题反映基本一致,与质性访谈结论和假设验证相辅相成。研究通过进一步的归纳整理、分析提炼,将上述因素整合为教学设计、教学方法、教学互动、教学评价、教学条件、教学团队等六大领域,为研究的下一步开展指明了方向,为思政课教学改革提供了判断依据。

第三章　思政课教学的变化诊断

高校思政课是加强大学生思想政治教育的主渠道,是高校对大学生进行社会主义核心价值观教育的主阵地[①]。加强和改进思政课教学,提升思政课育人实效是贯彻立德树人根本任务、培养德智体美劳全面发展的社会主义合格建设者和可靠接班人的必然要求。

根据前期研究表明,学生对于思政课教学质量评价在学生群体的性别、年级、学科专业、学校类别等诸多人口统计学变量中存在部分显著差异,主要受到价值认知与目标、教学内容与方法、教学互动与组织、学习投入与支持、学习成效与评价等五个非人口统计因素影响;质性访谈中还发现,思政课教学质量与教学条件、师资队伍建设密切相关。

至此,研究已将标示思政课教学质量的现象级问题及其成因假设进行了质性论证和实证检验,基本厘清了过去思政课教学质量不佳的主要因素及其差异性,为后续开展思政课教学改革奠定了坚实的基础。

面向未来,高校应在现有基础上持续提高思政课教学质量,还必须对思政课教学所面临的未来挑战有所准备,对可能或者已经发生的教学变化进行诊断研究。因此,研究在对过去的事实判断、质性研究和实证分析的基础上,加强未来的教学变化研究,为应对可能出现的变化挑战,做出趋势判断,指引教学改革。在质性访谈中,不少老师认为思政课教学正在发生一系列重大变化,包括学习主体的变化、课堂教学的变化、时代环境的变化。学习主体主要是指教学对象的代际更迭,标示着教学对象的学习需求、目标和价值导向正在发生显著变化,他们对于教学的内容、方法、互动、评价、条件等方面的要求越来越高、越来越体现代际特色。课堂教学的变化主要指教学设计、内容组织、方法

---

① 邱秀华.高校思想政治理论课加强大学生社会主义核心价值体系教育的思考[J].思想理论教育导刊,2009(11):72.

运用、评价反馈等领域出现了一些跟不上实际需求变化的情况。时代环境的变化是指思政课教学所处的时代环境发生了重大变化,尤其是在政治教育高质量发展要求、全球化进程加速、信息技术高速发展、多元价值频繁激荡等大环境下,思政课教学将受到更多、更大挑战。在上述三大领域发生重大变化之际,高校应该及早准备,运用课程评价技术,来准确诊断这些变化及其给思政课教学带来的综合影响,为开展思政课教学改革奠定基础。

第一节　教学对象变化诊断

思政课的学习主体是学生,课程实施的满意度也基于学生,学生应该是评价思政课教学的主体。没有大学生的接受,就不存在思想政治教育的实效性[①]。因此,研究思政课教学的变化与挑战,首要就是要研究学生群体的变化。现实情况是,思政课教学实践存在着忽视学生群体变化的现象,对学生的心理特点、学习规律、思想发展研究不够。本研究在设计阶段就将对象研究放在比较重要的位置,一是研究学习对象的变化,体现在对学生群体变化以及对"00后"大学生的研究,包括问卷中对学生人口统计学变量的关注;二是研究学生的需求,体现在教学供给设计和需求匹配方面。因此,本节就从评价主体——学生的角度,分析当前及未来思政课学习者的群体变化与学习需求。当然,对思政课的课程评价不仅有学生,还有同行评议、领导评价、第三方评价等,但本节主要从学习者的评价主体角度来考察,同行与领导评价将在下一节论述,本研究不涉及第三方评价。

面向未来,学生代际更迭、时代奔涌向前,思政课教学理念必须随之发生变化,才能因势利导,使思政课教学具有针对性、实效性和科学性。

一、教学对象研究有待加强

进入2018年,"00后"作为新生的主体开始进入大学校园,标志着"00后"将成为整个大学生的主体,成为思政课教学的主要对象。人口统计因素对思政课教学质量存在显著差异。"00后"的心理特点、性格特征、价值取向、兴趣爱好、思考方式等主体特征都将成为影响教学的重要因素,需要教师仔细观

---

① 杨洪泽.当代大学生思想政治教育实效性研究[D].东北师范大学,2013:54.

察、认真研究。教师只有充分研究和掌握"00 后"的基本特点,开展针对性的教学设计,才能保障教学质量、培养可靠人才。

(一)对"00 后"大学生性格特点研究有待加强

"00 后"大学生是新千禧年后出生的一批新兴人群,他们身上有着鲜明的个性特征,有待加强研究。与此同时还要从群体上分析"00 后"大学生成长的基本背景,包括家庭经济因素、文化因素、社会经济发展和时代背景等,以把握他们的群体特征与价值共识。已有研究成果中鲜见"00 后"大学生性格领域的研究,对设计和开展"00 后"大学生的教学影响颇大。

(二)对"00 后"大学生认知建构研究有待加强

随着高等教育大众化进程的深入,从"90 后"到"00 后"升学门槛越来越低,生源质量有所下滑。研究者要充分关注"00 后"大学生的学习基础、学习习惯、学习能力和综合素养。对于思政课教学而言,尤其要关注"00 后"大学生的学科背景,高考有无选考政治及成绩,将其作为思政课分层分类教学的重要参照。此外,"00 后"大学生的恋爱观、就业观、文化观、价值观、消费观、生活方式以及学习动力机制等都需要重点关注,这对开展针对性的教学设计尤为重要。当前思政课教师对"00 后"大学生的认知背景研究普遍不足,分层分类教学缺少数据和研究基础便无法推进。

(三)对"00 后"大学生价值取向研究有待加强

随着全球化的深入,文化交融也日益深入,"00 后"大学生成长受到多元价值观影响日渐增强。"00 后"大学生处于是非观、政治观、世界观、人生观、价值观形成和巩固的关键时期,加强这一时期的大学生思想政治教育、研究和引领,对大学生价值观的树立具有重大影响。因"00 后"刚进入大学,相关研究成果甚少,思政课教师应在"00 后"高中生的价值判断研究基础上进行延伸,先行开展实践,然后再开展"00 后"大学生的专项研究,弄清楚"00 后"大学生的基本状况、认知水平、价值判断,在此基础上做深入研究、寻找对策。

开展新时代的思政课教学,必须深入研究"00 后"大学生的思想行为特点,在自信、情绪控制不佳、网络原住民等特质的下面,"00 后"大学生还潜藏着更多的特征亟待挖掘。作为未来的主要教育教学对象,"00 后"大学生应该得到充分尊重,应该受到针对性的教育引导。不过,以"00后"为关键词在知网中检索相关文献,仅有320篇相关中外文献,且当中有大部分是非高等教育领域的研究成果,可见对"00后"大学生的研究有待加强,高校应该给予高度重视,破解难题。

二、教学针对性研究有待加强

研究"00后"大学生思想行为特点,目标是要回答教谁的问题。如何教,则是要解决教学针对性的问题。高校要根据"00后"大学生的性格特征、学习认知基础、价值判断等要素,及其对思政课的目标追求、需要、期待和评价来开展针对性的思政课教学实践。当前阶段思政课教学的不足之处在于,教学设计针对性不强,固守于"90后"的教学模式,缺少针对"00后"的教学设计。

(一) 对"00后"大学生思维模式研究有待加强

查有梁认为,"思维模式"分为逻辑型、操作型、艺术型、交往型四大类,应该结合不同思维模式开展课程教学改革①。思维模式关系学习接受模式,进而要求匹配教学模式。因此研究"00后"大学生的思维模式,主要有三个方面:一是"00后"大学生是如何思考的。即搞清楚他们的思维逻辑是什么,有什么优势和缺憾,针对优势加以促发,针对缺憾加以教育引导。二是"00后"大学生思维是如何转变的。找到转变模式,就等于找到了他们能够接受的教育路径和方法,有了这些路径和方法,就可以开展更加高质量的教学。三是"00后"大学生思维是如何稳固的。培育"00后"大学生的世界观、人生观、价值观是思政课的重要任务,培育形成是一个阶段、形成之后的稳固是另一个进程,需要思政课教师设计一定的教学活动强化他们的思想观念,稳固他们的三观。当前关于"00后"大学生的思维逻辑、转变路径及巩固过程的研究都比较少,迫切需要加强研究以提高教学针对性。

(二) 对"00后"大学生学习需求研究有待加强

供给与需求匹配不够是造成教学矛盾的主因之一。脱离实际需求的教

---

① 查有梁.从思维模式看课程改象的价值取向[J].课程教材教法,2005(10):15-21.

学,等于放弃了教学主动权,进入被动状态。思政课教师要深入研究"00后"大学生的实际需求,例如内容上"00后"大学生更喜欢案例、还是理论,文化观是从众的、还是批判的,生活困惑主要集中在物质还是精神领域,社交有无障碍,对于社会问题的认知是否成熟,等等。"00后"的需求是多元的,也是可发现、可追踪、可供给的。这就要求广大思政课教师开展广泛而又深入的调研、分析,弄清楚"00后"大学生的真实需求,并在教学中予以回应、指导。这样才能获得"00后"大学生的普遍认可。

学生是学习的主体,是思政课教学的目标和质量体现。加强教学对象研究,是提高思政课教学质量的关键所在和重要路径。"00后"大学生进入大学校园,已经成为新时代思政课教学的主要对象,必须加强对其开展行为特点、价值取向、思维模式等方面的研究,探索解决当前思政课教学中存在的针对性、实效性、需求供给不对称等关联问题,为思政课教学改革提供指导。

第二节 课堂教学变化诊断

研究表明,思政课教学质量受到课程价值认知与目标、教学内容与方法、教学互动与组织、学习投入与支持、学习成效与评价等五个方面的实际影响,主要差异体现在性别、年级、学科专业、家庭经济情况等七个方面,在高校所在地方面不存在显著差异。根据质性访谈结论,思政课教学质量还受到教学对象变化、教学团队建设、教学条件保障等方面因素的影响,访谈认为,校领导对思政课教师队伍建设忧思颇重,认为高校思政课教师队伍建设,尤其在师资数量、结构、梯队、领军人才等方面存在着显著不足。中层干部认为思政课教学规划设计、组织管理、教学评价等领域存在诸多问题,迫切需要改革。任课教师认为思政课教学方法、互动教学、组织实施、学生学习成效评价等领域创新乏力,导致思政课教学质量不佳。上述问题的堆积成为制约和阻碍思政课教学改革发展的关键因素,也一定程度上印证了前期研究假设,迫切需要厘清、解决。

面向未来,思政课教学依旧会面临教学设计、教学方法、教学组织、教学评价以及教学内容等领域的问题,既有以往问题的延续,也会有新环境下产生的新问题,要开展思政课教学改革,必须对未来可能面临的教学问题给予充分关照。

一、教学规划设计科学性有待加强

思政课教师在规划设计课程教学时要充分考虑思政课的政治性、阶级性、时效性和社会性等特殊性,不能被西方势力和错误思潮所左右;要注意课程教学与现实问题和需求的对接,使两者能够融通、融进、融合。建构主义学习环境下的教学设计要求加强以学生为中心,激发学生的主动性,发挥首创精神、将知识外化和实现自我反馈等①。从建构主义视角来看,既往思政课教学设计存在诸多问题:一是教学设计未以学生为中心,未充分考虑大学生的实际需求;二是教学设计未考虑思政课的课程特征;三是教学设计未充分考虑思政课的系统性建构。未来一定要针对上述问题进行针对性研究、设计,予以补强。

(一) 教学设计须充分呼应大学生的需求

面对"00后"大学生,开展思政课教学一定要更加关注学生需求,更加关注师生角色调整。具体而言包括以下几方面:

(1) 更加关注学生的主体性需求。学生是学习主体,且在不断变化发展(已由"90后"向"00后"过渡),如思政课教师对学生的需求和变化研究不够,教学的针对性必然受到影响。当前教学更多偏重于课程内容的推进、理论逻辑的推理和教学任务的完成,对于教学是否符合学生特点、是否符合学生需要、是否能够激发学生学习动力等方面考虑和设计明显不足。

(2) 更加关注课程教案的灵活设计。一直以来,思政课教材、教学大纲和教案是课程教学的主要依据,每门课程按照教材、教学大纲和教案来开展教学,但是上述教学要素强调的是逻辑系统性,时效性、针对性相对较弱。面向信息时代,资讯爆炸、即时传播、无中心化特征显著,教学设计必须更加灵活,更加强调时效性和针对性。

(3) 师生角色调整。"00后"思想更加开放多元,喜爱交际、乐于表达,也更善于从不同视角看待问题,实际教学不应局限于传统的师生关系和教学课堂。但当下的课堂还是以教师讲学生听的传统教学为主,无疑满足不了学生的实际需求,必须加以调整。

---

① 何克抗.建构主义的教学模式、教学方法与教学设计[J].北京师范大学学报(社会科学版),1997(5):79.

(二) 教学设计须充分考虑课程本体特征

思政课各门课程内容和教学组织实施形式均有所不同。如"概论"课以马克思主义中国化为主线，以中国特色社会主义建设为重点，旨在培养大学生运用马克思主义理论分析和解决实际问题的能力[①]。"思修"课是进行社会主义思想道德和法制教育，帮助学生增强社会主义法制观念，提高思想道德素质，解决成长成才过程中遇到的实际问题[②]。"原理"与"纲要"也各有内容侧重，发挥不同教育功能。不少高校在制订思政课教学大纲时并未充分考虑不同课程的具体情况。

（1）理论课要适度强调政治性。虽然政治性是思政课的基本属性，应当予以重视并加以落实。但在教学设计阶段，应该重点考虑如何将政治性落地、推进到实践中去，要将政治性、逻辑性与教育性融合，不应一味强调政治性。

（2）实践教学要注重问题导向。部分高校和教师还存在着大而全的思想，实践教学案例设计偏大、远离学生生活实际，对社会和时代发展中的问题解读、分析不够，弱化了实践选修的问题导向功能。

（3）要加强思政课教学的整体设计。马克思主义学院主体作用发挥不佳，学科领军人才、课程团队的协作性不佳，导致各个课程之间常有"打架"之事，案例同质、方法重样、实践同台，课程教学区分度不高。

(三) 教学设计须充分考虑课程系统性构建

课程的系统性构建是指教学设计、沙盘推演、教学预案的整体设计，提高教学的可控性。当前思政课教学中还存在一些建构问题，主要有三个方面：

（1）课程教学照本宣科。大学生具有良好的政治理论知识和素养，欠缺的是系统化的引领和点上深度的解读，不少思政课教师惰于创新，在设计阶段基本没有前期的沙盘推演，没有预设好课程重点和难点以及精讲和简略的部分，随性发挥成分较浓。

（2）课程教学预案不足。不同课程在不同阶段都会出现各种各样的突发问题和挑战，比如学生的疑问如何解答、教学设备故障如何避免、实践环

---

① 郭敖鸿.高校思想政治理论课项目化教学设计与实践[J].重庆科技学院学报(社会科学版)，2015(12)：51-53.
② 王晓漪.基于个性课堂的《思想道德修养与法律基础》教学设计[J].学校党建与思想教育，2017(5)：45.

节如何更具体验感等,这些都需要在课程设计中加以考虑,提前预判做好预案。

(3)课程设计系统化思维不足。教师教学按照教材章节循序渐进整体没问题,但在课程设计阶段就应该深入挖掘章节之间的逻辑关系,研究整个课程体系,适当结合学生特点、教学条件、时代背景进行微调,以更加契合现实情况,即将教材体系转化为鲜活的教学体系。可见,改变教学模式、加强教学预案、预先设计教学是未来思政课教学系统性建构必须解决的关键问题。

二、教学方法创新力有待加强

教学内容与方法至关重要,西南某高校为提升课堂教学效果,认可教师结合所授课程特点和学生特点、学习重点、社会热点,探索并实施了微视频、课堂讨论、参观交流、情景创设等教学方法,大大增加了学生的参与度和获得感。这种创新揭示了既往教学内容与方法协同问题,主要存在于三个方面:

(一)教学内容与方法的匹配运用不当

根据调研情况,思政课教学方法多,如传统的讲授法、多媒体教学法,新式的翻转课堂、慕课等,但在内容与方法的匹配、灵活运用方面存在不足。比如多媒体教学变相照本宣科、实践教学止步于面子工程①。

(二)创新动力不足

创新设计一种新的教学方法需要花费很多的精力、时间,还要团队合作共同在实践中运用检验并最终成型。由于思政课教师整体创新能力不够,加上主观能动性不足、激励政策措施不够等问题,造成教师开展教学方法创新的动力不足。

(三)新教学方法实施困难

一种新的教学方法要在一定范围内推开,需要得到任课教师、主管学院、教学主管部门以及学校领导的大力支持和学生的普遍接受,否则难以推进实

---

① 刘美含,马宝娟.基于大学生调研基础上的高校思政课教学方法创新现状与对策[J].教育教学论坛,2018(10):50-52.

施。所有环节都要打通、协同,都要有强大的人力物力财力支撑。如向外校推广,则更耗时耗力,可见新的教学方法实施不易。面向未来,思政课教学方法创新必须加强,必须更加关注内容与方法的协同,制定各种政策激励教学团队创新教学方法,并推动实践运用,只有这样才能将方法效力最大化。

三、教学组织实施有待加强

教学组织实施是推进整个教学向前发展的关键,思政课教学应该优化教学组织。当前教师教学组织与实施形式陈旧,适应不了新时代大学生的需要,主要表现在以下几个方面:

(一)课堂以大班额教学为主

多数高校思政课班额均在80—100人,一部分高校班额在100—150人,极个别高校班额超过150人,个别课次采用报告式,规模会达到500人左右,如此规模的课堂教学质量势必堪忧。造成大班额教学成为普遍现象的原因有很多,其中思政课教学的生师比较高是主要原因之一。

(二)教学安排要积极创新

对于学生来说,思政课不是一门"新"课,如果组织形式没有新鲜感,即便老师付出很多心血,学生也难领情,创新则会改变这一局面。

(三)健全课程支撑系统

高校要优化课程考核评价工作的组织与实施形式,增加教师教学培训机会,提高教师组织管理经验,借以夯实思政课教学质量基础。

(四)加强师生互动

教师教学组织引导不够,课程内容单调乏味,教学方法运用不当,教学设备更新不足等是造成以往思政课教学互动不足的主要原因,未来要加强调整组织、内容与方法体现,加强教学互动。

四、教学评价与反馈有待加强

优秀的思想政治理论课教师应是信仰坚定的马克思主义者、学养丰厚的专家、言行一致的楷模、诲人不倦的良师益友①。提高教学质量是每个优秀的思政课教师的必然追求,但教学质量如何评价却是一个充满困惑的问题,需从以下几方面加强:

(一)评价诊断功能落实要到位

当前课程教学评价主要有领导听课、同行评价、督导评价、学生评价等多种方式,但是真正落到实处、能够起到促发作用的少之又少,多数是走于形式、浮于表面,没有深入到教学问题的深处,寻找教学问题的关键和根源。

(二)以评价推动实践发展

随着评价科学的不断发展,评价理念、评价方法越来越多,要改变理念在前面跑、实践在原地踏步或后退的情况,发挥理念的牵引力,推动实践发展。

(三)加强评价反馈、改进落实

大部分的评价结果多以分数量化的形式发给教师,反馈教学问题及不足的报告少,面对面评价反馈沟通几乎没有,针对评价反馈的督促整改也有待加强。

五、教学内容创新有待加强

内容是事物一切内在要素的总和,是事物存在的基础。思想政治理论课能否发挥育人作用关键在于教学内容②。教材是思政课教学的基础和标准,教材的内容体系、逻辑理路是思政课教师开展教学实践的主要参照。不过在实际的课程教学中,往往存在照本宣科、案例远离生活实际等问题,究其原因主要有以下几个方面:

(一)教材内容相对抽象,更新缓慢

一些核心内容相对不变,不容易讲好,这增加了教材体系向教学体系转化的难度。不同教师对教材内容掌握程度的不同,不可避免地出现剪裁教材内

---

① 王雪凌.试论思想政治理论课教师的基本素质[J].思想理论教育导刊,2006(1):18.
② 陈玲,王汐牟.论思想政治理论课教学中的"情"与"理"[J].思想理论教育,2019(5):68.

容的问题、教条主义的问题。

(二) 教学案例选择不当

多数案例远离学生生活实际,有些看似高大全,实际上没有教学意义。此外,案例教学信息挖掘不全面、不客观,导致案例分析教学不严谨、不科学,容易造成理解误差、教学误差。

(三) 理论讲解浅入浅出

大学生基本具备了一定的政治理论素养,教师可以从点上深入讲深讲透,但在实际教学时停留在皮毛层面多,缺失了理论应有的美丽,吸引力不足。

(四) 实践主题选择老套

高校实践教学创新不够,多选择调研类、观读类、竞赛类项目,还有一些高校整合周边的教育资源作为实践教学基地。应该说实践路径相对丰富,但在主题设计方面新意不足,不同科目之间甚至出现一些重复性的安排,使得学生产生乏味感、倦怠感。

总之,从问卷评价和访谈评价两方面结果来看,思政课教学团队、课程价值认知与目标、教学内容与方法、教学互动与组织、学习投入与支持、学习成效与评价教学条件等领域存在一些实践性问题,未来这些问题可能继续存在,也可能发展出新的问题,思政课教学变化将更加复杂,必须加强前瞻性研究,为制定思政课教学改革方案打下坚实基础。

第三节 时代环境变化诊断

环境育人是人才培养的重要路径和方式。当教育环境发生变化时,高校要根据教育环境变化的情况,开展有针对性的教育教学改革,以适应环境变化要求、保障人才培养目标实现。鉴于思政课的政治性、阶级性和实效性以及社会性、民族性和专业性等特殊性,政治环境、经济环境、文化环境、网络环境等因素对思政课教学影响显著。同时随着全球化的深入、新时代的发展、网络技术的进步以及多元文化的激荡交互,思政课教学环境面临巨大变化。要在复杂多元的价值传播战中赢得大学生的信任、坚定大学生信仰、引领大学生发展,就必须加强大学生思想引领工作的针对性和时效性①。思政课教学尤其应该关注时代环境变化所泛起的多元价值传播影响。

一、新时代对政治教育提出新要求

中国特色社会主义进入新时代,需要中国高等教育为新时代的意识形态建设做出更大、更全面的贡献。思想政治教育是社会主流意识形态建构、维护与发展的特殊政治实践活动,贯穿和推动着法治建设的始终。因此,社会主义法治国家建设对思想政治教育功能提出了更高的要求②。思政课是推动这一功能实现的主要渠道。

2018年6月5日,新时代全国高等学校本科教育工作会议上强调,坚持"以本为本",推进"四个回归",加快建设高水平本科教育、全面提高人才培养能力,造就堪当民族复兴大任的时代新人③。这既是对高等教育本科教学的要求,也是对高校思政课教学的基础要求。

坚持"以本为本",推进"四个回归",是当前落实本科教育工作、推进本科教学改革、提高人才培养能力、建设高水平本科的重要法宝。坚持"以本为本"是对本科教育教学的价值再定位,要求本科教学回归常识、回归本分、回归初心、回归梦想。"回归常识"是指要围绕学生刻苦读书来办教育,引导学生求真学问、练真本领,对大学生要合理"增负",真正把内涵建设、质量提升体现在每一个学生的学习成果上。"回归本分"是要引导教师热爱教学、倾心教学、研究教学,潜心教书育人,坚持以师德师风作为教师素质评价的第一标准,在教师专业技术职务晋升中实行本科教学工作考评一票否决制。"回归初心"是要坚持正确政治方向,促进专业知识教育与思想政治教育相结合,用知识体系教、价值体系育、创新体系做,倾心培养建设者和接班人。"回归梦想"是要推动办学理念创新、组织创新、管理创新和制度创新,倾力实现教育报国、教育强国梦④。

---

① 吕小亮,时晓建.基于社会热点问题的大学生思想引领策略[J].学校党建与思想教育,2014(10):10.
② 王俊斐.法制视野下的思政政治教育功能拓展[J].鸡西大学学报,2015(11):4.
③ 陈宝生.教育部:坚持以本为本 推进四个回归 加快建设高水平本科教育[DB/OL],2018-6-21.http://education.news.cn/2018-06/21/c_129898414.hTCM.
④ 陈宝生.教育部:坚持以本为本 推进四个回归 加快建设高水平本科教育[DB/OL],2018-6-21.http://education.news.cn/2018-06/21/c_129898414.hTCM.

2018年7月2日,教育部部长陈宝生在《党建研究》上发表署名文章,认为培养社会主义建设者和接班人必须提高政治站位,要深刻认识到培养社会主义建设者和接班人是对教育工作提出新的更高要求;必须扎根中国大地,坚持马克思主义指导地位、加强和改进思想政治工作、传承和弘扬优秀传统文化;必须把握时代要求,把握好理想信念这一核心要求、把握好家国情怀这一不竭动力、把握好过硬本领这一基本前提、把握好顽强奋斗这一精神状态;必须提升育人能力,完善教育体系、健全人才培养体制、改善育人条件、深化教师队伍建设改革;必须加强党的领导,要把党的政治建设摆在首位,教育引导广大干部师生坚决维护习近平总书记的核心地位,坚决维护党中央权威和集中统一领导,自觉在思想上政治上行动上同以习近平同志为核心的党中央保持高度一致[①]。

这些为思政课标定了坐标,即思政课的第一属性是政治属性。新时代对思政课的要求更高,体现在更加强调思政课的政治属性、更加强调培养建设者和接班人,更加坚持立德树人,把思想政治工作贯穿教育教学的全过程。

二、全球化进程发展提出新要求

全球化本质是经济的全球化,政治、文化的全球化是由经济全球化发展、延伸而来的。全球化推动了各地经济往来,推动了世界一体,形成了你中有我、我中有你的世界局面,不再是各个国家之间绝对独立的状态,各国经济、政治、文化、社会、意识形态等都充分交融,使得全球化对所有人、所有国家的影响都越来越大。

(一) 高等教育要支撑经济全球化发展

全球化以经济为第一表现方式,推动了全球经济贸易的快速发展,使各国经济相互融合、协同发展,极大地促进了科技、文化、教育的全面发展。作为基础,经济的发展带动和支撑了高等教育的快速发展,尤其是改革开放以来,我国高等教育快速发展,高校规模、教师规模、学生规模都得到空前发展,人才培养数量、质量也在不断发展。与经济发展促进高等教育持续发展相比,高等教育发展支撑经济全球化发展力度显著不够。高等教育的人才培养质量、数量

[①] 陈宝生.培养社会主义建设者和接班人[J].党建研究,2018(7):19-21.

以及学科专业方向,与经济社会发展需求存在一定的错位,未能形成最佳的支撑形态,高等教育的国际地位与经济在国际上的地位也存在不相称的地方,这成为思政课教育乃至整个高等教育必须面对和解决的问题。

(二)思政课要适应经济全球化发展

经济全球化,因其经济活动形式的转变和界限的打破,使得其形式衍生发展到贸易全球化、投资全球化、金融全球化、生产全球化、技术和信息全球化以及人力资本的全球化。这六大领域的全球化发展和变化使得高校思政课教学环境由封闭走向开放、由可控性转向复杂性。经济全球化直接促成了高校校园环境的发展,校园环境的变化会带来更深层次的价值观念的变化①。如经济全球化下如何爱国,思政课教师要讲清楚。因此,思政课教学队伍是否有全球视野,是否了解国际经济发展趋势,是否能够认识到国际交流的重要意义,是否能够对国际经济生活中的热点事件进行客观解读和正确引导,成为影响思政课教学质量的关键。

(三)思政课要应对政治多极化冲击

政治多极化主要表现在两个方面:一是区域性、国际间的政治组织越来越多,使全球政治格局由单极转向多极,传统的政治平衡不断被打破、重组、再平衡;另一个方面是西方发达国家的价值观念也在世界范围内传播,使众多国家的传统价值体系受到挑战②。在我国,政治多极化及其携带的价值体系不断对马克思主义的指导地位和传统道德价值体系构成冲击。越来越多的西方民主政治思想、极端宗教思想渗入生活之中、论于课堂之上,对大学生思想产生冲击。这些冲击隐藏在复杂、多变、矛盾的国际政治环境中,要求高校对思政课教学内容体系进行优化、完善、重构、发展。其中,如何认知全球化政治立场冲突,如何理解政治多极化现实矛盾,如何审视和判断全球化价值体系等应是发展思政课教学内容体系的重要方面③。

---

① 吕小亮,时晓建.全球化背景下高校德育队伍建设路径研究[J].扬州大学学报(高教研究版),2019(2):20.
② 吕小亮,时晓建.全球化背景下高校德育队伍建设路径研究[J].扬州大学学报(高教研究版),2019(2):20.
③ 吕小亮,时晓建.全球化背景下高校德育队伍建设路径研究[J].扬州大学学报(高教研究版),2019(2):20.

三、信息技术高速发展提出新要求

(一)信息化加速了信息流动

网络具有即时性、广泛性和蔓延性等特点,信息一经发布便可即时在网络上传播,任何人群都可以看到,再通过人群间的传播加速蔓延。这使得学生信息渠道更加多元、获取更加迅速、来源更加开放,不再单纯依靠课堂来获得知识。这就要求思政课教师储备更多的知识和资讯,为大学生提供更加完善、准确和及时的指导,帮助他们建立科学、客观和辩证的价值判断体系,以更好支撑他们成长,培育、树立正确的世界观、人生观、价值观。

(二)信息化消解了权威

首先是消解了教师的权威,学生可以从网络上找到更加权威的资讯与教师互动、甚至是挑战教师;其次是消解了教师的话语权,网络新媒体的去中心化,使得交流更加均权、平等,不再以教师为中心[①]。还有就是消解了教学组织形式。网络平台可以组建不同群体,不再是传统的班团建制,也不是选课式的班级制,他们还以各种形式交流,微信群、QQ群,甚至是游戏团队,都可以成为他们互动学习的平台。这就要求推进思政课教学变革,载体不应局限于课堂、形式不应局限于讲授、角色不应拘泥于师生、内容不应困守于教材,即思政课教师要加大教学变革力度、丰富教学内容、创新教学方法,破解信息化带来的各类冲击。

(三)信息化搭建了桥梁

信息化在一定领域内发挥了消解的作用,但在另一部分领域内则起到了构建桥梁的作用。首先,信息化丰富了交流渠道。信息化可以将老师和学生24小时无缝连接起来,搭建更为畅通、便捷的教学互动平台。其次,信息化丰富了教学方式。信息化推动了多媒体、翻转课堂、慕课等教学方式方法的广泛运用,使得思政课教学形式更加多样。此外,信息化加快了知识更新。信息化可以将前沿资讯、知识更快的传递到师生之间,师生可以运用最新的知识开展教学互动,以达到更好的教学效果,提升思政课教学的实效性。

因此,信息技术的发展对思政课教学形成了非常大的挑战,教师课堂主导

---

① 吕小亮.新媒体时代高校德育路径研究[J].青年学报,2016(2):92.

权、话语权被信息化消解,沟通力、有效率却未能借信息化实现提升,这使得思政课教学呈现颓势。

四、多元文化激荡提出新要求

全球化加速了世界各洲、各国、各地区之间的文化交流,加强了区域之间的文化互动交融,提高了文化互动的频率,使得多元文化频繁交互成为常态。

(一) 流行文化导向泛娱乐化

文化交融的一个显著特征就是流行文化的迅速发展,好莱坞、宝莱坞等电影走进世界各个角落,流行音乐通过网络散播到全球各地,流行文化成为全球范围内各国人民的娱乐内容,深刻影响着在校大学生。大学生语言能力普遍较强,具备以英语为代表的多语种娱乐文化项目的参与能力,他们可以选择全球范围内的、自己喜爱的、内涵和形式多样的流行文化,成为他们日常文化娱乐生活的主要元素,这些内涵对其成长发展将起到很大的影响。

(二) 文化价值观相互激荡

全球化进程中文化价值观也在随着经济、文化等内容传播到世界各地,使其与本土文化价值观发生交融、激荡甚至是冲突,成为引发社会动荡、军事冲突的关键因素。尤其是极端宗教文化的传播在世界多地造成严重后果,恐怖主义盛行;以西方普世价值观为代表的全球传播与发展中国家信仰和价值体系出现冲突。近年来,西方普世价值观的传入,极大地冲击了我国马克思主义指导地位、中国优秀传统文化生活主导地位,使得部分大学生理想信念模糊、价值取向扭曲、社会责任感缺乏[①]。我国正处于价值冲突剧烈的社会转型时期,面对文化竞争,我们必须弘扬优秀民族传统文化,确立社会主义核心价值体系,汇聚民族精神,不断增强民族文化认同[②]。

(三) 科技文化相互叠加

以高校为代表的科技、教育、文化领域的国际交流,使得国际科研合作越

---

① 张男星.核心价值观教育与大学生思政课教学模式改革——访上海交通大学校长张杰[J].大学(研究版),2015(3):4-11.
② 刘献君.论文化育人[J].高等教育研究,2013(2):2-3.

来越多,顶尖科研进展越来越迅速,管理和运行机制的相互借鉴越来越深入,师生间的互动交流越来越频繁,产生了国际间的联合科研实验室、联合发表顶尖科研成果、联合办学、联合推进交流项目等。随着高校的国际化,越来越多的大学生走出国门、走向世界,他们从"2+2""3+1"等各种模式的合作办学平台,走出国门获得双学历、双学位,通过寒暑假短期游学体验国外高校教育教学内涵,通过参加国际竞赛与世界各国大学生展开科技竞争,这些项目以学历教育、游学、科技竞赛等为交流载体,推动师生、校际之间的科技文化互动。

(四) 制度文化影响愈加深刻

网络、学术、新闻等不同领域都开始对中美、中欧等国家、区域间的制度进行对比、分析,这种对比分析已经成为常态,在某些特定敏感或者热点事件出现时呈爆发态势。比如在法律建设领域,针对大陆法系、英美法系之间的区别进行对比,这种对比往往是拿中国的法律体系建设中的不足之处与别人健全的法律进行对比,对比的结论不是中国如何改进,而是应该采用他国法律,忽视了中国的现实环境和需要。

(五) 节日文化影响深入生活

改革开放以来,国外节日文化传入我国并产生深远影响,比如情人节、圣诞节、感恩节等,不少节日都带有浓厚的宗教属性,但却在国内获得广泛响应,大学生们热衷于这些节日,从生活上、心理上都在不断接受这些节日以及这些节日所传递的价值观,这对思政课教育教学产生了非常大的冲击和影响。

(六) 消费文化矛盾日渐凸显

发达国家信用卡式的透支消费文化逐渐传入我国,使得透支消费成为一种普遍现象,在中国这样一个高储蓄率的国家中,很不寻常。尤其值得注意的是,大学生已经改变了其父辈还留有的储蓄文化,已经接受并开始实践透支消费文化,一时之间校园贷、裸条贷等问题迭出、影响深远。这就需要广大思政课教师针对性地开展案例教学,引导广大青年大学生,尤其是当前的"00 后"大学生,提高自我保护意识,谨慎消费,避免出现过度消费、透支消费的情况。

众多文化内涵的冲突、文化形式的激荡和文化载体的叠加,使得思政课教学面临的文化挑战越来越强、越来越深,泛娱乐化使得部分学生对政治漠不关心,文化价值观的冲突使得部分学生对传统文化和马克思主义文化将信将疑,科技文化相互叠加使得科学主义占据主导地位,普世民主制度泛化使得部分学生盲目听从,宗教节日将宗教价值观送入学生内心深处,使得部分学生迷信宗教,高消费等各种享乐主义盛行,使得部分学生迷失吃苦耐劳精神。如此种种,多元文化激荡冲击影响越来越显著,高校思政课必须予以设计应对。

总之,思政课教学面临对象之变、课堂之变和时代环境之变,涉及学生及其需求、教学要素和全球化、信息化、多元文化等方面。从某种意义上来说,变化是挑战,也是机遇,只要善加研究、合理应对,思政课教学的未来必然值得期待。

第四章 思政课教学的现实困境

习近平提出做大学生思想政治工作要"因事而化、因时而进、因势而新",强调了思政教育工作的关键,即做思政工作要在关照对象的基础上,与"事、时、势"结合,既要关注变化性,又要强调发展性。思政课教学面临新形势、新问题,要寻求新发展,就必须认真研究分析思政课教学对象,关注教学的"事、时、势"。

本研究认为,对思政课的教学评价,参照的标准和依据既要注意到学生的需求,也要基于教育教学规律,当前教育教学理论的新成果和进步也应在思政课中得到体现,同时,教师队伍也需因应当今时代提出的新要求。这三个方面,即学生、教学实践、教师构成了课程评价的主体、教学与对象等三个核心要素。与本研究观点相似,佘双好认为影响思想政治理论课堂教学效果的主要因素是个人对课程兴趣和课堂教学本身因素,课程以外因素是次要因素[①]。其同样强调主体、教学和课外因素,内涵上稍有差异,但指向一致。因此,本章将对这三个要素进行分别论述,即从课程评价的角度,尝试剖析变化之未来与未来之变化可能会对思政课教学质量建设发展所带来的隐忧与挑战。

根据前文研究观点,思政课教学质量受到人口统计学因素和课程价值与认知、教学内容与方法、教学互动与组织、学习投入与支持、学习成效与评价、教师团队建设、教学条件保障等非人口统计学变量的直接影响。从调研和访谈情况来看,思政课教学未来可能面对的挑战有三个方面:一是教学对象的发展挑战。其中尤以"00后"大学生群体研究及其教学对策研究因应不足;二是课堂教学的变化挑战,尤其是教学内容与方法、教学互动与组织等领域的发展变化迅速;三是环境和时代的变化挑战,尤其是不能满足政治教育高质量发展要求、经济全球化进程要求、信息科技高速发展挑战等。面对这些正在发生

---

① 佘双好.关于思想政治理论课教学质量评价问题的思考[J].学校党建与思想教育,2018(7):16.

的变化和挑战,思政课教学出现了一些现象级问题,并可能还会出现新的问题,必须予以充分研究。

通过研究发现,造成上述困境和挑战的成因是多方面的,包括教学对象研究滞后于学生发展、教学实践发展滞后于教学理论进步、师资建设落后于时代需要等三个方面。上述三方面的变化与挑战是思政课必须面对和解决的问题,只有以面向未来的审思与远见,精准分析教学对象特点及其需求,精准因应内外部环境和时代变化要求,精准补强师资队伍建设,才有可能较好地应对思政课教学的系列变化,进而推动思政课教学改革,贯彻落实立德树人根本任务,为培养德智体美劳全面发展的社会主义合格建设者和可靠接班人筑牢阵地。

第一节 教学对象研究滞后于学生群体发展

根据质性访谈和实证研究结论,透过思政课教学质量的影响因素分析,结合思政课教学所面临的系列变化,本研究认为未来可能会对思政课教学质量造成重大影响的领域,主要集中在三个层面:一是教学领域,二是对象领域,三是动力领域。

一、教学领域影响占主导

(一)教学主体动力因素

思政课教学活动中,教师是施教主体,是课堂教学活动的主导者;学生是学习主体,是学习活动的行为人,这是教学基础,未来不会呈现太大变化。师生参与思政课教学活动的动力是影响教学效果的主要因素之一。过去,教师动力不足主要表现在职业倦怠感有所增强、职业价值感有所下降,教学效果好坏既不能为其带来成就感,也不能给其带去挫败感,教学成为谋生的手段,而不是追求理想、实现价值的路径。学生动力不足主要表现在学习积极性不高、创造性不佳,不重视学习成效和获得感,认为思政课是副课,实用性不强。未来要加强师生动力研究,加强激励引导,增强教学动力,为新时代思政课的教学质量提升奠定基础。

(二)教学技术创新因素

技术与方法具有强关联性,技术进步对于方法创新具有重要的推动作用,在未来技术与方法的结合将会更有空间。以往教育技术创新不够,对教学方法创新和灵活运用会造成极大的影响。具体表现为新技术教学运用不够和教学技术创新不足两个方面。以即时答题互动设备等为代表的新技术在思政课教学中运用有限,以智慧教室代表的教学技术在思政课教学中建设不足等,凸显出思政课教学方法创新不力、教学互动路径匮乏、教学组织形式呆板等系列问题。未来,高校应该加强技术引进、技术运用,为教学插上技术的翅膀,提高教学效率的同时支撑教学质量的建设发展。

(三) 教学管理水平因素

推进改革必须以管理改革为先行[①]。教学管理涉及思政课教学制度建设、队伍管理、教学组织、教学过程管控等各个方面,对思政课教学质量影响显著。制度建设是加强教学管理规范、提高教学服务水平的基础条件;师资队伍管理,尤其是教学纪律、绩效考核是规范教师行为、转变教师作风的重要法宝;教学组织与实施的管控,是维护课堂秩序、提升教学效果的前提保障;教学过程管控是维护和保障教学顺利完成的主要举措。在以往思政课教学中,制度成摆设、教风不积极、课堂低头族无人管、教学过程无序等现象屡见不鲜,极大地制约思政课教学效果的提升。未来,要加强思政课教学管理体系建设,使其成为质量保障体系的重要组成部分,为提高思政课教学质量打牢制度基础。

(四) 教学条件保障不力

教学保障条件包括直接条件和间接条件两个方面。直接条件包括教学经费投入、教学基础设施建设、教学基地建设等方面,间接条件包括教学政策、社会思潮及社会参与等方面。直接条件是开展教学的先决条件,教学经费、基础设施和实践基地是思政课教学开展的前提保障,经费投入多寡直接影响教学运行进展、师资队伍建设水平、教学科研联动质量,基础设施好坏直接影响教学运行形式、教学方法创新质量、供给需求结构平衡,教学基地有无直接决定教学运行路径。间接条件是提高教学实效的重要支撑,教学政策是保障和激发师生动力的基础,社会参与是丰富教学资源的方式。保障是桶底,没有桶

---

① 陈占安.积极推动高校思想政治理论课教学管理的改革[J].思想理论教育,2007(10):37.

底,筑再高的桶壁终究还是存不上水。可见,教学条件保障与教育主管部门及其他利益相关者关系密切,经费投入、设施建设、基地建设离不开主管部门的支持,政策、社会思潮与社会参与离不开其他利益相关者的参与。未来,加强教学条件保障要推动利益相关者参与其中,加强保障,为思政课教学提供物质基础。

教学主体动力不足、教学技术创新不够、教学管理水平不高和教学条件保障不力共同限制了思政课教学质量的建设发展,共同导致了思政课教学质量的徘徊不前。要改变这一现状,就必须充分考虑思政课教学的环境变化,坚持理论与实践相结合,通过教学设计、教学方法、教学互动、教学组织和教学条件的发展和改革来推动思政课教学的整体改革,以改革促发展,以发展提质量,以高质量的思政课教学来推动高质量的人才培养。

二、教学对象研究是关键

(一)学生研究应更深刻

"00后"成为大学生主力军,是不可逆转的、已然发生的现实潮流。"00后"进入大学校园,极大地改变了高校学生的整体结构、课堂对象结构,给新时代思政课教学提出了新要求。

(1)针对教学对象研究。"00后"大学生身上有许多鲜明的时代印记、个性特征和群体特点,应按照"因事而化、因时而进、因势而新"的原则推进"00后"大学生的研究和教学。如前文所述,当前关于"00后"大学生的研究成果较少,不能满足教育发展的要求。加强教学对象研究,一要关注"00后"大学生的心理特征。对"00后"大学生心理健康状况、心理成熟度、心理成长路径等都需要密切关注,心理健康与其成长发展息息相关,心理成熟度与其认知、理解问题息息相关,心理成长路径与"00后"大学生教学建构、设计息息相关,此外"00后"大学生的心理特征还与其日常生活息息相关,思政课应该关照和呼应日常生活,响应心理发展需求。二要关注"00后"大学生的思想行为特征。思想行为是知行合一的关键,了解他们思想行为的发展情况,就是要为他们构建理想信念做准备,便于开展针对性的教育引导、思辨启发、内化外延等工作。三要关注"00后"大学生的价值取向。普遍而言,"00后"大学生更加自我中心,他们是"421"家庭结构的当事人,从小受到6位家长的关爱,成为家庭中心。"421"家庭结构普遍影响了"00后"大学生的价值体系建构,一定程度上出现了先己后人、拈轻怕重、先易后难的价值取向。心理、思想行为和价值取向是当前研究的短板,缺少深度的研究,导致实践层面上问题频出。

(2)把握教学供需均衡。"00后"大学生普遍个性张扬、颇具主见、敢于表达,对于课程有明确的关注、诉求和期望,如无法得到满足,会放弃课程,从"学习者"成为一名"旁观者"。"00后"大学生的需求多元,有形式认可需求者,即需要在课堂上下获得表达和展示机会;有内容认可需求者,即需要表达自己的观点,要在辩论中寻找答案,而不是教师给予的现成结论;有尊重需求者,即需要关注、需要尊重、需要被重视,愿与教师加强互动,有主观能动性;有解惑需求者,即需要解决学习生活实践中的困惑问题,期望得到教师的响应、指导。教师必须关注和呼应"00后"大学生的主体需求,以针对性的教学供给来实现教学双主体之间的供需匹配均衡。

(二)评价实践应更精准

理论与实践之间的差距在教学评价领域体现尤为显著。在课程评价理论发展迅速,但在实践层面却显著滞后。未来应该在评价实践领域加强投入、推进,以实现理论上的教学诊断与改进。

(1)优化评价实践模式。访谈发现,绝大多数高校的教学评价模式基本一样,都由学生评教、同行评教、督导评教、领导评教等方面构成。学生评教主要以答题卡式的问卷评教为主,评价大体分为两个部分:一是对教师教学满意度打分,二是对教学建议打分。同行评教主要指课程教师之间的相互听课、相互建议、相互评价。督导评教主要是指学校、学院聘任专门的教学督导人员进班听课、评价。领导评教主要指校领导、中层干部等进班听课、评价。上述四个方面的评价基本都是针对教师教态、教学法运用、教学内容输出、教学互动、课堂组织实施等情况,目标是评价教师课堂教学,提出改进意见,借以提高教学质量。各校有所不同的,一是评教的占比各有不同,主要是学生评教高低不同,在50%—70%间居多,剩余部分为同行评教、督导评教、领导评教。学生评教具有一定的主观性、情绪化,占比太高容易造成教师过于顾忌学生评教,导致教师教学主导权、话语权消解,占比太低容易造成教师忽略学生感受。二是评教结果用途不同,大部分高校评教结果的主要目的是为了鉴定、诊断、改进,是为了帮助教师提高教学能力和质量,但是由于缺乏相应的激励措施,导致这种评教的实际作用难以发挥,不能引起教师重视。于是,不少高校开始推进绩效工资,将评教结果与绩效工资挂钩,评教好坏直接影响工资收入,这就提高了教师对教学的重视程度。不过因为评教结果有一定的主观性,故在实际的实施过程中,各校都会遇到一定的阻力,教师的接受度不高。主要原因,一是学生评教公正性最难实现。虽然有研究认为学生评价的最终结果能对教师的教学能力和教学效果做出比较客观和公正的评价①,但实际中做到非常之难。教师教学要求严格容易遭到学生的反感,评教成绩难以提高,教学要求宽松短期内会受到学生欢迎,评教成绩也会比较高。二是同行评教人情难免。评教会倾向于打高分、说好话、做好人,使得评教真实性存疑。三是督导评教易偏。由于督导听课范围广,各种专业课程都听,表面上看上去能够掌握教学的普遍情况,但实际上这些评教偏于教态、教学法、教学互动等形式上的东西,对于教学的专业知识进程及其讲解程度理解并不深刻,并不能确定教师教学的核心内容是否精准、高效。四是领导评教频次低。高校会制定干部听课制度,一般每人每学期必须听 2 节课以上,100—200 位中层以上干部,总计听课量也就在 200—400 个课时,这个课时量对于全校的总课时量而言微不足道,所能听到并给予一定专业评价的概率就很低,对于教学整体改进而言,效果甚微。

上述评价模式在既往实践中所展现出来的问题与不足,必须在未来的评价实践中给予优化。具体在思政课评价领域,一要加强思政课教学的针对性评价体系的建设,二要优化思政课教学评价的实践环节,尽可能避免上述问题的反复,三是要解决思政课教学评价的反馈与使用问题,真正发挥评价的改进功能。

(2) 提高教学经费投入。以往思政课教学经费投入普遍不足,主要体现在以下几个方面问题:一是教师薪资收入普遍偏低。思政课教师收入偏低的主要原因有两方面:一方面是学校绩效分配因素,专业学院绩效水平普遍高于马克思主义学院;另一方面是教师科研经费偏低。思政课教师的科研课题数量、经费水平、科研收入普遍低于理工经管等学科教师。需要政府和高校加大投入,提高思政课教师收入,以激励思政课教师的教学积极性和创造性。二是能力培养经费投入不足。思政课教师参加国内外访学、攻读更高学历、参加专业培训、出席学术会议,以及各种沙龙、拓展活动等方面的经费支持显著不

---

① 毛玲.从学生评价的角度看高校思想政治理论课教师的基本素质[J].教育与职业,2013(3)下:85.

足,不能满足教师成长发展的基本需求。其中尤以教师参加国内外访学和攻读更高学历方面的资金支持力度不够,主要原因有两个:一方面经费总量限制,满足率比较低;另一方面师资数量本就紧张,大大限制了出访深造的人数空间,不少学校实施的绩效工资政策限制了教师的工作总量,即便超工作量,收入也不会同比增加,极大地影响了在职教师的积极性。外出学习受到限制,内部学习活动同样受限,教学沙龙、学术沙龙等方面的活动组织开展也频繁受到经费限制,极大地降低了教师主动成长的积极性。三是教学经费投入不足。以上海高校为例,不少高校思政课的生均教学经费是40—60元(部分内地高校生均20元),这个经费基本只够课堂教学使用,没法满足实践类课程的需要。思政课经费投入不够极大地限制了教学创新,使得实践教学活动区域多被限制在校内、活动主题多以第二课堂为主、活动形式多以调研或者公益活动为主,无法真正发挥实践教学的关键作用:推动学生走上社会,提高课程体验感,增强学习获得感。不少学校将思政课第一课堂与第二课堂相融合,开展一些寓教于乐的文艺汇演活动,小部分人组织设计汇演,大部分人作为观众。虽然汇演这种形式是一种创新,但终究受到经费投入的限制,没法开展普遍的、广泛的社会实践。大量的统计数据非常具体地显示了从总体上看学校经费投入与建设成效间的正比关系[①]。投入越少,则成效越不显著。

可见,未来提高思政课教学投入,必须在思政课教师收入、能力培养经费、教学经费等三方面予以改善。提高教师收入是保障教师基本权利、调动教师工作积极性的主要方式,增加能力培养经费是提高教师工作水平、拓展教师综合能力的重要方式,增加教学经费是丰富教学形式、发展教学内容的关键支撑。有教学经费的持续投入,才能更好保障思政课教学高效有序开展。

三、教学动力激发是重点

(一) 呼应学生认知建构发展

一方面,学生认知结构发生巨大变化,包括认知背景和认知基础等,其中高考改革是主要诱因之一,其使得学生区分类越来越难。从原先的文理科区分,变为是否选考政治课;另一方面,学生认知建构路径发生显著变化。高中

[①] 赵卫民.高校思想政治理论课实践教学保障体系建设内部条件问题研究[J].北京青年政治学院学报,2012(10):90.

阶段的学习认知路径是听说读写练,进入大学后学生更加喜欢体验式、互动式的学习方式,认知建构的路径、方式发生显著变化。按照思想政治教育的"知情意行"基本规律,当学生认知建构基础和方式发生变化时,思政课的教育教学方式也应该做适当的调整。未来,思政课教学要更加关注和呼应教学对象的认知结构变化与发展,开展针对性的教学调整。

(二)更新课程教学建构理念

思政课的课程建构,尤其是教学建构和学生认知建构之间存在巨大沟壑。思政课教学建构理念陈旧,过于强调课程本位,要求以课程为中心建构教学法、教学组织、教师团队、教学评价体系,这与新时代"以本为本""以学生为中心"的教育理念不相符合。课程建构偏离学生中心,容易出现为课程而教学、为任务而教学的情况,学生需求得不到关注,学习积极性被压制。未来应该树立以学生为中心的教育教学理念,必须以学生为中心建构教学体系,根据学生的认知基础、取向和特征设计课程教学,以引导学生建构知识体系,并通过知识体系的建构加强信仰体系的建设。

(三)协同课程需求供给匹配

访谈发现,课程供给与需求不匹配是造成课程均衡价值难以实现的主要因素之一。课程均衡价值是在师生供给与需求得以平衡的基础上实现的,开展课程教学供给必须先研究教学对象的需求,重点参考教学对象的认知背景、取向和发展需求来设计思政课教学供给。当前,教学对象研究不够是普遍现象,课程供给与需求不匹配,学生的主体性未得到充分体现。教师课程供给无法满足学生成长发展需求,无法解答学习生活很困惑,无法巩固理想信念。未来思政课教学必须协同需求供给匹配,引导和支撑学生从接收到接受、理解到相信、相信到信仰、信仰到行动,进而实现课程均衡价值。

总体看来,思政课教学质量提升必须坚持"以学生为中心"的教育理念,着力研究学生认知基础、建构方式,提升课程建构的针对性,推动教学供给与学生需求之间的精准对接。同时加强和改进教学设计、课程价值认知与目标、教学内容与方法、教学互动与组织、学习投入与支持、学习成效与评价等,使之成为促进思政课教学质量提升的重要支撑力量,为建设思政课"金课"奠定基础。

第二节　教学实践发展迟慢于教学理论进步

"理想很丰满,现实很骨感",思政课教学处于一种矛盾状态。从访谈结果和文献综述的情况来看,思政课教学的理论与实践差距表现在两个方面:一是理论发展与实践推进的差距,二是点上创新与面上普及的差距。

一、理论发展与实践推进差距显著

理论和理念的发展领先与实践的推进与变革,这是一个普遍的现象。不同的是,在思政课教学领域,教学设计理念、教学改革理论、课程评价理论发展迅速,不断有学者提出新思想、新理论、新方法,也有在一定范围内试行的,但新的理论、理念被广大教育工作者理解、消化、接受过程缓慢,实践推进就会迟慢更多。

(一)思政课教学设计理论发展超前

何克抗认为,传统的教学设计内容和步骤包括七个方面,具体为确立教学目标、分析学生特征、确定教学内容、确定教学起点、制定教学策略、设计教学媒体、进行教学评价等,他认为教学设计已发展成为具有较完整、严密的理论方法体系和很强可操作性的独立学科[1]。新的建构主义教学和学习设计应该按照教学目标分析、情境创设、信息资源涉及、自主学习设计、协作环境设计、学习效果评价设计、强化练习设计等七个环节[2]。新的教学设计理念应该从"教"中心转向到"学"中心,强调"情境"教学,强调"协作学习",强调学习环境设计,强调学习信息支撑,强调目的的意义建构。这是基于建构主义的教学设计理念,该文自1997年刊出以来已有20多年,今日讨论依然继续。虽然"教"中心转向"学"中心的理念逐渐深入人心,但实践中教师满堂讲、学生低头听的现象依然普遍存在,教学互动频率和形式依旧不足,教学实践改革进程相当缓慢。再如"协作学习"形式上似乎有些进步,思政课教师开始分组、分项目推进

---

[1] 何克抗.建构主义的教学模式、教学方法与教学设计[J].北京师范大学学报,1997(5):74-81.
[2] 何克抗.建构主义的教学模式、教学方法与教学设计[J].北京师范大学学报,1997(5):74-81.

实践教学,并设置教学班长指导、推进各个教学实践项目组长加强项目学习实践,但受到大班额和组织管理水平影响,协作学习收效甚微。这是建构主义教学、学习的理念,还有其他的一些学习理念、理论均有此类问题。

(二) 教学改革理论探索成效显著

教学改革理论是指导教学改革实践的基础。随着时代的发展,教学改革理论发展出了多元智力(智能)理论、教学结构理论、学习共同体理论、建构主义理论、需求分析理论、人本主义理论等多种教学改革理论。不同的教学改革理论的主张和侧重点不同,主要目的是为了解决传统教学的一些弊病。即按照不同的理论、从不同的视角、运用不同的方法来设计教学改革。多元智力理论是由美国学者加德纳提出的,他认为人的智力主要包括语言智力、数理逻辑智力、空间智力、人际交往智力等八种不同的类型。按照多元智力理论的建议,教学改革应该充分发展不同类型智力的专题教学,指导学生利用自己的优势智力开展学习,将多元智力当作更广阔的教学路径,这样可以发挥不同学生各自智力优势开展学习,提升教学实效[①]。建构主义学习理论强调以学生为中心,认为学生是认知的主体,是知识意义的主动建构者[②]。这就要求教学实践由教师中心转向学生中心,由侧重教师教学主体转向学生认知主体。建构主义理论认为要提高学生的知识建构能力,以达到更好的学习效果。需求分析则是为了更好地实现某一目标,对其要满足的条件进行分析,弄清问题或目标的具体要求,制定切实可行的实施计划。需求分析理论认为教学改革必须充分研究学生学习需求和社会需求,凸显了学生的学习主体地位,要求教师关注、呼应、满足学生学习需求,这对于提高思政课教学质量作用显著。具体是指在教学中要对学生学习需求和社会需求进行分析,获取有效数据,在此基础上设定教学目标、采取教学策略、实施教学活动,最终满足学生需求,提高教学效能[③]。

上述多种教学理论的发展,对于思政课教学实践的改革具有重要的指导意义,其中需求分析理论就与本研究中的引入的需求供给理论有极为相近之

---

① 陈晓端.多元智力理论对课堂教学改革的启示[J].陕西师范大学继续教育学报,2003(1):84-88.
② 何克抗.建构主义的教学模式、教学方法与教学设计[J].北京师范大学学报,1997(5):74-81.
③ 靳爱心.基于需求分析理论的高校英语教学改革探讨[J].中国教育学刊,2015(S1):310-311.

处,即坚持学生中心、突出学生主体地位、重视学生需求满足。不同理论拥有不同价值导向和实践方法论,思政课教学可以在实际教学中,灵活使用不同理论指导教学实践,追求实践效益最大化。

(三)课程评价理论发展日渐成熟

根据前文综述可知,课程评价研究,历经测验与测量时期、描述时期、判断时期、建构时期等四个主要历史发展阶段,相关理论日渐成熟,陆续发展出多种评价模式,且都有一定现实意义。只是各个评价模式也各有一定优缺点。伴随着评价发展的四个时期,评价理念也在发展,从最初的测量、证明、选拔,逐渐发展为诊断、改进、确定教育需要等。理念的发展得到教育界的普遍认可,但实践推进中评价设计与实施比较复杂,评价客观性难以把握,评价结果的运用效果不够等问题比较突出,迫切需要加强评价理论的实践。

(四)教学改革实践进程缓慢

以教学评价改革为代表的改革实践推进缓慢、落后于理论发展是常态。在实践层面上,高校教学评价改革阻力重重,首先表现在教师心理上的排斥,认为教学评价是一种监控,认为评价公正性不够、主观性太强。其次表现在实施部门的排斥,教学评价工作量巨大,实际收效并不显著,评价工作的口碑不佳,容易引起矛盾,因而造成了不少组织实施部门工作人员的排斥。第三是学生的排斥,学生评教的主要方式就是填写答题卡式问卷表,统一格式、统一内容、个性化不足,不能满足以"00后"为代表的新学生群体表达自我、客观评教的要求。同时,学生评教带有极大的随意性、主观性、不稳定性。第四是经济、技术阻力,经济阻力主要是指评价经费的支撑上,需要加强投入,技术阻力主要是指实现评价的技术及其配套设备发展缓慢,成本高昂。教学主要利益相关者均对评价有一定程度的排斥,导致了推进课程评价改革的工作屡屡搁浅。此外,教学设计与教学改革在理论探索上各有成果,在实践推进中均遭遇了不同程度的阻力。在教师传统观念中教案深入人心,认为开展教学设计徒增工作量;习惯于从上到下的教学改革,从下到上的"自我变革"动力不强。因此教学设计、教学改革、教学评价等多个方面均存在着理论与实践相脱节的现象,高校要在后续改革推进中加强投入,开展针对性的改革。

二、点上创新与面上普及差距显著

思政课教学是一个使命重大、涉及面广、教育人多、影响深远的教育教学活动,高校大学生都要接受思政课教育。因此,教育部、省市教育主管部门以及高校都非常重视,在教学理念研究、教学方法创新、教学组织实施创新、实践教学创新等各个部分都有新探索,有些领域已经取得了一些成绩。但是受到量大面广、师资短缺、投入限制等方面的原因,点上创新在面上的普及力度还不够。

(一) 教学方法点上创新多面上普及难

教学方法创新是思政课教学实践创新的关键环节,优秀教学方法会极大改善师生关系、推动师生互动、提高教学质量、提高教师成就感。近年来涌现出一些新的教学法如MOOC、翻转课堂、对分课堂等,在点上产生了一些示范性、典型性案例。比如,复旦大学张学新教授提出对分课堂教学法,该教学法包括讲授、内化吸收、讨论三个环节,教师让出部分课堂时间,交给学生掌控、主导,形成师生"对分"课堂的格局①。讲授环节,教师不穷尽教材内容,只需把握基本框架和重难点,内化吸收环节,学生根据自己的个人特点和具体情况,完成内化吸收,讨论环节内化吸收之后,学生在回到课堂交流,与全班师生深入互动。② 讲授强调充分而不过分的引导,精讲留白;内化吸收强调独立思考,个人理解形成见解;讨论强调小组化,解决低层次问题,凝练高层次问题,与教师对话解决高层次问题。这种教学法从时间分配、谈论讲授、教法学法、输入输出、主动被动、传承创新等多个方面强调对分,让思政课为学生所用、为学生服务。对分课堂提出三年多来,逐渐发挥其简单易用的优势,在部分高校内引起反响。部分高校思政课教师开始在课堂上使用对分课堂教学法,"我现在着重点放在对分课堂上,让学生能自己内化学习"。课堂活跃度和学生感受度明显提升。

不过,因为新教学方法在面上推广难度大、速度慢,加上各种教学方法都存在一定使用范围和短板,导致新教学方法的普及率低。例如对分课堂法,一

---

① 张雪新.对分课堂:大学课堂教学改革的新探索[J].复旦教育论坛,2014(5):6.
② 陈瑞丰等.对分课堂之高校思想政治理论课[M].北京:科学出版社,2017:36.

是受限于班额,小班额效果比较好,大班额效果相对差一些,而思政课多数为大班额;二是受限于课堂时间,教师精讲留白、学生讨论互动看似很合理,但两方面的时间都很局促,没办法充分展开,也会反作用于教学质量;三是受限于课堂组织,大课堂、小团队、选代表是基本组织形式,课堂层级多了,容易出现效应递减,发言的学生代表积极踊跃,不发言的学生表现相对懈怠,对比显著。

(二)教学组织实施短期易长效难

教学组织形式是影响教学质量、教学互动、学习投入的重要因素,主要有课堂教学、实践教学等两种,在课堂教学里面有大班额、中班额、小班额、小组化教学,还有团队化、课题化组织形式等,在实践教学里面还有项目化、小分队等实践形式,在教学推进方面有分层分类的情况,即省市、高校、学院等不同层级对教学组织形式的创新。比如,2017年,北京市教工委为落实教育部"高校思政课教学质量年"工作要求,坚持聚焦问题、精准发力,建立"市级示范+校级协同+校内集中"三位一体的教师备课新机制,统筹推进课程、教学和教师队伍建设。北京市选拔近百位思政课教学名师,到全市各个高校开展巡讲,主要以报告形式、专题形式、百人以上课堂形式为主,这些名师发挥各自特长开展思政课教学,有案例,有深度,有吸引力,获得了师生的普遍好评。还有天津试点选拔优秀学生走上思政课讲坛,有千余名大学生自组团队,自主选题、备课,从自己的视角探讨、解答同龄人"成长的烦恼",由此一是增强了学生团队的参与感和主动性,二是朋辈教学的形式使得课堂的亲切指数上升,获得了学生们的普遍好评。这两种教学组织形式的创新在全国范围内有一定示范性和影响力,不少地区、高校也在试点相关做法,名师进课堂、学生上讲坛成为常见现象。

当前的教学组织实施创新也存在一些问题,短期、机动特征明显,长期、高频、持续性不够。比如名师进课堂多以活动式、间歇式推进,并不能形成常态,且教学深度、专业度不够;学生上讲坛多以代表式、互动式、活动式推进,教学系统性、客观性不够,需要教师加强教学指导。此外,课堂组织随网络技术的发展产生变化,虚拟组织得以出现,并对教学产生越来越大的影响,应该得到教师的积极关注和引导。

（三）实践教学形式创新易实效难

实践教学是思政课教学的重要组成部分，也是学生学习自由度最大、体验感最好、互动性最强的思政课教学形式。实践教学中出现了许多值得借鉴的案例，比如湖南某高校采用期末汇演的方式，展示实践教学成果。这其中舞台设计、剧本创作、演出排练等各个环节由学生分工协作、组织，思政课教师全程指导，不少节目是一个学期的实践调研项目的总结性汇演，以歌曲、舞蹈、小品、话剧等多种形式呈现。这种实践模式激发了学生的参与热情，增强了学生的主体体验感，一定程度上提升了实践教学的整体质量。另一些高校充分挖掘本地区、本校的实践资源，通过参观科普教育基地、爱国主义教育基地等社会实践基地，引导学生深入社会，了解民情、社情、国情，将课程理论与实践相结合，改变思考问题的角度，拓宽看待问题的视野，增强相关问题的理解力。此外，还有一些高校充分运用寒暑假，将课程实践带入日常生活，开展生活化的思想政治活动实践，诸如志愿者活动、社会调查活动、人物访谈活动、传统节日纪念活动等等，使得活动内容丰富多元，学生学习实效显著。

不过，实践教学还存在如下一些不足：一是经费保障不足。部分高校还停留在20元的生均思政课教学经费，可用于实践环节的就更加少，学生活动的交通、宣传、道具、设备等各类项目需要的费用很难一一满足，受到高校财务制度改革影响，购买物品得使用教师公务卡，给学生组织活动带来更多不便。二是实践教学系统性不够[1]。实践教学的主题、内容、环节等方面的系统性不够，与理论知识的连接不够紧密，使得实践教学过度偏于活动组织与实施、形式与感受，忽略了与课程本身的联动、联系和联合，导致整个实践教学部分的系统性不足。三是实践教学的针对性不强。主要体现在不同课程的实践教学安排往往具有很强的同质性，没有设计针对性的实践安排。比如"原理"课的实践教学方面，应该关照"原理"课教学目标、内容、等方面的特殊性，针对课程抽象化、理解难度高的特点，需要教师设计一些"读书会＋答辩会"、辩论会、兴趣沙龙等形式的实践活动，以更加精准的契合"原理"课的特殊性，提高学生的理论理解能力[2]。

---

[1] 韩淑芹.张德学.基于应用型人才培养的思政课实践教学改革探讨[J].黄山学院学报，2016(10)：138-140.
[2] 王美定.基于课程特殊性原则的高校"原理"课实践教学研究[J].内蒙古师范大学学报(教育科学版)，2016(2)：77-79.

第三节 师资队伍建设落伍于时代环境需要

2018年5月2日,习近平在北京大学师生座谈会上指出:人才培养,关键在教师,教师队伍素质直接决定着大学办学能力和水平。可见,教师与教学质量休戚相关,与学生成长休戚相关。回望过去,高校思政课教学质量不佳,师资队伍建设滞后于时代发展需要是关键因素之一,展望未来,高校应该高度重视思政课教师团队建设,扭转滞后格局。

一、教师团队建设力度有待加强

2014年教师节前夕,习近平在同北京大学师生座谈会上指出,百年大计,教育为本;教育大计,教师为本。努力培养造就一大批一流教师,不断提高教师队伍整体素质,是当前和今后一段时间我国教育事业发展的紧迫任务[①]。可见,国家高度重视教师队伍建设,将其视为"我国教育事业发展的紧迫任务"的表态也足以说明加强教师队伍建设的重要性和迫切性。

(一)师资队伍数量有待增加

随着我国高等教育进入大众化阶段,学校规模扩张和学生数量增长显著,高校不断招揽人才以便增加师资数量,总体呈现比较快速的增长态势。但师资增量被内化到马克思主义学院的不多,数量增加有限。通过对全国20余校的访谈中了解到,各校都存在着思政课教师队伍数量不足的情况,不少高校生师比超过350∶1的标准值,有些高校超过了500∶1。这导致三个现象普遍:一是课堂班额大,以100—150人中大型课堂居多;二是课堂教学粗放,限于课堂条件,粗放式教学情况普遍,严重影响教学质量;三是兼职师资队伍多,不少是非专业教师转聘或兼职。

(二)教师团队结构有待优化

思政课教师构成相对复杂,专业非专业并存、新老并存,学科建设不足、教

---

① 本报评论员.培养造就一大批一流教师[N].中国教育报,2016-9-14(1).

师学历偏低、队伍被边缘化。现有教师群体中,老教师群体上课经验丰富、上课实效性整体较好,但老教师长期浸淫在教学之中,处于舒适区,进取心和动力已经不足,求稳心态占据主导地位。新进教师一般学历较高,绝大部分都拥有博士学历,研究能力普遍较强,但新进教师普遍是从课堂到课堂、从学校到学校,教学实践经验相对贫乏,整体教学效果不佳。转聘教师专业素养、教学能力相对偏弱。教学团队与结构领域也存在一些问题:一是团队建设多限于集体备课方面,教学研究和协作机制不够;二是传帮带制度不健全,老带新、传帮带的压力较大;新进教师教学经验不足直接影响思政课教学质量;三是转聘教师进步空间小,教学动力不足;四是教师结构比例有待进一步优化,使之能够成为教学改革的重要支撑力量。

二、师资队伍发展滞后于需求

教师是课堂的主导者,是教学质量的主要保障者,是推进教育教学发展变革的主要力量。当前师资队伍建设发展存在着许多与现实需求不相适应的地方,亟待改变。

(一)师资教学研究水平有待提升

师资水平,即师资教学能力、研究能力以及两者结合的创新能力。高校思政课缺少领军人物、专家和优秀教师,培养力度有限,教师发展缓慢。究其原因,一是教师教学能力不强。教学能力不强,非专业出身是重要因素之一。据调研,某高校马克思主义学院30余位教师中是马学科专业出身的仅有10位,其他都是地理等非专业领域的教师。二是教师研究能力偏弱。访谈显示,思政课教师开展科研工作的人少,主持省部级以上教研教改课题的人数更少,教师研究能力和研究动力都不强,使得教师研究能力水平整体不高。三是教师结构分布不合理。教师年龄梯队两头大、中间小,中青年骨干教师数量少,流转教师较多、新进博士较多。有高校正高职称比例局限在7%以内,在职高级职称人员更新缓慢,使得大批教师停在中级、副高职称,向上通道狭窄,严重影响思政课教师主动性和积极性。

(二)教师责任感有待加强

教学是一个互动过程,教学质量受教师、学生双重影响:一是教学对象更有挑战性。"00后"大学生进入大学校园,意味着思政课教学对象的思想、行为、观念,以及学习态度、逻辑、方法等都已发生巨大变化,尤其是"'00后'大学生个性更强、更加敢于发言",教师上课要有充分的准备、知识阅历要有更加厚实的积淀,才能在课堂上应对自如、引领得当,反之很容易引起学生的不满,从而进入一种怠学状态,教师的成就感会受到直接影响,责任感随之下降。二是教师激励政策不到位。教师开展教学改革需要投入巨量的时间、精力来设计、实验、实施教学改革方案,但学生的响应度不高,教师受到的关注、支撑并不显著,因而许多教师开始懈怠,停留在教学舒适区,不再思考教学变革与发展事宜,造成责任感缺失。三是向上空间被限制。高级职称比例限制,有些学校"80%教师是讲师,学校不培养发展、却处处设限",极大地损伤了教师的积极性,教师失去晋升、发展的动力,教学处于疲于应付、完成基本工作量的状态。还有一些高校存在着生师比严重失调的情况,教师每日苦于应付教学,根本无暇顾及科研,开展教学质量、教学创新的积极性很弱。这些问题堆积逐渐消解了教师的责任感。

  总体而言,以往思政课教学质量欠佳,教学活动陷入困境,是多重因素造成的。研究认为,必须改变教学对象研究滞后于学生群体发展、教学实践发展滞后于教学理论进步、师资建设落后于时代需要的现状,为思政课教学改革赢得空间。面向未来,高校要进一步巩固思政课育人主渠道、主阵地的地位,假以时日、研究和投入,逐步解决学生发展需求问题、教学实践发展问题、师资队伍建设问题,从需求供给分析着手,运用课程评价技术,遵循教学改革的基本原则、要求和思路的基础,就一定能推动思政课教学改革,提升思政课教学质量。

第五章 思政课教学改革的基本原则、要求和思路

历史和现实都告诉我们,青年一代有理想、有担当,国家就有前途,民族就有希望……青年兴则国兴,青年强则国强[①]。青年大学生担负着中华民族伟大复兴的重要历史重任,影响着中国特色社会主义事业建设的成败。高校承担着人才培养的重要职能,贯彻立德树人根本任务的光荣使命,要引导、培养青年大学生投身中国特色社会主义事业建设的伟业中去,就必须促使青年大学生认同中国、认同社会主义,思政课是高校落实上述职能和使命的主阵地和主渠道。

前文通过对思政课教学质量进行了实证调查评价,论述了其中存在的主要问题,并剖析了问题的原因。这还远远不够,发现问题不等于解决问题。为此,我们要从理论和实践各个层面进行相应的教学改革,否则,问题只能停留于问题层面。面向未来,本章将尝试从解决当前思政课教学问题的角度出发,以课程评价为视角,尝试性地提出思政课教学改革原则、思路、要求。

第一节 思政课教学改革的基本原则

推动高校思政课教学改革既是师生共同诉求,也是时势环境发展和教学质量建设的基本要求。教师主导、学生主体和教育环境影响是高等教育教学过程的三大基本要素,这三者之间也形成了一个三角循环的逻辑关系,它们之间相互作用、相互影响、相互制约,成为贯穿高等教育始终的教学三要素理论[②]。高校开展思政课教学改革要紧密围绕教学三大基本要素,坚持立德树人

[①] 习近平.习近平在同各界优秀青年代表座谈时的讲话[N].人民日报,2013-5-4(1).
[②] 文静,史秋衡.大学生学习满意度的要素与结构探析[J].宏观质量研究,2013(3):88.

根本任务,为培养德智体美劳全面发展的社会主义合格建设者和可靠接班人服务。

一、坚守政治立场

思政课是高校培养大学生形成正确政治观的主要途径,是培养大学生政治素质的主要平台。高校必须始终坚持思政课的政治属性,立足思政课的政治内涵,坚守思政课的政治导向,引导和巩固大学生坚定政治立场。

(一)坚持思政课的政治属性

政治性是思政课的第一属性,是思政课的本质所在。教师开展思政课教学,首要目的是传递马克思主义及其世界观、方法论,教育引导大学生学习马克思主义及其中国化的理论成果和实践经验,不断树立正确的世界观、人生观和价值观,学会运用马克思主义的唯物辩证法和方法论去理解和看待当前社会现象和问题。其次是引导大学生正确认知中国特色社会主义。中国特色社会主义是中国人民在中国共产党和几代领导人的领导下,不断努力、奋斗、实践所总结、提炼和发展出来的理论与实践成果,是马克思主义中国化的历史硕果,有必要将这些成果传授给当代大学生,使其更加清晰认知今日中国来之不易,未来中国更加值得期待。第三思政课是大学生政治生活的重要内容,思政课要为大学生提供丰富的政治营养、生动的政治案例、深刻的政治理论,丰富其政治生活,助力其政治成长,为党培养新兴政治力量。

(二)立足思政课的政治内涵

思政课是开展大学生政治教育的主渠道。思政课具有丰富的政治内涵,需要充分挖掘、阐发,供大学生汲取、助大学生成长。社会主义核心价值观是当前和未来思政课的核心内涵,是中国社会价值观的主导价值体系,是中国社会广大人民群众共同认可的价值判断,是大学生未来融入社会、贡献自我的思想和行为的价值基础。高校思政课必须将社会主义核心价值观讲授清楚,引导大学生开展具体实践,提高大学生的认知水平、深刻领会其内涵,才能促使大学生真学、真懂、真信、真用。马克思主义是思政课的理论基础和根基所在,马克思主义是世界观、方法论,是引领大学生走向政治成熟的关键。大学生普遍经过高考的洗礼,对马克思主义的经典理论和主要观点谙熟于心,但对于马克思主义的实践运用尚待提高,需要思政课发挥人才培养的重要功能,引导到学生运用马克思主义投身社会实践。"形势与政策"是思政课的发展契机。"形势与政策"是思政课的重要组成,体现了马克思主义在当代中国的最新实践,帮助大学生认清世界局势、中国发展,教育引导大学生全面认识、正确理解党和国家路线、方针、政策,具有非常强的时代性、实践性和综合性[①]。"思想道德与法律修养"是思政课的社会接口。思政课归根结底要为政治生活和社会生活服务,"思修"课就是思政课与社会的接口,是为大学生提供社会生活基本道德标准、守则和法律意识、法治精神的教育阵地,通过"思修"课大学生可以接受到更为深刻的道德训练和法治教育,从而更好进入社会、融入社会生活。

(三)坚守思政课的政治导向

思政课要培养可靠接班人,是未来接班人的练兵场。这块练兵场,必须政治过硬,必须坚守底线,必须姓马(马克思主义)、认社(社会主义)、信党(中国共产党)。思政课是党和国家开展政治教育的主渠道,是高校宣传党和国家重要政治决定的主要平台,是夯实党的执政基石的重要法宝,只有将思政课建设好,大学生才能更加认同社会主义,更好认知党和国家的基本路线、方针和政策,更加认可共产党的领导。思政课要为地方发展和稳定夯实基础。思政课是国家的,也是地方的,思政课除了国家政治属性,还应该有非常强的地本属性。地本资源应该成为思政课的重要课程资源融入课程之中,为大学生提供丰富的精神营养。区域发展和稳定需要地方大学生的认可和支持,大学生认可地方发展方向、参与地方事业发展、贡献个人智慧力量,必会推进地方经济社会更好、更快发展。思政课要引导大学生树立信仰。培养和巩固大学生的政治立场,是思政课存在的核心价值。通过马克思主义、社会主义、中国近现代史、"思修"等为主要内容的思政课的教育引导,大学生的政治意识、精神必将得到强化,政治立场将更加坚实。

二、培养大学生政治信仰

有政治立场是前提,立政治信仰是关键。引导和培育大学生坚定政治立

---

① 高德毅.高校"形势与政策"课质量提升:规范化建设与综合改革[J].思想理论教育导刊,2017(9):26.

场是帮助其树立政治信仰的前提,是支撑其政治信仰从新生、发展到稳固的关键。培养大学生的政治信仰是思政课的目标和未来。

(一)大学生有政治信仰条件

大学生走过少年时的懵懂,进入青年的觉醒时期,个人的世界观、人生观和价值观初步形成,信仰基础逐步形成,具体表现:一是大学生心理基本成熟。进入青年时期,标志着大学生身体发育进入稳定和成熟阶段,心理也随着身体的发育进入基本成熟时期。二是大学生政治价值观逐渐稳定。经过十多年的学校和社会教育,大学生开始拥有比较扎实的政治理论知识和基本的社会实践经验,能够比较深刻地理解政治价值及其意义,比较客观地看待政治生活中的不同状态和问题,能够相对客观和公正地认识和处理政治问题,这体现大学生通过多年的政治生活实践开始形成比较成熟的政治价值观,能够运用政治价值观指导自己的政治生活和信仰建设。三是大学生政治信仰基础扎实。大学生从小接受爱党、爱国、爱社会主义的教育和熏陶,普遍都拥有少先队、共青团的政治经历,对共产主义信仰不陌生,对社会主义实践也有理解。这一方面说明大学生接受过相当长时期、比较系统的马克思主义的教育熏陶,并在一定程度上接受和认可;另一方面大学生拥有在这条信仰道路上继续前行的条件,未来可以成为马克思主义的信仰者。不少大学生通过几年的努力,经历积极分子、预备党员的历练最终成为一名中共党员,这都说明大学生在前期的政治学习中形成了扎实的政治信仰基础。

(二)培养大学生政治信仰

培养大学生的政治信仰是思政课的主要目标和关键使命。

(1)为大学生提供政治信仰营养。思政课是核心是政治课,关键是要把政治理论、基本方法、核心价值观传授给大学生,并指导大学生运用这些理论、方法和观点开展实践。马克思主义、毛泽东思想、邓小平理论、"三个代表"重要思想、科学发展观、习近平新时代中国特色社会主义思想等是思政课的核心内涵,是大学生开展政治学习和培育政治信仰的核心养料,思政课要将这些养料深入浅出地传授给大学生,帮助他们理解、吃透、弄懂、会用。

(2)引领大学生树立政治信仰。为大学生提供政治信仰养料,主要目的还是为了引导大学生树立共产主义信仰。要引导大学生树立政治信仰,就必须在课堂内外密切运用理论与实践经验,指导大学生开展政治思考,提高政治意识,增强政治修养,引导大学生深刻思考马克思主义的核心价值观与方法论,使其成为大学生的思想和行为指导,将马克思主义内化于心外化于行,真真正正的以马克思主义为其根本信仰。

(3)巩固大学生政治信仰。信仰来而固之,则根深也。有了政治信仰,必须通过行动加以巩固,才能使其成为终身信仰。期初需要引导大学生增强使用马克思主义的世界观和方法论来认知和理解世界的能力,之后需要更加深度的推动大学生开展广泛深入的社会实践增强对现实世界的认知和领悟,还要加强实践与理论的互动发展,并最终成为奠定信仰的基石。有步骤、分阶段是大学生信仰发展的基本规律,高校要充分掌握和遵循这一基本规律,针对性地开展各类教育实践活动,帮助大学生巩固政治信仰。

三、发展政治力量

(一)中国发展进入新时代

这既是近代以来中国发展的最好时代,也是实现中华民族伟大复兴的关键时代。在这个时代中,广大青年既拥有广阔发展空间,也承载着伟大时代使命①。大学生是青年的先进代表,要努力成为实现中华民族伟大复兴的生力军,肩负起国家和民族的希望,这是最大的人生际遇和考验。对于党和国家来说,培育优秀大学生加入中国共产党,成为党的生力军和新鲜血液,最终成长成为社会主义事业的合格建设者和可靠接班人,是高等教育的重要使命和关键所在。

(二)培养优秀大学生

"三个代表"重要思想认为中国共产党始终代表中国先进生产力的发展要求、中国先进文化的前进方向、中国最广大人民的根本利益,是党的立党之本、执政之基、力量之源。这说明三个问题:第一,共产党是先进的。先进的人才能加入中国共产党。大学生要成长成才,成为思想成熟、政治过硬、素质较高的优秀青年,才有可能成为党发展和吸收的对象。同时,大学生也要自动自发,努力成才,才有可能不断成长、更加优秀,成为党的未来力量,并为党永葆

---

① 习近平.在北京大学师生座谈会上的讲话[N].人民日报,2018-5-3(2).

青春、永葆先进性奠定基础。第二,共产党是需要生力军和预备队的。任何一个政党都需要生力军和预备队,以为党的事业发展、生命持续奠定基础。党要发展生力军和预备队,就必须从优秀青年中寻找和培养潜在对象,大学生是优秀青年的集聚群体,从大学生中选拔、培养优秀青年作为党的生力军和预备队是关键。第三,大学生有成长发展需要。马克思主义认为人的全面发展是人的基本需要,大学生主观上追求全面发展,希望实现自己的人生价值。培养大学生成长成才是高校的主要职能之一,既满足学生个体成才需求,又满足社会人才需要,既能帮助大学生实现人生价值,又能使其具备实现社会价值的基本能力。

(三) 发展优秀大学生党员

优秀大学生有自己的政治追求,在众多的政治选项中,共产党无疑是最能够代表中国人民利益和未来的,也是最能够帮助优秀大学生实现人生价值和社会价值的。第一,入党是优秀大学生的普遍追求。在高校,优秀大学生积极申请加入中国共产党是普遍追求。大学生希望在大学期间认真学习、努力表现,不断提升自我综合素养和政治素质,以拉近自身与党之间的距离,争取在大学期间实现入党梦想。优秀大学生在自我提升和相互竞争中,不断接近梦想,有的成为入党积极分子,有的成为预备党员,有的甚至成为正式党员,虽然比例渐次降低,但质量越来越高,牵引力越来越大,足以说明入党已经成为优秀大学生的普遍追求。第二,优秀大学生是未来希望。优秀大学生是各个政党都在争取和发展的对象,只有不断发展和吸收优秀大学生成为政党的新鲜血液,才能永葆政党的青春和事业的发达。共产党需要新鲜血液,需要优秀大学生作为新鲜血液入党。共产党可以借助普及化的思政课来传输马克思主义的基本原理、方法和观点,吸引优秀大学生关注和浸入其中,使其成为马克思主义的忠实信徒。通过思政课的教育引导,共产党就可以拥有更多追随者,可以吸收更优质的大学生,为将来事业发展奠定人才基础。第三,优秀大学生可以成为优秀共产党员。优秀大学生通过自身努力,可以从积极分子、预备党员进步成为正式中共党员,投身党和国家的伟大事业,实现人生价值的同时成长成为一名优秀的共产党人。这一过程既能成就自我,也能增强党的政治影响力,发展党的政治力量,推动党的进步和事业的发展。

四、巩固执政基础

执政是奋斗的结果，是历史的选择，也是光荣的使命。近代以来的中国，因为有了中国共产党才有了革命的胜利、国家的独立、民主的确立和经济社会的发展，人民才得以当家作主。因此，执政是革命起航时的目标，也是永续事业的基础。党要实现执政追求、永葆执政活力，就必须获得优秀大学生的支持、汲取优秀大学生的能量、发挥优秀大学生的作用，使其成为党执政之基。

（一）争取大学生支持

（1）大学生处于朝气蓬勃的年龄，精力充沛，思维灵活，反应迅速，爱好广泛，生理发展基本成熟，心理进入快速成长发展阶段，有非常强的可塑性，教育引导得好，会成为党的坚定信仰者，反之则可能会受到其他思想影响走上其他信仰之路。

（2）大学生开始思想独立，不再是过去的单一顺从、听教，而是带有一定的理解和批判来对待课程教学的内容。这就需要思政课教师进行更加周密的备课、更加精深的讲解、更加个性的引导，以获得大学生的认可，使大学生接受思政课的教学内容，即党的思想政治教育。这样才有可能赢得大学生发自内心的支持。

（二）汲取大学生能量

（1）大学生是青年生力军，具有强大的能量。争取大学生支持，汲取大学生能量，是我们党未来发展的关键。汲取大学生群体能量，人多力量大，群众的力量是无穷的。

（2）大学生作为当今中国非常重要的一个群体，有鲜明的群体属性，年龄上陆续进入可以承担和履行政治权利的阶段，知识扎实已经具备着手解决基础性、源头性甚至战略性的问题，追求崇高成为推动社会进步发展的强大力量。党可以通过教育引导大学生，使其将内在能量发挥在支撑党和国家的建设事业之上，发挥在巩固党的执政基础之上，这样的能量才会有比较重大的意义和价值。

(三) 发挥大学生作用

虽然大学生尚未走进社会,未承担社会劳动,但大学生已经成为预备队,开始开展社会实践,了解国情、社情和民情,并在这个过程中受教育、长才干、作贡献。

(1) 可以发挥他们的经济作用,一方面他们是消费群体,可以为国家的内需消费贡献力量,另一方面他们是未来劳动力,受过高等教育的大学生将来走上工作岗位可以创造更多的社会价值。

(2) 可以发挥他们的政治作用,大学生是社会群体中的活跃力量分子,可以通过思政课教学教育引导他们在履行政治权利、肩负政治义务的实践中服务党和国家的事业大局,做党和国家各类政策、方针的宣传者、实践者和开路先锋。

(3) 可以发挥他们的社会作用,社会矛盾集聚、疏导不畅、沟通不对称是主要原因之一,大学生可以作为调解员、疏导员、宣传员走上街头巷尾、站在矛盾场上,解决社会问题。

这些经济作用、政治作用和社会作用的发挥,都需要思政课助力,需要在课堂上开展针对性的教育引导,让他们掌握理论、学会方法、敢于前进,在不断的实践和发展中认可党、认可共产主义信仰,发挥大学生作用。

五、形式内容兼备原则

"00后"大学生成长于我国经济高速发展时期,物质生活条件较其父辈乃至"80后""90后"都有更大改善。有经济基础作为保障,其享受的教育资源、接受的教育形式、学到的文化知识都比以往有着较大的发展,学习目标和要求也在不断提升。这就要求高校在推进思政课教学改革时充分注意到"00后"的变化、特点与诉求。

(一) 发展教学内容是关键

教学内容是影响思政课教学成效的关键,如果课程内容与学生需求密切相关,那么学生的关注度、投入度、满意度均会得到一定提升,反之学生则会忽视甚至会放弃课程。发展教学内容是学生需要,更是学校和政府需要,政府通过更新内容将自己的执政理念、价值判断和相关政策等传递给学生,学生也希望在课堂上听到更多关乎自己未来的内容。发展教学内容,要注重三个方面:

(1) 注重对学生的日常生活指导。这既是通过课程来呼应的人文关切，更是聚焦信仰育成的生活实践。关注学生的日常生活，如对学生的舍友关系、恋爱交友、旅游娱乐甚至沉迷网游等生活领域进行呼应、指导，使课程更加生活化、更有灵动感、更能接地气、更有人文气息才能获得学生更多认可、更加吸引学生关注和主动学习。

(2) 社会的时事热点响应。当前社会网络技术发达，信息无缝传递，一些突发事件会瞬间爆发，真假参半，反复无常，反响各异，大学生辨别意识相对较弱，思政课教师应及时补位挖掘分析相关事件的核心原因，引导学生有序思维，增强学生主观分析能力，帮助学生正确理解和看待相关问题。

(3) 政治内容的具体表达。思政课教师必须将教材体系向教学体系转化，用浅显易懂的案例来讲解生涩的政治理论，使理论内容简单化、易懂化，由浅入深、融会贯通。

（二）发展教学形式

(1) 针对"00后"学生性格特点变革教学。与"80后"独生子女、"90后"个性张扬有所不同，"00后"从小成长在"421"阵型的家庭之中，是中心的中心，习惯了所有人围着自己转，自我中心主义尤其突出，教学过程中要多留给他们表达和输出自我的空间，使他们感受到自己被尊重、有认可、受赏识。

(2) 针对"00后"成长背景设计教学。"00后"是网络原住民，网络生活时间占比大、网络活动形式丰富、网络活动频次较高，生活需求通过网络解决。因此，要发挥网络作用，适当通过网络来实施教学，分享教学资料、开展微信讨论，甚至多开发些MOOC满足学生多类别的需要。

(3) 针对课程内容来设计教学。教学活动中有多个要素，但教育对象和教学内容是核心，连接这两个核心的关键就是教学形式。一方面要根据教学对象的情况，如上述"00后"特点及成长经历，另一方面要根据实际的教学内容来设计教学形式，运用适当的教学形式可以将教学内容及其目标落到实处。

六、突出实践性原则

实践是检验真理的唯一标准。突出实践性，是高校检验大学生学习、促进大学生成长的重要教学原则。突出实践性，重点在于理论的实践性、实践的真实性。

（一）理论的实践性

（1）理论要指导实践，用学习到的理论去分析、解读甚至运用于实践，学生在实践中感知理论、理解理论、发展理论。这一过程是理论与实践的互动过程，是理论的具体化、可视化、体验化的过程，学生在此过程中可以进一步感受理论的深度、厚度。

（2）理论的生活化实践。理论不能挂在墙上，理论应该是可以用来生活化实践的，这个实践要有比较强的针对性和朴素性，易懂、易接受。

（二）实践的真实性

当前思政课的实践环节，依旧存在着理论占比高、实践质量低的问题，形式大于内容，真实性有待商榷。强调实践的真实性，要重视以下两个方面：

（1）要实事求是。实践教学要引导学生走向实践，实践环节多数会涉及校外考察的联络、实践环境的设计等，相对课堂理论教学，繁杂程度可见一斑。虽然难度大，但是必须坚持实事求是的基本原则，开展实践教学，否则就会变成形式主义或者作假，负面效果显著。

（2）要追求实效。实践在于设计，这是一种导向，但实践不应只是设计，更重要的是实效，如果实践停留在精心设计层面而忽视了实效，这个实践将失去意义，实效是实践的核心价值所在。

第二节　思政课教学改革的基本要求

高校推动思政课教学改革创新，要不断增强思政课的思想性、理论性和亲和力、针对性。研究认为，思政课是高校第一课，是立德树人的关键课程，开展思政课教学改革必须从以下五个方面着手：第一，必须遵循教育的基本规律和大学生思想政治教育的基本规律，必须按照学生成长发展的基本特点来开展教学实践；第二，必须以坚持学生为中心，满足学生成长发展需求才能获得学生认可、接受；第三，必须发展教学方法，教学方法使用好坏直接影响师生关系及教学质量；第四，必须体现时代发展需要，这既是国家对教育的期望，更是提高人才培养质量，建设教育强国的重要前提；第五，必须培养可靠人才，思政课的是落实立德树人根本任务的关键课程，必须以培养可靠人才为基本导向和终极目标。

一、遵循教育规律

教育规律包括外部关系规律和内部关系规律,教育的内外部关系规律是潘懋元先生提出并得到教育界广泛认可的一种观点。教育的外部关系规律是教育这个社会的子系统与其他社会的子系统之间的关系,教育内部的基本规律是指教育系统内部诸因素之间的关系,教育的外部规律制约教育的内部规律,教育的外部规律必须通过内部规律来实现[①]。

(一) 教育的外部关系规律

教育的外部关系规律是指教育与经济、政治、文化的关系,即教育必须与社会发展相适应[②]。这表明教育会受到社会的经济、政治、文化、科技等外系统因素的制约,要为社会的经济、政治、文化、科技服务,其中与经济的关系是最基本的。高等教育受政治制约,主要体现在受政治体制的制约,我国是社会主义政治,高校就要遵循社会主义办学方向,坚持扎根中国大地办大学、办人民满意的大学,不能把大学办成为其他国家、政治主体服务的大学。高等教育要为政治服务,在思想政治教育领域尤为显著,思政课是高校开展大学生思政教育、服务政治建设的主要渠道。高等教育受经济制约,经济发展为高等教育发展提供物质基础,中国高等教育高校数量、学生规模都得到迅速发展,这是以经济高速发展为基础的。此外,经济高速发展会促进产业发展,产业发展会带动就业,这需要高校培养更多的高素质劳动者,反之如果经济发展迟滞就会消解就业、造成失业,从而迫使高校缩减招生、降低办学规模。高等教育服务经济发展,主要是因为"她是一种未来生产力,在教育实施后的一定时期内,培养的劳动主体(高素质劳动者)投身劳动(包括科技创新和普通劳动)产生生产力、促进生产力发展"[③]。高等教育受科技文化发展制约。主要体现在教育实施受到科技发展水平的直接影响,比如多媒体、智慧教室等教育科技的发展极大地推进了教学革新,提高了教学质量;各种文化理论和实践的发展,为教育理念的进步提供内涵和理论支撑,极大地推动了教育思想、理论的进步与发

---

① 潘懋元.潘懋元文集(卷一·高等教育学讲座)[M].广州:广东高等教育出版社,2010:36-37.
② 潘懋元.潘懋元文集(卷一·高等教育学讲座)[M].广州:广东高等教育出版社,2010:38.
③ 吕小亮.习近平教育是未来生产力思想研究[J].上海经济研究,2018(4):29.

展。高等教育必须为科技文化服务,如高等教育的关键任务就是科学文化知识的传承和创新,各种人类科技文化成果在高等教育体系中代代相传,以传承、守正、批判、发展、创新等多种形式体现。

(二) 教育的内部关系规律

教育内部的因素较多,关系复杂,因此表述教育内部关系的基本规律相对较难,但在社会主义教育体系内,可以表述为社会主义教育必须培养全面发展的人,即必须通过德育、智育、体育、美育、劳育等协同培养全面发展的社会主义事业的合格建设者和可靠接班人[①]。德育是社会主义教育的基本特征。在中国的高等教育中,德育与思想政治教育核心内涵同质,使用时可以互换。思政课是高校开展大学生德育(即思想政治教育)的主渠道,思政课教学质量的好坏,直接影响大学生德育实效。智育是专业教育的关键,是培养学生掌握投身社会生产的知识、技能,是学生实现人生价值的关键。体育是学生全面发展的基础,是教会学生强身健体的技能、引导学生塑造健康的身心,为投身各项社会生产提供健康保障。美育是学生发展人生志趣的基本需要。学会发现美感受美,能够拥有审美能力、欣赏能力,能够为大学生的成长发展提供更多养分,使学生的生命更加丰富多彩、更加有意义。劳育是培养学生劳动精神的重要途径,劳育既是劳动教育,培养劳动技能,也是职业道德教育,培养劳动精神。人的全面发展理论是马克思主义的基本观点,是社会主义教育的基本规律,高等教育必须遵循这条规律,开展思政课教育教学也必须以这条规律为基础,大学生需要德智体美劳全面发展以实现人生和社会价值,同时社会也需要全面发展的大学生,这样的大学生是高素质的劳动者,会极大地促进和发展社会生产力。

二、满足学生需求

思政课教学的主要目标是推动人的全面发展,培养建设者和接班人。学生有成才需求,有就业需求,有实现人生和社会价值的需求,学生在不同阶段也会有不同的需求,可以是大的思想问题亟待解惑,也可能是小的生活矛盾需要疏导,所有与思想政治有关的需求,都应该得到重视。

---

① 潘懋元.潘懋元文集(卷一·高等教育学讲座)[M].广州:广东高等教育出版社,2010:46.

（一）解答学生思想困惑

思政课作为主渠道，教育引导大学生坚定理想信念是基础，服务大学生成长成才是关键，还要解答学生的思想困惑。一方面，大学生是正在成长的思想者，处于人生发展的关键时期，容易受到各类思潮和文化价值观的影响，思政课教师必须及时响应，解答大学生心头疑惑、信仰矛盾，不管是在课堂内外都必须时刻关注学生动态、以学生为本、为学生引航，这样才能体现思政课的存在价值。另一方面，思政课是大学生的信仰锚地，核心的价值取向问题、思想问题、信仰问题都可以在思政课中寻找答案、建立基地，即思政课应该在这个信仰的建设过程中起到非常重要的锚定作用，为大学生的信仰发展提供坚实的价值基础。

（二）响应学生发展诉求

学生的发展诉求多样，有专业学习诉求，有政治进步诉求，也有职业发展诉求，有些是以专业核心竞争力为中心的，有些是以未来学习深造为目标的，有些是以入团、入党等政治进步为核心的。虽然诉求的核心要素会有所不同，但关键基础却是共同的，那就是信仰。信仰是人生基石，是解决一切矛盾、克服一切困难、追求一切进步的制胜法宝。有信仰指引，大学生可以更加坚定地确立价值判断、做出关键抉择，可以更加精准地厘清诉求关键、寻找解决路径，可以更加科学地明确追求方向、制定人生规划。思政课教学应该关注和帮助学生夯实信仰基石、构筑价值体系、做出方向选择、制定人生规划，并引导其走上正确的人生道路。

（三）关怀学生生活需要

当代大学生日常生活元素多种多样，生活需求也更加丰富。在生活实践中，学习是主体，占据大部分时间和精力，学习的好坏直接影响学业的成就、未来的职业发展。交友是必需，交友是基于人的社会属性与社交需要。大学生有友情和爱情的实际需要，愿意为其付出精力、收获感情。娱乐是调味剂，是业余文化生活的重要组成部分，K 歌、电子游戏、看短视频等是大学生丰富业余生活的主要形式。在生活中经常会发生一些矛盾，比如恋爱问题、舍友矛盾、学习困难、沉迷游戏等，思政课教师可以与专业人员一起开展针对性的教育引导，关怀学生课堂内外的学习生活，帮助学生走向成才之路。

三、发展教学方法

思政课的教学方法种类上与其他课程没有太大差别,基本包括课堂教学、现场实践教学、自学指导、科研实践训练、学业成效检查与评定等,具体的方法有更多种,如发现教学法、问题教学法、翻转课堂法、对分课堂教学法、案例教学法等。多数教学方法都不是思政课所独有、独用、独创,但皆可为思政课教学所有、所用。因此,发展教学方法的关键在于如何运用不同的教学方法开展内容教学以使得教学质量最优化。

(一)传承优秀教学方法

现代高等教育发展历程中,创立和传承了许多不同种类的教学方法,这些教学方法有其存在的历史基础和现实需要,在过去创造过很多成就,为高等教育的人才培养贡献过许多力量。不过经过历史的浪潮拍打,许多教学方法已经被淘汰,还有一些是沿用至今并依旧有效的教学方法。比如课堂讲授法,其可以比较清晰地讲解知识点,为大学生构建比较完整的知识体系。同样还有更多的教学方法应该加以传承、合理使用,使其重新焕发新的风采,教育引领更多大学生成长成才。当然在这一过程中,还会有一些不适合当前教育实际、不满足师生需要的教学方法会在历史的检验中被淘汰。

(二)创新发展教学方法

传承是一种接续,将优秀的、适用的保存下来继续使用,创新发展则是在传承的基础上,对传统教学方法加以改良创新,使其在新时代发挥新功效,同时还将运用新技术、新手段,呼应新理念、新需要,创造发展新方法,以便针对教学新问题提出解决新路径。创新发展教学方法的关键,一是满足学生新需要,随着时代的发展,高等教育及其对象也会发生重大变化,当前"00后"逐渐进入大学并将成为主力军,这就是高等教育对象发生重大变化,"00后"会对思政课等各类课程提出新需求,教学方法就必须做出应有的转变,否则就会被现实淘汰。二是体现新理念,新理念是育人理念的转变,比如从"大水漫灌"到"精准滴灌",既是教育方法的转变,也是教育理念的发展。新理念还需要新技术、新手段作为支撑,比如推动新媒体教学在课堂上的运用,就是以新技术提升课堂吸引力。

（三）灵活使用教学方法

不管是传承优秀教学方法，还是创新发展教学方法，其目的都是为了提高思政课教学质量，培养德智体美劳全面发展的人才。教学方法使用得当才能达到预期教学效果，使用不当，好方法也会低效甚至无效。这就要求思政课教师在课程设计初期就应同步启动教学方法的选择和设计，即在不同教学阶段、针对不同教学内容和不同学习对象灵活恰当使用不同教学方法，才能真正做到"因事而化、因时而进、因势而新"。

四、体现时代发展

中国特色社会主义进入新时代，高等教育发展也进入新阶段，思政课的教育使命和任务也将面临新局面，学生的价值体现必将发生更大变化。

（一）思政课服务新时代政治发展

教师要强化思政课的政治属性，将全面建设小康社会、"两个一百年"目标、五大发展理念、中国特色社会主义理论体系、伟大复兴的中国梦思想等核心政治思想全面融入思政课教育教学体系，深刻阐发新时代的新内涵，阐发社会主义核心价值观，阐发不同课程要素支撑新时代发展，服务新时代走向更加光明的未来。

（二）思政课要服务新时代高等教育高质量发展

经过多年的扩招，高等学校的办学规模不断扩大，高等教育质量却在滑坡。国家及教育主管部门高度重视，正式启动了高等教育质量建设工程。思政课是质量建设工程中重要一环，是学生思想、价值培育的重要阵地，建设高质量的思政课程是适应新时代高等教育高质量发展的现实需要。

（三）思政课教学要为学生成长和价值实现服务

学生的未来，一定是在新时代成就人生价值和社会价值，价值实现形式与内容可能与当前相仿，也可能更具时代性。新时代大学生要求更加个性的呈现，要求更加解放的思想，要求更加宽阔的舞台，追求更加崇高的信仰。思政课需要帮助大学生探求自身的价值、引领大学生确立马克思主义信仰，并在新时代里不断发展。

五、培养可靠人才

可靠人才首先是政治可靠,其次才是智力、体力等方面的合格。没有政治可靠,其他领域再优秀也会产生不同层次的负面影响。因此培育政治素质过硬的人才是思政课必须直面和承担的任务。

(一) 培育政治素质过硬的人才

政治素质过硬是人才培养最重要的目标,政治素质过硬是党和国家对人才培养的基本要求。思政课要加强对大学生的政治教育,一是要提高大学生政治认知水平。大学生拥有一定的政治认知能力和水平,基础理论知识也已经初步掌握,不足的是对一些政治内涵认知理解的深度和准度不够,需要思政课加强教学,精准引领。二是要提高大学生政治参与能力水平。大学生绝大多数都已经满18周岁,开始拥有政治权利、可以履行政治义务,思政课要及时跟上,教育帮助大学生深刻认知政治权利和义务,掌握履职路径和方法,提升履职能力和水平,这样才能为以后的政治生活做好铺垫。三是要引导大学生参与实践检验。教师可以通过思政课开展各类模拟练习,并在课程实践环节落实落地,帮助大学生检验所学,切实提高政治意识,培育政治素质过硬的人才。培养大学生政治素质要注意导向性与发展性相结合,科学性与实用性相结合,全面性和层次性相结合,注重"知、情、意、信、行"教育有机统一,师生双主体共同实施等方法和路径的结合[①]。

(二) 培育善用马克思主义方法论的人才

马克思主义哲学方法论是人类文明史上最伟大的方法论。马克思主义方法论可以为大学生提供丰富的方法论逻辑、思维和方法。一是唯物论部分的方法论。有生活中经常提及的实事求是的方法论、调查研究方法论、矛盾分析方法论,也有全局性的方法论如全面、历史地看问题的方法论,系统方法论。二是认识论部分。包括辩证思维方法论、创造思维方法论、价值评判方法论等,其中辩证思维方法论常被提及和运用,而创造思维方法论、价值评判方法论则使用较少,需要在教学中加强。三是历史唯物主义部分。其中包括社会分析方法论、人的分析方法论、群众路线方法论等。群众路线是中国共产党最

---

① 王路,任福全.大学生思想政治素质现状及教育路径研究[J].教育与职业,2012(9)中:54-55.

常提及、使用和强调的方法论,这要求学生要经常深入社会、了解国情民情,在社会实践中熟练运用群众路线方法论,实现受教育、长才干、做贡献。此外,还必须呼唤一种"存在论的解释学",或者"非理论方法的解释学",即是"生活决定意识"的马克思主义方法论。在这种方法论中,"生活经验本身就是可理解的,就在解释着"①这种方法非常强调生活性,这也是大学生学习马克思主义哲学方法论的基本需要。

(三)培育具有科学价值判断能力的人才

科学价值判断的关键指向是为谁培养人的问题。科学价值判断能力主要指三个方面:一是是非判断能力。通常意义的是非对错是生活化的,思政课所需要面对和解决的是政治信仰和政治立场等领域的是非判断,要引领学生在上述问题建立是非观,提高是非判断能力。这里针对的是各类思潮、多元价值观以及时政热点领域可能出现的是非问题挑战,思政课应该因势利导、加以因应。二是质量判断能力。是非是单选题,而质量则是多项式。质量判断一方面在于学识及理解能力,对一个问题理解和思考程度,另一方面在于事物的实际情况,应该处于一个什么样的质量层次。只有两方面相互印证、统一,才是比较科学的质量判断。

第三节 思政课教学改革的基本思路

教学活动要结合时代的基本背景和国家人才培养的基本要求,遵循教育教学的基本规律,针对学校、师生的基本情况来设计、实施和评估课程教学改革。因此,课程教学改革有其基本范式和导向。研究认为,开展思政课教学改革,需要以系统思维为基础,深刻把握课程教学各个阶段特征,再结合相关的教育方法变革、教学质量评价来整体推进思政课教学改革。以系统思维为基础,就是将教学作为一个整体,从前、中、后和质量评价等四个阶段来分析教学改革的必要性和着力点,结合相关教学方法,就是要充分运用和发挥各种教学方法在不同阶段的作用,提高教育教学质量。

---

① 张文喜.方法与反方法——基于哲学与人文社会科学的思想对话[M].成都:西南交通大学出版社,2016:358,224,169,296,27,201,44,187.

一、前段推进教学规划与设计

所谓前段,就是在课程教学实施之前,是课程规划、设计,师资团队组织、建设等课程教学的前期阶段。万事开头难。一方面,课程实施之前的规划与设计是决定课程成败的关键。课程设计需要关注整个课程的目标、体系、内容、对象及其需求、方法、评价、诊断、反馈等各个环节,需要将不同环节链接起来推演,是基于系统思维、在系统实施前的系统设计,这个规划设计要求对整个课程教学有方案、有预案、有预判。另一方面,课程教学的师资团队建设,是课程教学实施的基础。组建课程教学团队可以弥补个体的不足和局限,有利于整合和优化课程教学资源,培养提升教师创新素养,提高课程品质和效率[①]。高校可以通过课程教学师资队伍建设、制度建设、教研能力建设等几个方面大力开展课程教学团队建设。

(一) 加强课程教学规划与设计

(1) 注重方案系统的设计。即确立并锁定课程的目标,将课程内容、教学方法、组织实施、评价反馈等一系列环节集成一体,充分考虑需求供给均衡协同,形成系统化的教学方案,为后续教学的开展奠定基础。

(2) 制订应急预案。教学方案的实施会因教师、学生等主体对象的变化而变化,会因教室、设施、时间等变化而变化,会因政策、考核等变化而变化,进而使得原先的系统方案遭遇挑战,这就需要有相应的应急预案来解决,课程设计时要推演、思考周全,将可能发生的一些应急情况考虑在内,妥善处置。

(3) 整体把握,科学预判。有系统方案、应急预案,就是为了能够科学预判,这个预判一方面是预判课程教学能够形成的基本概况、成效,另一方面是对可能出现的计划外情况及其影响也能够有比较合理的预判。

(二) 提高课程教学团队建设

(1) 加强课程教学师资队伍建设。好的教学团队,应该由学科带头人、教学骨干、研究队伍和基础教学团队等组成,在学科上强调交叉、年龄上强调以老带新、职称上强调梯队。前有带头人,后有接班人,这样的团队才有生气、有

---

① 杨娉.高校思政课教学团队建设研究[J].才智,2016(22):48-50.

生机、有生命力。

(2) 建立健全师资建设制度。有好的师资才能产出好的课程,好的师资需要重点培养,其中培养体系和制度是关键。学校需要建立诸如培训制度、访学制度、会议制度、学历深造制度等,帮助和引导老师加强学习提升素养,通过制度支撑和要求教师学习。

(3) 推进师资教研一体化能力建设。教学、科研孰轻孰重一直有争议,但教学科研不可或缺是共识。推进教学、科研一体化的能力建设,有利于提高教师教学、科研联动水平,能够推动产出更好的教学质量和科研成果。

二、中段发展教学内容与方法

所谓中段,是指教学的实施过程,在课程规划设计之后、课程总结评价反馈之前的教学阶段。中段之所以重要,是因为它是提高学生认识的过程、促进学生发展的过程①,是教学内容实施的主要过程,是师生互动的主要通道,是对教学规划与设计的落地落实,其关键在于教学方式和内容的拓展。教学方式是教学内容的输送形式,是师生互动的关键载体,好的教学方式会显著提升教学质量。教学内容是思政课的主要构成,也是实现思政课教学目标的关键。

(一) 创新教学内容

内容为王,任何课程都必须有其核心内容和价值导向,这是课程存在的价值和意义所在。思政课具有扎实的内容基础,所有的教材都汇聚了资深专家的心血,由国家审定,权威性、准确性、客观性都非常强。当然,课本教材也存在着更新慢等问题。创新思政课内容,可以从三个方面着手:

(1) 整合优化。思政课是一个整体,各门课程之间具有很强的关联性,日常的教学中各门课均是独立实施,造成了一定的割裂,如果能将相关课程的内容进行整合优化,必将提升思政课的吸引力。这种整合可以马克思主义为基础,以社会主义核心价值观为统领,依据课程的功能和教学目或者大学生的思想特点和接收方式来整合优化②。

(2) 丰富内容。思政课具有显著的时代性特征,课程内容应该紧扣时代

---

① 蒲蕊.教育学原理[M].武汉:武汉大学出版社,2010:225-242.
② 郭彩星,邱纪坤.高校思政课教学内容整合优化的路径[J].安顺学院学报,2015(8):43-45.

脉搏、呼应时代需求,引领大学生提高认知水平。不同历史阶段、不同省市区域、不同高等学校,都会有丰富的教育教学资源和时事案例可以深挖,转化为教学内容,这些教学内容具有显著的时代性、地方性、校本特色,例如中国梦之于国家民族、上海四行仓库之于城市记忆、纺织科学之于东华大学,都是非常好的案例,于学生贴切、紧密、易于接受,是教学内容丰富和发展的重要方向。

(3) 改造内容。相对于传承、发展,改造的难度最大。很多传统价值观、行为模式都具有相当的惯性,很难改变、改造。正是因为如此才必须要变革,不然新的理念、思想、方法就没法树立。因此,在实际教学过程中,要针对一些旧有的、不适应时代发展的、阻碍社会和教育进步的内容加以改造,使其成为与新时代和谐共振的新内涵。

(二) 发展教学方法

通过多年来的积淀和创新,思政课教学法不断获得发展、丰富,课程教学质量有一定改变、提升。随着时代发展,学生需求逐步发生变化,教学方法需要与时俱进。可以从以下两个方面着手:

(1) 要传承优秀的传统教学法。课程的本质是师生间的互动教学,师生的特点和需求虽然在不断发展变化,但其本质需要并没有太大改变,依旧需要沟通、依旧有求知欲、依旧呈现一些成长发展规律。传统的课程教学依旧有其生命力,教师讲、学生听、适当互动依然可以在课堂上发挥重要育人作用,教师依然可以将道理说明白、学生还是可以将思想听进去,师生关系还是可以呈现良好的互动。

(2) 要创新教学方法。创新是时代特征,也是现实需要。一方面,新时代引领教育理念发生重大变化,教师主体论发展成为学生主体论或者双主体论,学习知识发展成为学习方法、学会学习等,这需要将教学方法做适当调整。另一方面,新科技引领教学组织形式创新。既往有新媒体运用普遍进入课堂教学,当下有智慧教室正在革新教学方法,未来还会有更多的新技术被运用到思政课教学实践中去,指导并革新教学形式和方法。

三、后段力推教学实践与体验

所谓后段,是指在教学后程,课堂教学结束之后,学生开始进入实践阶段。实践教学强调实践性和体验性,要求学生将所学知识运用于实践、接受实践检验,还强调思政课与其他课程、课堂上下、校内外的结合,最终内化于心外化于行,使教学内容真正被学生所掌握。深推思政课实践教学,需从内容、形式、目标、范围等几个方面入手。

(一) 内容要活

课堂教学中,课本是主要内容,思政课教师的发挥空间不大。实践教学领域,思政课教师的灵活性就非常大,可以选择不同的主题开展教学实践。比如请学生思考如何改进校园秩序及其管理模式、如何学习身边榜样、如何挖掘校内特色资源等,主题亲切、学习便捷、互动性强,可以很好地吸引大学生参与。

(二) 形式要多

实践教学不再拘泥于课堂之上,环境、条件可以有更多的变化,这就为实践教学提供了更多的选择空间。微电影、志愿者活动、社会调研、辩论赛等都可以成为实践教学的理想形式,这些形式使得课程内容灵动起来,学生的参与感、体验感得以增强,获得感也会显著提升。

(三) 主题要明

实践课最大的困难在于不好把控,容易跑偏。所以在设计实践教学课程时,必须设定明确的主题,要求学生在一定主题的框架下完成内容,做到"形散而神聚",所有的体验、思考和收获都是在主题的范围内进行的。明确主题一方面可以让学生有所聚焦,学会完整地看待和处理问题,另一方面也可以方便教师指导,形成明确的教学结论。

(四) 范围要广

实践教学的主题设置范围要适当广泛,针对不同的小组、不同的学生特点,设置不同的主题,同时各个小组的实践形式也可以多种多样、场地可以根据实际情况调整。比如开展社会调研了解真实社会、考察革命遗迹弘扬革命精神、开展公益活动帮扶弱势群体等校外主题实践活动,培养大学生的服务意识、担当意识、创业意识和奉献意识,有效提高大学生的思想理论素养[1]。

---

[1] 边敏佳.大学生思政课实践教学研究——评《大学生思政课实践教学探索》[J].教育发展研究,2018(8):书评.

四、总结发挥课程评价功效

课程总结可以对整个课程的实施效果进行总评,这里面可以包括一些发展性评价内容、总结性评价内容。课程评价的指向是为了给选拔、诊断、改进和确定教育需要等,为了下一轮课程实施能够更好,更加符合现实、学生需要。

(一) 发展性评价是调试剂

发展性评价的关键在于理念系统建设,重在梳理建设目标、价值、方法、问题等四个方面的思维体系,可以在课程教学的不同阶段开展评价,是过程的诊断,也可以是周期性的诊断,是及时修正课程教学的重要方式。发展性评价的目的是为了更好地、及时地改进,这有利于不断调试课程教学,以期达到预期教学目的。

(二) 总结性评价是闭幕词

总结性评价是对整个课程教学的整体性评价,是在课程教学结束以后的全过程评价,具有整体性、系统性特征。一方面总结性评价可以整体性评价课程教学,把课程教学作为一个整体,联系教师、课程内容、课程实施、学习成效评价等各个部分开展整体评价,比较容易找出问题的关键节点并加以修订改正。另一方面总结性评价可以系统地评价课程教学,可以从系统论的观点,评价攸关课程质量的目标、内容、方法、路径等各个环节的问题,并为后期的改进提供依据。

总之,思政课教学改革意义特殊、责任重大,必须制定适宜的原则,参照一定的要求,设计改革思路。思政课教学改革是有现实需要的,是"来源于问题发现,回归于问题解决"的。笔者认为,既往思政课教学存在的现象级问题,以及现在和未来仍可能面对的教学对象、课堂教学与时代环境变化之困,都是未来开展思政课教学改革的重要动力。高校必须进一步坚持政治立场、培养大学生政治信仰、发展政治力量、巩固执政基础、兼顾形式内容、注重实践教学等原则,按照教育规律、满足学生要求、发展教学方法、体现时代发展、培养可靠人才的要求,按照前、中、后及总结四个阶段设计推进思政课教学改革,为赢得未来奠定坚实基础。

第六章　思政课教学改革实践探索

　　思政课教学存在诸多现象级问题，有其成因，也有指向——标示着思政课教学质量存在一定的问题。根据本研究质性检验和量化评价的结论判断，上述现象级问题所标示的思政课教学质量问题的确存在，在不同领域程度各有不同，要解决这些问题，提升思政课教学质量，就必须系统推进思政课教学改革。

　　本研究选取课程评价视角的价值意义在于，课程评价可以诊断和改进供需双方问题，以实现课程均衡价值，主要的路径是通过对教学的现象级问题分析，通过质性研究验证研究假设，即供需失衡是学生怠学的主要因素、组织创新不力是教学互动不佳的主要因素、运用失活是教学方法效果不佳的主要因素、评价不力是学习成效不彰的主要因素、队伍建设不力是教学倦怠的主要因素、条件支撑不力是教学保障不到位的主要因素，这些现象级问题既是教学改革的必要所在，又是推进改革的切入点。

　　本研究通过质性访谈和量化评价，对思政课的整体教学情况进行了充分的研究，形成了比较客观、准确的判断：一是思政课教学在回应时代环境变化、回应课堂教学变化和回应教学对象变化等方面存在诸多不足；二是部分人口统计学因素使学生对思政课教学质量评价方面出现显著差异，非人口统计学因素对思政课教学质量影响显著；三是思政课教学质量总体有待提高，通过学生视角的量化评价分析了人口统计学因素、价值认知与目标、教学内容与方法、教学互动与组织、学习投入与支持和学习成效与评价等六个因素对教学质量的影响程度各有不同、且呈现一定差异，质性评价还认为教师队伍建设、教学服务保障等因素对思政课教学质量影响显著。

　　由前文论述可知，各种现象级问题标示着思政课教学质量不佳，两者具有一致性。研究认为，造成各种现象级问题的成因，与造成思政课教学质量不佳的成因互相印证、相互影响，在质性访谈中，不少教师对此深表认同。即要解决现象级问题,必须针对其关键成因进行剖析、设计解决对策,在推进这些改革对策的同时,一方面现象级问题得以解决,另一方面影响质量提升的关键因素也得以缓解或者解决,进而推动思政课教学质量提升,这就为开展思政课教学改革提供了重要依据。

鉴于质性和量化研究的结论相应,为使研究更加聚焦,根据前文的论证分析,本研究将上述八个领域进行进一步提炼、凝聚,归纳为教学设计、教学互动、教学方法、教学评价、教学团队、教学条件等六个领域。

具体而言,本研究在前文质性研究、实证评价和论证推进的基础上,按照有关结论和理论指导,提出基于学生需求开展教学设计、瞄准教学过程加强教学互动、依循传统基础革新教学方法、遵照学习投入鼎新教学评价、始于教学实践建设教师团队、依照教学需求改善教学条件等六个方面的改革举措。改革对策对部分领域和问题进行了一定的重组,虽未与质性和量化结论一一对应,但基本将两者统一于改革实践,为后期开展系统性的教学改革奠定建设基础,提供可靠依据(图6-1)。

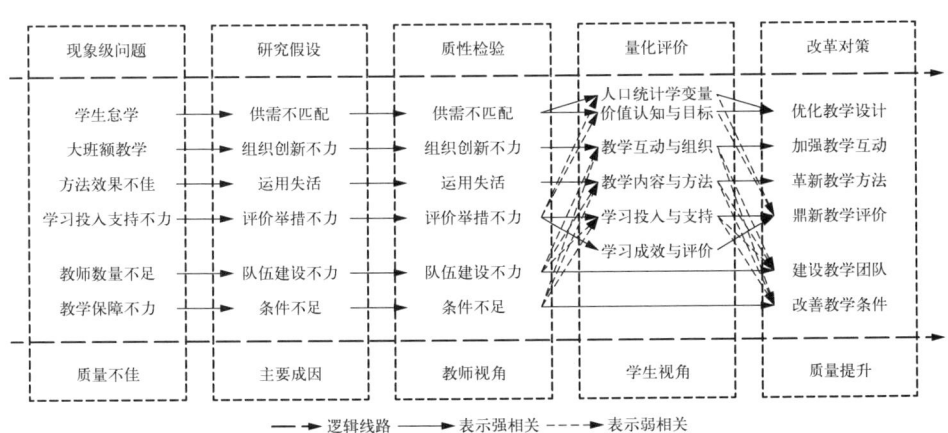

图6-1 思政课教学改革对策研制逻辑线路图

一要基于学生需求开展教学设计。要解决学生怠学的现象级问题,必须推动供需匹配,实现供需均衡,高校应该运用课程评价技术诊断需求、改进供给,改革教学设计推动供需均衡实现。供需不匹配是学生怠学的关键因素,解决供需不匹配问题,必将大大改善学生怠学问题,进而推动思政课教学质量提升。

二要瞄准教学过程加强教学互动。要解决大班额教学质量不佳的现象级问题,必须推动组织创新,进而推进教学互动改革,在组织与技术创新运用的双重作用下，大班额教学等现象级问题得以破解。大班额教学质量不佳问题得到破解后，思政课教学的普遍梗阻点得以疏通，进而推动思政课教学质量提升。

三要依循传统基础革新教学方法。要解决方法运用失活的现象级问题，就必须实现方法与内容的匹配运用和灵活运用，守正和创新是实现这一目标的关键举措，即通过守正和创新推动方法改革。通过守正和创新的兼容并蓄，思政课教学方法效能得以激活，该现象级问题得以充分缓解，进而推动思政课教学质量提升。

四要遵照学习投入鼎新教学评价。要解决学生学习成效不显的现象级问题，就必须弄清楚学生的学习动力机制，并给予针对性的评价激励，通过改革教学评价模式，引导和激发学生学习投入和积极性。遵照学生学习投入影响要素，借力评价引领激励，激发学生学习积极性，彰显学习成效，进而推动思政课教学质量提升。

五要始于教学实践建设教师团队。要解决教师数量不足的现象级问题，就必须推动师资队伍的数量、结构、能力等方面的建设与重构，以应对教师海量教学任务、知识能力恐慌等引发的职业倦怠问题。依靠数量增加、培养培训、优化结构，提升能力素养解决团队本领恐慌，则可助力缓解教师职业倦怠，进而推动思政课教学质量提升。

六要依照教学需求改善教学条件。要解决教学条件支撑不力的普遍问题，就必须解决教学投入、加强教学设施建设、构筑教学支撑政策体系等，这就必须要加强教学保障体系建设，形成比较完善的教学支持条件。通过政策投入等各项服务与保障措施的落地，教学条件支撑会得到大大缓解，为推动思政课教学质量提升。

第一节 需求与供给：基于学生需求优化教学设计

课程评价的诊断功能可以发现课程教学问题、学生学习需求问题，找准这些问题的核心，对于分析成因、研究对策具有很强的借鉴意义。从前文分析的教学理论流派来看，有人本主义和建构主义的思想可以在当前的教学设计中借鉴使用，即坚持以学生为本，坚持需求导向，运用一定的教学设计进行顶层构建，为学生学习构建一个相对匹配的知识体系。同时，教学设计是教学改革的先导,必须在设计阶段就充分参照的本位论思想,将人本位、知识本位和社会本位引入思政课教学改革,在设计阶段中,将需求供给的匹配均衡作为贯彻本位论思想的重要方式。在问题领域,学生学习需求与教师教学供给始终是一个焦点问题。

供需匹配问题涉及因素较多,从图6-1来看,涉及人口统计学因素和课程价值认知与目标达成,应该通过优化教学设计来解决因供需不匹配而引发的学生怠学的现象级问题。从图6-2来看,需求供给不匹配是造成思政课教学出现现象级问题的主要原因之一,课程评价是诊断、改进供需、确证现象级问题的重要路径。在实证研究中,学生对课程价值认知和目标达成维度的评价平均分居

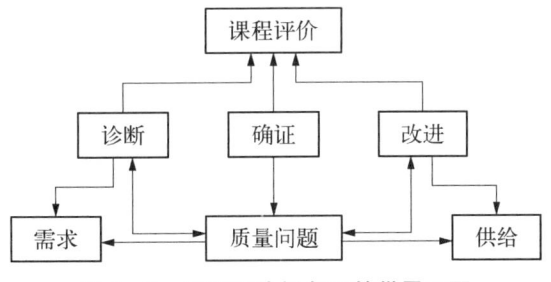

图6-2 课程评价视角下的供需匹配

于五大因素的第二位,足见学生对思政课的价值认可及目标追求的重视。同时也指出了思政课教学改革的重要方向,即围绕提升学生价值认知和目标达成来开展教学实践,这其中需求的满足就成为关键内涵,没有需求的满足,价值认知无法提升、目标无法有效达成。

供需理论既强调需求,也强调供给,要求供需平衡以实现课程均衡价值。思政课教学的供需是指导教学设计改革的关键。首先要明确供需的价值导向。坚持人本位,学生成才是大学应有之义,人才培养应以学生成才为本[①]。因此要特别关注学生的人口统计学因素,加强对象研究,注重需求导向,要"以学生为中心",以满足学生需求为目标。其次要实现供需主体间的教学链接。坚持知识本位,师生之间互为主客体,各为供需主体,知识是重要的载体,要实现供需平衡,就必须通过知识将供需主体链接一体,达到平衡。只有以供需理论为指导,以学生为中心,突出需求导向,力求均衡价值,推动思政课教学设计改革,才能实现优质教学。

根据前文研究结果,在人本主义和建构主义理论的指导下,通过融合人本位、知识本位和社会本位的关照,协同供给需求,实现课程均衡价值是学生怠

---

① 史秋衡,柯安琪.美国政府"高校记分卡"评析[J].复旦教育论坛,2017(6):100.

学的重要法宝,是提升思政课教学质量的重要前提。协同供需必先明晰供需,一方面解决"供"出优质的"输出",更重要的是另一方面可以解决"需"的"输入"。因此,在开展思政课教学改革设计之前,必须了解各方面的"供"与"需"。

一、供需理论的价值导向

思政课教学应该积极关注供需均衡,具体包括三个方面:一是关注学生学习情况与学习需求,二是关注教师教学供给,三是关注师生供需匹配均衡。这三个方面有一个共同的价值导向,即"需求导向"。基于需求导向,思政课教师更加积极地研究学生需求,更加致力于解决学生怠学的症结,开展深度的教学研究与设计,将学生需求与教学供给结合起来,寻找需求与供给的均衡价值。在这个逻辑链条中,一要加强对象研究、分析对象需求;二要研究课程教学内容供给;三要针对需求与供给开展教学设计。

(一) 加强对象及其需求研究

当代大学生有几个显著的特征标签,人口统计变量方面有年龄逐渐以"00后"为主,越来越个性化,学习背景因高考分科而各有不同,家庭经济与文化存在普遍差异,此外还因人格因素,例如性格因素、兴趣因素而有别。不同的人群对于思政课学习的价值判断略有不同,以致影响其学习需求与追求。因此要开展对象研究、分析对象需求并借以推动思政课教学设计改革。

(1) 开展对象研究。

根据调研和课程评价结果,学生性别、年级、学科专业、家庭经济条件等人口统计学因素对学生思政课教学质量评价存在显著差异。以社会学为视角的院校理论,认为学生的背景信息,包括家庭背景、种族、性别、入学前的经历和专业都会直接影响到学生的学习结果和退学的情况[①]。这与本研究判断一致。当前大学生群体正处于代际更迭时期,原先的"95后"群体逐渐更迭为"00后"群体。以"00后""大学生"两个关键词在中国知网"篇名"栏中检索仅得29篇文献,其中核心期刊或者CSSCI来源期刊文献更少,这说明学界对"00后"大学生研究显著不足。对于即将成为大学生主力军的"00后"而言,这种被重视

---

① Tinto V. Dropout from Higher Education: A TheoreticalSynthesis of Recent Research[J]. Review of Educational Research, 1975(1).

的程度和"待遇"与其地位形成鲜明对比。高校思政课教师要加强该群体的对象研究既是对学生群体的尊重,也是开展教学设计的必要前提。研究应该注重以下三个方面:

一要关注"00后"的整体特征。他们成长于经济高速发展、互联网络普及的信息时代,他们是中国改革开放成果的"既得利益者",也是互联网科技发展的"网络原住民"。不管家住城市、乡镇、农村,家庭经济水平都远胜于父辈,基本实现小康。不管学校在东部、中西部、东北部,互联网都基本覆盖。与此同时,"00后"大学生还更乐意于表达自我,愿意分享观点,享受互动。

二要关注"00后"的分类特征。根据调查结论,以学科专业背景为代表的认知基础和取向不同对学生价值认知和目标追求影响差异显著。"00后"大学生有很强的类别属性,比如高考分科考试,有学生选考政治、有学生没考政治,这对于进入大学生的思政课学习影响显著。选考政治的学生对政治理论、政治文化、政治案例、政治实践都比较了解,长期的学习训练使其形成了比较清晰的政治逻辑思维和判断能力。未选考政治的学生多数在高中会考之后就不再进行政治学习,而把精力投入到其他课程的学习之中,政治理论、政治文化、政治案例、政治实践等知识掌握和实践能力都显著落后于选考政治的学生。显然开展分类教学会更适应不同类别学生的实际情况和需求。再比如成绩好坏,有学生在意成绩好坏,或者因为成绩好(主要还是因为对自己学习要求高而努力学习,成绩总体优于其他学生)而更期望每门课的成绩都能好些,以期获得更高的绩点而重视每门课的学习,专业课、思政课都被此类学生列入重要课程之中。有的学生成绩差,学习能力、学习态度都存在这样那样的问题,"主课"都顾不过来,思政课就更加容易被忽视。这就造成了一个重要的现象,总体成绩好的学生思政课学习成绩总体优于总体成绩不好的学生。

三要研究"00后"的认知背景。根据调研结论,学生专业学习背景、年级、经济条件等对学生价值认知和目标追求影响显著。高招等因素对学生学习背景影响最为显著。首先,高招对高校学生群体产生两大影响。一是招生模式变革加大了学生能力差异。以前高招按照"先高校后专业"的模式招生,学生成绩的整体区分度不大,学生学习能力水平差异相对不大。新高考改革试行之后,不少地区按照"平行志愿、专业大类"的模式招生,这很容易出现学生成绩的区分度加大,学习能力水平差异性加大的情况。二是考试科目变化加强了学生认知差异。以前高招以文理两大类招生为主,文科生考"语数外+政史",理科生考"语数外＋物化",学生知识背景差异主要体现在政史、物化科目上,学生群体主要被分为文科生、理科生两类,这使得大学思政课堂的教育对象相对简单。当前不少省市高招采用"3＋3"模式的招生,前一个"3"主要是语数外,后一个"3"则是从化学、物理、生物、地理、政治和历史这6门学科中选择3门进行考试,学生考试科目差异加大,势必造成认知背景差异变大,教育教学难度陡增。其次,家庭经济环境会显著影响学生认知水平。家庭经济条件好的学生,普遍会有更加丰富的学习机会和平台,眼界更加开阔,综合素养相对较高;家庭经济条件差的学生,经济因素对学习的制约作用显著,除学校基础学习外,校外辅导班、专业学习班、兴趣班以及各类拓宽视野的平台相对介绍,认知提升的效能相对较低。这也会导致课堂教学过程中学生互动和反应不一的情况,并不是说学生见解不一,而是视野不一样,是"0"和"1"的差别,不是"1"和"2"的差别。再次,性别因素会直接影响学生思维方式。男女有性别差异,核心是思维方式的差异,男大学生思维偏于逻辑和线性思维,女大学生偏于想象和感性思维,对同一知识点的理解男女可能会有不一样的结果,要避免知识和理论理解的分歧就必须加强教育引导,细化教学设计、实施分类教学。

(2)加强对象需求研究。

在充分研究思政课教学对象的基础上,要进一步研究对象的需求,以便开展针对性的教学设计。在"00后"大学生逐渐成为思政课教学主要对象的背景下,关注"00后"的需求就愈发重要。从实际的教学实践中,不少教师提出"95后""00后"大学生的需求正在发生一些变化。主要表现在,"00后"大学生更加喜欢表达,因此更需要课堂表现机会;"00后"大学生更加喜欢认同,因此更需要加强激励认可;"00后"大学生更加需要融通,因此更需要优质分享。

激励是很多课堂教学经常使用的手段之一,如果运用得当,则会很好地刺激学生学习参与、投入的积极性。对于"95后""00后"大学生而言,他们越来越需要被激励,他们喜欢在课堂上发表自己的观点,尽管不一定很成熟,但表达出来就是一种进步,获得表达机会也是一种认同。因此,思政课教师要积极创造一些互动机会,引导学生参与课堂互动,并通过激励和认可等方式增强学生的自我认同感。同时,在表达、分享的基础上,要进一步引导融通,"00后"大学生的认知结构是模块化的,他们从小接受各种培训机构培训,单门课程的知识深度明显强于"90后"和"95后",但知识之间的融通性不够,在课堂教学中应该有意识地加强不同学科领域的知识融通,这样更能激发"00后"大学生的求知动力。思政课是综合性课程,内容涉猎颇多,有条件采集更多的学科知识优化本课程教学供给和供需匹配,进而推动思政课教学质量提升。

(二) 优化课程内容供给

供给侧改革的主要指向是提高教学质量,推动课程内容供给是关键。教学是一个教与学的双向互动过程,内容供给是"教"的任务,主导者是教师。教师要根据教材、教学要求、教学目标和教学计划开展教学设计,确定教学供给内容、供给形式和供给组织。思政课教材为国家统编教材,内容规定要求高、创新空间相对较小,故在本研究中未将该部分作为研究主体部分。

(1) 加强供给内容改革。当前,思政课教学内容存在"产能过剩"情况,主要体现在三个方面:一是思政课课程内容与高中阶段政治课内容重复性较多,具体包括经济常识、政治常识、哲学常识以及相关基础理论。二是思政课程之间的内容重复情况也存在,比如"纲要"与"概论"的课程内容存在不少的重复性。三是思政课程与其他选修课程之间也存在或多或少的重复性,比如一些历史类课程、政治类课程与思政课的内容重叠度较高。"产能过剩"导致的直接后果就是教学供给处于低质量徘徊,重复性高、新鲜感低导致学生兴趣索然,实效性肯定会差。要加强供给内容改革,首先要改革教学体系,即教材体系转变为教学体系,教材的内容相对固定、经典,但时效性略显不足,教学中可以秉持教材体系的严密逻辑、辅以教学体系的灵活表达,将理论、案例、实践有机结合起来,形成新的教学内容供给。其次要创新教学内容产品,从供给侧改革视角看课程教学改革,内容是关键,优化内容质量、提高内容针对性和实效性,从需求角度看,学生更加喜欢融通式的知识体系,思政课内容供给可以更加关注各个学科的思政育人内涵,充分挖掘各个学科的思想、政治、道德、心理、法治教育内容内涵,运用案例教学、精品课程等热点资讯,打造一个个教学产品,最终形成学生喜闻乐见的教学内容。最后要加强有效内容供给,即内容供给要有针对性,要加强学生需求的排摸和研究,对学生整体的动态、静态情况要有所掌握,及时回应学生关切和需求,尤其是社会热点、校园热点以及其他学生关注的事件,在教学中要有适当呼应、给予正确引导。同时内容供给还需要注重引领性与教育性的结合,即在关注学生需求的同时,推动教育的根本任务落实、落地。要强化理论自觉、树立理论自信、抢占理论制高点,锻造思想产品的核心竞争力[①]。将学生需求与教育任务相结合,推动两者和谐统一,这样才能实现思政课教育教学内容供给恰到好处,适应并满足发展需求。

(2)加强供给形式改革。思政课教育供给形式多种多样,过去许多年来,思政课一线教师、科研工作者都在试图运用各种教学方法丰富和发展供给形式,探索出不少新的、行之有效的教学方法和教学形式,但随着教育内外部环境的变化和发展,教学对象的不断更迭,对供给形式提出了新的更高的要求。思想政治教育的对象是人,所解的是人的思想问题,而大学生的思想是复杂多变的,如果高校思想政治教学形式和方法不能够适应大学生思想政治教育的需要和变化,必然会影响思想政治理论课的教学效果[②]。因此,加强供给形式的改革成为一种必须。一是要加强教学方法的创新。创新永无止境,创新的魅力在于可以将固化的内容穿上新衣,增强内容的吸引力、强化内容的互动性、增强学习的趣味性。教育方法的综合化和教学形式的多样化是供给形式改革的重要内容,综合化在于思政课教育教学方法要综合运用心理学、社会学和哲学等多学科的方法,多样化在于思政课教学要灵活运用案例教学、探究式教学、沙龙式教学、参与式教学等多种教学方法和形式。二是要加强新技术的运用。以大数据和移动网络为代表的新技术的运用是一种时尚,更是一种教育发展趋势。大数据可以更好、更快地发现大学生的兴趣点、学习需求以及困惑处,移动网络可以帮助师生搭建更好更快的沟通渠道,助力问题的解决和教学的推进。大数据和移动网络的推进运用,是教育工具现代化、教育载体信息化的重要体现。使用大数据和移动网络技术也有些问题需要注意,一方面要注意师生的现实互动性,不能陷于工具主义无法自拔;另一方面注意保护学生隐私,趋利避害[③]。三是要加强教学方法的灵活恰当运用。供给形式变革并不是一味强调教学方法创新,传统教学方法并不是一无是处。供给形式变革的主要目的是提高教学质量。因此要充分、灵活运用传统的教学方法,使其能够在部分教学过程、教学阶段发挥理想作用。守正与创新相结合,灵活恰当使用教学方法,才是关键所在。

(3)加强供给组织改革。组织是管理学中非常重要的概念,是指一定的

---

① 王学俭,杜敏.高校思想政治教育供给侧改革探讨[J].思想政治教育研究,2017(6):117-121.
② 杨亚非.高校思想政治教育模式的反思与重构[J].吉林师范大学学报(人文社会科学版),2011(6):94.
③ 黄美娟.基于供给侧视角下的高校思想政治理论课教学改革审视[J].广西技术师范学院学报,2016(4):99.

结构方式。具体到教学供给组织而言,从班额规模区分,有大班、中班、小班、小组、个人等不同规模的供给组织;从供给关系区分,有师生直接互动供给、师生间接互动供给和生生互动供给三种;从供给组织模式上分,有课程班、建制班、项目班等多种供给组织模式。加强供给组织改革,核心是提高组织效能,并以组织效能提高教学质量。针对当前供给组织存在的种种弊端和问题,供给组织改革主要应针对大班化、混合化等问题加以研究改进。一是大力推进小班额教学[①]。大班额教学与小班额教学组织效能差异显著,大班额容易陷入僵化、低质化怪圈,小班额可以做出更多的教学组织尝试、方法运用以及内容深化。比如小班额教学可以拉近师生距离,增加学生表达机会,提高课堂参与度和存在感,还可以开展精细化教学,找准每个学生的需求和特点,针对性地开展教学指导。二是改变混合选课模式。混合选课模式容易将不同认知背景、认知基础、认知路径的学生混合到同一个课程班中,增大了课程教学的难度,不利于课程实效的提升。要尽可能地将同样学科专业背景的学生组合在一起上思政课,这种组合可以是同一专业建制的,也可以是同一学科混选的,也可以是高考有相近学习背景的学生。这样学生能够拥有更多的共识基础、更大的互动可能,教学组织效能自然更高。三是线上与线下相结合。经过多年的发展,线上课程已经成为广受大学生青睐的教学组织形式,具有灵活性、随机性的特点,方便学生随时随地开展学习。线下课程更加传统,更加直接,师生、生生直接发生互动,效果要比通过网络平台发生间接活动要更加准确、高效。因此线上、线下相结合,发挥两种教育模式的优势推动教学组织变革是未来的一种方向。

(三)匹配需求与供给设计教学

需求导向和供给侧改革都是推进教学改革的重要手段和思路,一个是从学习端,一个是从教学端;一个主体是学生,一个主体是教师。两种改革思路和模式各有优点也各有劣势,要想持续、高效、高质量地实现思政课教学,必须将两种改革思路合而为一,通过系统、专业、高效的教学设计,使需求供给达到平衡、高频互动,才能在满足学生需求的同时,解决学生怠学的根本问题,发挥

[①] 朱庭伟.供给侧改革视域下新建本科高校思想政治理论课教学改革的路径选择[J].湖北开放职业学院学报,2018(24):71-73.

供给的最大效能。

（1）加强教学设计的系统性。系统论作为一种认识复杂事物的综合性思维方式，它侧重于强调事物的整体化、综合化和最优化特征[①]。教学系统内，教学主体、教学组织与技术、教学内容与方法、教学设施与条件等各教学要素之间存在很强的关联性，需要从系统论视角来加强教学设计，形成育人合力。一要加强各教学要素的关联性。这种关联性的核心是教育内容，以教学对象为中心、以教学内容为主线，将教学组织、教学方法、教学设施等要素链接起来，形成一个教育链条。二要加强教学要素的互动性。在强关联性的基础上，加强教学要素间的互动，可以增强教学内容的传递效果，拉近教学主体之间的距离，推动需求与供给走向均衡，形成更好的教育共识。三要加强教学要素的目标一致性。要素之间协同、一致是实现教学组织目标的重要前提，师生目标一致，设施支撑力强，组织运行高效，方法运用得当，各要素均围绕核心目标、支撑核心目标。强调教学要素的关联性、互动性和目标一致性，目的就是要强调整个思政课的整体化、综合化，并寻求课程教学质量最优化。

（2）提高教学设计的专业度。教学设计的专业度主要指向是要将教学设计推向更高层次的专业化水平，主要方式是通过顶层设计来推动各个教学环节、过程和主体之间的协同、联动，加强教学设计、教学互动、教学方法、教学评价、教学团队、教学条件与教学内容之间的联动，彼此适度、前后适应、互相支撑，指导形成一套专业的教学体系。高校要加强师资队伍建设，加强师资研究和设计能力建设，以高水平的师资团队来推进和实现高水平的教学设计、教学组织和教学质量。一要加强师资队伍的教学能力建设。推动师资队伍深耕课堂教学，找准教学各个要素之间的互动关系，把握教学主体之间的协同效应，为开展课程设计找准一个适度的空间、建立一个严格的逻辑体系。二要建立教学设计团队。思政课的团队建设越来越重要，教师之间互相学习、相互协同，可以更好促进教学质量提升。教学设计团队要参考课程门类、教师教学和研究能力等适当搭配，并严格按照教育教学的基本规律去设计教学、开展教学、评估教学。

（3）以教学设计引领供需均衡。供需均衡是教学双主体之间的均衡，也

---

① 周越,曹培强.系统论视阈下高校思想政治教育载体探索[J].社科纵横,2018(7)：138.

是教学价值实现的关键。供需不匹配导致学生怠学现象的普遍发生,一方面是因为学生需求得不到满足,影响学习动力激发,另一方面也抑制了供给的效能,进而使得怠学现象愈发显著,因而推动教与学匹配、供与需均衡既是解决怠学现象的关键,也是提升教学质量的重要基础。以教学设计引导供需均衡是一种理念的变革,是将教学实践的均衡提前到教学设计阶段。一是教学设计具有前瞻性。教学设计是对整个教学的前瞻设计,必须对教学各环节、要素有充分的把握才能实现比较好的教学设计。这种前瞻性可以帮助教师提前掌握教学实践的各种可能情况,为制订应对方案奠定基础。二是教学设计具有应变性。教学设计具有系统性和应变性双重特点,系统性在于对整个教学方案和实践的前瞻设计、沙盘推演,应变性在于对各种随机情况的主动发现和推演,能够提前对各种需求给予针对性的引导、设计乃至解决方案。三是教学设计引导供需均衡。供需均衡一方面在于双主体之间的适应和妥协,以及各自目标的达成;另一方面还在于教学前期的主动介入,积极引导,以争取最大程度的教学共识,有了厚实的教学共识基础,供需均衡就成为可能,甚至更加便捷。

二、供需主体的教学链接

教学活动,是教与学的互动,是供与需的互动。教学链接是推进教学活动的重要方式,好的教学链接需要供需均衡、各有所获。要明确需求,关键是内容;要设计供给,关键是技法;要推动供给互动实现供给均衡,关键看成效。因此,供需互动活动的主要目标是实现教学相长,各有收获。

(一) 加强内容链接

教学的核心是内容。以内容作为链接教学双主体是必然。内容应由两方面构成:

(1) 教材内容,即国家规定的、学校设置的以教材为基础的教学内容。教材内容是规定的教学任务,是供的主要组成。教师要将教材内容传输给学生,必须将其转化为教学内容,实现教材体系向教学体系的有效转化。这种转化可以使得内容链接更加契合教学双主体的状态,也更能满足教学双主体的需求。

(2) 现实内容。思政课的一个重要特点就是实践性,强调关照和呼应学生现实需求。学生的思想困惑、日常生活乃至心理矛盾、社会焦点问题,都是思政课教学需要解答的问题,自然就成了课程的重要内容。现实内容需要会比教材内容设计更加随机、更接地气、更能反映学生的真实状态和想法,在思政课中弥补学生现实内容需要是解决学生怠学的重要路径之一。教材内容要比现实内容更有逻辑、更成体系、更有深度。现实内容和教材内容的综合链接将能更好融合教学关系,优化师生互动。

(二)加强技法链接

技指技术,法指方法。具体而言,技法就是思政课的教学技术与方法的总称。加强技法链接,指向就是加强技术和方法的创新、灵活运用。将技术、方法与内容、对象有效匹配,形成有效链接,借以推进教学链接。

(1)加强技术链接。当前科技发展日新月异,很多新技术可以被用于日常教学之中,成为助力教学发展的重要支撑。从以往的教育技术发展历史来看,幻灯片、投影都是比较成功的技术应用,为教学发展提供了强力支撑。当前新媒体技术发展日新月异,许多教师开始运用新媒体技术开展需求调研、推动供给方式变革。技术已经成为教学供给的臂膀。

(2)加强方法链接。好的教学方法是获得学生认可的重要手段。教学方法得当,一可以吸引学生注意力,提高学生学习积极性;二可以减轻教师教学压力,提高教学效率;三可以更好链接供给需求,弥合两者沟壑,实现教学有效链接。

(三)实现成果链接

教学成果既体现于课程价值认知与目标达成、学生学习投入与支持、学习成效与评价,也体现于教师任务和价值实现,教学成果是双方面的成果,要得到教学双主体的共同认可。因为教学双主体的成果导向会有差异,教师偏向于教学任务的完成和职业价值的实现,学生有好成绩、教学有好评价、课程有好成果是教师追求的成果;学生偏向于学习投入和学习成效的实现,成绩获得认可、主观感受好、成长进步显著是学生追求的成果。师生追求的成果目标并不矛盾,但也不完全统一。教师需要以供需匹配来引导成果共识,推动教学设计变革。

供需是教学双主体的关系协调、价值实现、成效体现的重要路径,供需匹配与均衡是双方共同利益、共同收获、共同价值认同的重要支点,也是解决学生怠学、提升思政课教学质量的关键。教学设计要充分考虑供需双主体的角色诉求,探索解决供需矛盾、均衡供需诉求的路径,并以此来指导教学设计改革。这就要求既要注重供给的导向作用,也要注重供给的教学链接,只有这样才能提高教学设计质效,引领和推动教学设计改革,进而推动思政课教学质量提升。

第二节 组织与技术:瞄准教学过程加强教学互动

根据前期量化和质性研究结论,思政课教学的组织实施与技术运用对思政课教学质量影响显著。表面上看,大班额教学是导致思政课教学组织创新不力的关键原因,但国外的大班额教学解决经验告诉我们,事实并不尽然。大班额教学有诸多难点,在生师比一定的前提下,组织形式的创新是解决大班额教学问题的重要方式,同时也是提升思政课教学质量的重要方式。

实证研究中,学生对思政课教学质量评价在五大影响因素中处于中间水平,表明学生对思政课教学的质量评价中,对教学互动与组织基本满意。从质性访谈和文献研究中发现,教学互动与组织等方面存在的问题依然不少,尤其是大班额的教学组织创新与技术应用方面还有许多可以优化、改进的地方。鉴于"00后"大学生普遍善用新技术,这为开展教学互动改革提出了新的要求。创新课堂组织形式既是课堂教学的现实需要,也是教学双主体的互动需要,运用新技术助力组织创新则是推动教学互动改革的重要举措。

当前课堂教学还存在组织设计不合理、形式不丰富、推进不高效、建制不创新、领导不健全和技术运用不灵活、创新不给力以及组织技术联动性差等问题。这些问题导致思政课教学僵化、呆滞,缺乏生机,没有灵气。要尝试以科学的组织和技术协同创新,建设高质量的教学团队、创新的课堂教学组织,推进思政课教学互动改革。

一、科学的组织和技术管理

科学的组织指教学实施时保证了教学内容、活动、策略、秩序的合理性、科学性,尤其是教师对教学活动的有效安排[①]。正常的教学活动需要借力技术,认真组织实施,才能取得实效。非正常、突发性的教学挑战更需要发挥技术优势、认真组织应对,才能妥善处置。

(一) 科学的组织形式

(1) 科学组织有共同的特点。主要包括循序渐进、有条不紊地推进教学实践、引导学习活动,合理地分配教学讲授、课外实践、学生轮讲、参与思考的时间,激发学生学习兴趣、引导学生投身学习,解决学生学习疑问,处理教学突发事件,减少或者杜绝外界因素对教学的影响,保障教学的正常有序推进。

(2) 教学组织形式。随着科学技术的发展,教学组织也在不断变迁,形式不断增多。传统的教学组织形式有大班额教学、中班额教学、小班额教学,甚至有书院制、一对一教学等,这主要是按照教学规模来分。传统的教学组织形式科技含量不高,推进教学也多以传统的讲授为主,因教学对象多寡而采用不同的教学方法。比较新颖的教学组织形式有网络教学、远程教学,两者有一个显著的特点就是运用互联网技术,解决时空问题,使教学得以实现。这是课程教学的组织形式,还有教师教学组织形式。传统的教师教学组织多以教研室为代表,随着时间的推移,教研室的功能和作用越来越受到局限,更新的教学组织得以出现,即教学团队。教学团队有着共同的目标指向,稳定的人员组成,科学的团队架构,能够帮助教学组织快速成长。

(二) 有效的教学安排

(1) 注意教学推进的节奏。教师应该按照学生认知和学习能力分层分类设计教学进度,稳步推进教学。教学推进节奏是学生学习效果的重要保障条件。教学节奏,一方面指教学活动的推进速度快慢,是教学活动整体的进程性标志;另一方面又指知识点的精讲与粗讲、讲练结合、分层分类教学等,是局部性的教学活动控制。教学活动的整体与局部都需要教学适度控制,都需要师生之间达成一致,和谐互动,否则思政课教学组织效能难以提高。

(2) 提高教学组织的效能。提高组织效能是达成教育目标的重要路径。提高组织效能需要统一教学组织成员的共识,推动教学组织成员的一致行动,

---

① 姚利民.论有效教学的特征[J].当代教育论坛,2004(11):24.

以及在整个教学组织框架下相互协作达成高效的运作。组织效能既包括教学班中的教学组织管理，即在一定技术支撑下，教师指导学生组建各种团队、小组并在负责人的带领下按照一定的规范、要求和形式开展学习实践，也包括教学团队中的教学组织管理，即通过一定的技术运用，在团队负责人的带领下，教师按照既定分工开展教学实践。只有充分发挥技术优势，将两种组织的效能一并提升，才能实现教学组织效能的整体提升。组织效能提升是在优化组织结构和运行机制的基础上实现的，如同解决大班额教学问题一样，任课教师通过组建多达20人的教学团队，形成一种科层制的组织体系，在任课教师的领导下发挥教学支撑作用，提升组织效能。

二、建设高质量的教学团队

（一）提高教学团队的整体水平

要提高教学团队的整体水平，必须不断提高教师个体的水平，因为整体水平是以个体水平为基础的，具体包括教学水平、研究能力、教学组织管理能力、技术运用能力和协作能力等。要重点加强如下两方面的培养与建设：

（1）加强教师个体培养。学校可以通过国内外访学、课程教学或者研究培训、学习沙龙或者研讨班、教育技术培训班等多种形式，推动教师参加各类学习实践活动，不断提高教师业务能力和技术水平，使其能够适应新时代学生学习和发展的要求。

（2）加强师资队伍整体建设。在加强个体培养的基础上，学校应该通过更加扎实的团队训练，构建更加有力的协作机制，强化更加高效的管理技术，来加强师资队伍建设，使其能够成为一个整体，相互协作、共勉共进。

（二）建设高质量的教学团队

高质量的教学团队既是个体的，又是整体的。高质量体现在个体教学的全过程，也体现在整体教学的实效性。高质量的教学团队应该有以下几个方面的特点：

（1）成员稳定、专业相近。成员稳定是指在同一教学团队内的成员长期共事、变动较小，具有可持续性和稳定性；专业相近是指教学团队应由同一或相近专业的教师组成，相互之间能够有普遍共识和协同能力。

（2）目标明确一致。高校教学团队的目标在于提高某一专业或课程的教学质量,在实现团队目标的过程中,可以促进和在一定程度上满足教师个体的专业发展的需要①。整个团队在追求高质量的教学的同时实现教学的高质量发展。

(3)密切合作、高频互动。密切协作是团队的重要优势和内涵,没有密切协作,无法推动团队的融通、发展,更无法保障实现教学目标的实现。高频互动是推动团队深度交流、深度合作的关键,团队之间保持经常性、深入性的交流互动,可以准确、快速的查找问题、发现问题、解决问题,实现成员互相促进、共同发展。

(4)构筑学术共同体。团队是围绕同一目标开展工作的教学实践组织,团队成员必须协同构筑学术共同体,以加强和提高教学研究能力和水平,这样才能使得团队拥有可持续发展的可能。

高质量的教学团队虽然不能全面解决师资数量不足、生师比失衡的问题,但可以通过教学效能的提升、团队协同的增强、学术共同体的构建来弥补数量不足的缺憾。质量提升代表着教学能力和水平的提升,会从一定程度上缓解当前大班额教学质量问题和教师职业倦怠问题,优化教学过程,增强教学互动,进而推动思政课教学质量提升。

三、创新课堂教学组织和技术运用

(一)优化传统课堂教学组织形式

(1)优化大班额教学。大班额教学是时代特征,也是现实所迫。大班额教学的关键症结在于生师比的失调以及时间的冲突。一方面高校思政课生师比普遍较高,以至于大部分高校的思政课班额都超过了120人,大班、大教室成为大班额教学的显著特点;另一方面时间的冲突也成为显著特点,学生课程排布密度大,教师数量少,难以平衡两者的时间安排,如果一定要将大班额改为中小班额教学势必会导致教师工作量剧增、学生时间冲突加剧的情况。要解决大班额教学的矛盾和问题,必须在现有基础上对大班额教学进行适当优化:一是优化大班内部组织形式。借鉴国外大班额教学管理经验,变传统大班额教学内部一个教师对所有学生的组织形式(如1∶120)为一个老师对若干个骨干再分别对一定数量的学生的组织形式(如1∶10∶110),中间加一个课

---

① 孙丽娜,贺立军.高校基层教学组织改革与教学团队建设[J].河北学刊,2007(9):163.

程骨干层级,通过课程骨干来加强教学组织管理。二是优化大班教学组织形式。变传统大班讲授为主的教学组织形式为分组讨论、组间横向竞争的教学组织形式,加强小组内部的互动参与,激活组间乃至整个课堂的竞争性学习的积极性和创造性。三是优化大班实践教学组织。实践教学是思政课的必须环节,传统实践教学容易陷入形式主义的怪圈,学生积极性不高、走过场情况时有发生。教师可以因实践需要而临时组建一定的实践教学组织,如组建临时班委、临时团支部、临时课题组等多种形式,激发学生骨干的主动性、积极性和创造性,并通过骨干影响带动更广大的学生参与实践教学。

(2)普及中班额教学。随着高校思政课师资队伍建设的加强,部分高校思政课教师队伍、数量、质量、层次均在不断发展提升,且呈现一种全国普遍意义上的发展趋势。思政课教师数量的增加为普及中班额教学奠定了扎实的基础。中班额教学的优势在于人数适度、组织便捷、易于实施。中班额规模一般在60—80人左右,相对大班额教学有一定的数量优势,这个规模的班级相对容易组建、便于分类、易于管理。不管是常态下还是变化情况下,中等规模的班级组织起来更加便捷,教学实施也更加简易。普及中班额教学,一要增加师资数量。通过增加师资数量,摊薄师均教学工作量和教学班人数,既可以缓解教师疲劳程度,又可以为教师发展赢得更多学习时间。二要适当降低招生人数。与教师增加不成比例的是,学生扩招超额,以至于扩招成为教学质量下滑的重要诱因,反之则有可能不断提高教学质量。当前中国高等教育已经进入大众化阶段,随着人口出生数量下降,高等教育扩张的主要压力将有所减弱,适当减少招生指标、提高生源质量,不失为一种恰当举措。三要调整教学时间跨度。思政课作为一门必修课、基础课,绝大部分高校都将其排在一、二年级进行,无形中压缩了教学时间区间。根据人口统计学因素中的年级因素数据,三年级的学生对思政课教学质量的评价最低,可能与三年级学生的思政课程少且又比四年级学生需求度低所引起的。实际上,高校可以根据实际适当调整思政课的教学布局,使其分布在不同学期、不同年级,跨度可以由当前两年区间发展为三年甚至四年区间,延长教学时间区间意味着教学机会的增加,在人数不变、课时不变的情况下,延长教学时间区间可以显著降低课程班人数,以达到中班额教学的目标。

(3)争取小班额教学。小班额教学是理想的教学组织形式,一般课程规模在30人左右。小班额教学可以显著改善教学关系,拉近师生之间的距离,提高师生互动频率。争取和发展小班额教学可以有如下多种形式：一是开设实验班。实验班是开展教学改革实践的重要思路，在不确定教学效果，或者短期内无法提供更多教学资源的情况下，在一定范围内设置实验班，在实验班内开展实验性、高质量的教学是必要选择。二是柔性分割。在大班、中班的框架下，对教学班做适当的柔性分割，也会起到小班教学的效果。柔性分割是将大中型班级分割为若干个块，分割可以按照一定的标准（如相近专业、相近学缘），这样会有效聚集各块学生的共性特征，降低教学难度。柔性分割可以在课堂上，也可以延续到课下实践，只要有利于学生学习，柔性分割不失为一种好办法。三是开展分层分类教学。分层分类教学提高了教学的针对性和实效性，让不同类型、层次的学生都能获得相应的支撑和关注，容易获得学生的认可。同一课堂分层分类教学难度较大，需要教师做好、做足准备，以应对可能出现的教学冲突，满足不同层次、类型的学生学习需要。当前，受限于师资数量及其发展潜力，短期内推动小班额教学难度颇大，高校可以适当采用设立实验班、对大中班级进行柔性分割以及开展分层分类教学，来替代和实现小班额教学的质量要求。

（二）强化组织与技术协同运用

（1）组织项目探究式教学。所谓探究式教学，就是以探讨和研究的方式推进教学，重视教师的引领和学生中心地位和作用。探究式教学被提出以来，获得越来越多的师生认可。探究式教学的重要特征有如下三个方面：一是以问题为中心。探究的核心是问题，教师带领学生围绕问题开展探讨和研究，尝试从多个视角、路径和技术手段寻求解决问题的思路和方案，在此过程中学生思维受到激发，得以快速成长。二是以学生为中心。问题设定是老师，也可以是学生自己，但是解决问题必须是学生，以学生的思考、研究为中心，老师给予适当引导和技术支持。这样既能让学生感受到被尊重、有价值，又能够发挥学生的主观能动性，调动学生的参与感、增强学生的获得感。三是以项目为中心。项目是师生共同确认、共同参与的活动，此活动以促发学习投入、提高学生学习质量为目标，借助项目活动、平台和技术，增强师生互动、生生互动，实现教学目标。在项目探究式教学中，项目是平台也是组织，技术支撑组织高效运转，是以解决问题、培养人才为目标设定的平台或者组织。在项目中有团队负责人、小组长以及组员等若干层级和协作组织，这些组织是柔性的、暂时性的，当项目结束该组织便可自动解散，因此具有很强的灵活性、机动性和可操作性。

（2）组织兴趣小组式教学。目前学界对于兴趣小组的研究稍显不足，高校学者就更少。实际上兴趣小组比项目更加自由、容易切换，可以成为一种非常重要的教育组织手段，支撑思政课教育教学更好发展。兴趣小组的组建可以有多种方式，可以借鉴人口统计学因素来进行适当设定，比如专业型兴趣小组、交叉型兴趣小组、业余型兴趣小组[①]：一是专业型兴趣小组，主要是由专业相同或者相近的学生组成，研究内容也是以专业领域内的问题为主。二是交叉型兴趣小组，主要是由多个专业的学生组成，有鲜明的跨专业、跨领域特点，研究的问题多可以跨学科视角来解决。三是业余型兴趣小组，主要以业余兴趣为主导，不限专业、年级和性别等因素，学生围绕一个共同的兴趣开展活动。思政课有多种便利条件和技术手段充分利用和发展兴趣小组：一是大班额课堂。当前思政课课程班的学生基本都在100人以上，人员稳定、持续整个学期，思政课教师可以按照学生的专业背景，引导学生自发组建专业型兴趣小组，所研究的内容可以由学生自发提出后经老师确认，也可以由老师建议、学生确认，形成师生共识。二是混选课。当前思政课课程班多由全校学生自发混选而成，班级内的学生专业不尽相同，为学生提供了非常好的跨学科、跨专业组建兴趣小组的机会，研究问题的提出路径也更加多元，可以来自生活也可以来自研究。三是多元主体。即当前低年级学生多以"00后"为主，该群体学生个性更加鲜明、兴趣更加广泛、爱好更加多元，100余个学生汇聚在一个大课堂内，可以糅合成为多个业余型的兴趣小组。业余型兴趣小组以群体兴趣为驱动力，假借思政课学习的机会和条件，开展基于兴趣的思政课教学实践活动。同时，当前教育技术和公共平台越来越发达，思政课教师可以充分运用问卷星、微信等各类新技术手段帮助和指导学生开展兴趣实践活动，既高效又节约资源。因此，兴趣小组既是发展学生兴趣爱好的机动组织，又是思政课开展兴趣导向教学的有效组织，更重要的是，兴趣小组可以将大班额教学的诸多不利因素转化为便利条件，可以助力提升思政课教学质量，值得深入研究。

（3）组织开展融合式教学。与兴趣小组式的教学相似，融合式教学领域

---

① 姜亚金,张珠龙.兴趣小组：开放教育环境下素质教育的有效形式[J].江苏广播电视大学学报，2003(10)：27.

的研究并未获得应有的重视,相关的研究成果也较少、较浅。当前的研究尚停留在多种教学方法的融合上,例如遵义师范学院吴廷强、罗德莲总结提炼出了高校电工技术理论与实验课融合式教学的新方法,该方法是从理念更新、大纲修订到师资设施等方面进行改革,使电工技术理论与实验教学相互融合,从而全面培养学生实践能力、创新能力和科学探究能力①。对教学组织融合也应该作适当探索。例如将传统的大班教学改为分组教学,将分组教学转化为分类教学,再将分类教学转化为大班教学,同一课程、同一课堂可以采用不同的组织形式和技术手段开展教学,并在不同组织和技术之间来回切换,使得课程活跃度、灵活性都能得以增加。因此,组织开展融合式教学可以着重从以下三个方面探索:一是探索教学组织融合教学。即如上述例举,大班、分组、分类等不同教学组织形式和技术运用来回切换,激发师生积极性和创造性,以达到教学目的。二是探索组织与方法融合教学。即在不同教学组织上嫁接不同教学方法,如分组教学中,可以采用案例教学法、沙龙教学法等多种教学方法,分类教学中,可以采用专题教学法。不同的组织与方法融合在一起,运用恰当会成为一个良性互动的整体,为教学质量的提升奠定良好的组织基础。三是探索组织与形式融合教学。即在一定组织形态基础上,通过变换形式以达成更好效果。大班教学的互动形式与中班、小班乃至分组分类的互动形式会有所不同,深度、广度也会有所区别。例如大班教学时,受限于时间、人数等客观情况,无法做深度互动和探讨,宜选用一些共识性强、操作简单的教学技术和形式,小班教学则空间更好,可以选择一些相对复杂、深刻的教学形式,灵活运用教育技术将教学内容深挖,引导学生走进深度思考、甚至引发思维火花碰撞。不同的融合式教学有不同的思路和方法,也会取得不同的效果,值得教育工作者尝试。

(三)大力创新课堂教学组织形式

随着互联网信息技术的发展,各种课程以网络为载体登上了在线教育平台成为网络课程。网络课程突破了时间、空间、规模等方面的限制,并具有无限次重复学习、开放学习等优越条件,一时间上网学习成为一种时尚。当代青

---

① 吴廷强,罗德莲.基于地方高校电工技术理论与实验课融合式教学研究与探索[J].遵义师范学院学报,2017(6):123.

年大学生是网络原住民,对网络有着严重的依赖,日常的生活、学习、娱乐等都离不开网络,或以网络为基础。由此可见,组织实施网络教学是一种必然。不同的是,思政课如何与网络结合成为受学生欢迎的网络课程,研究表明可以从以下三个方面着手:

(1) 思政课教师要开发高质量的网络课程。网络课程与线下课程具有不同的特点和要求,网络课程中,教师面对的是镜头,缺少常规的互动,难与学生开展即时的交流,这就需要思政课教师创新设计网络课程的互动形式,以弥补线上课程的互动不足问题。高质量的网络课程还应该有许多特征,比如趣味性和专业性。趣味性是吸引学生停留在网络课程重点重要因素,没有趣味、过于呆板,课程黏性不足,学生就会轻易放弃。专业性是促发学生学习动力的关键,课程内容、教学组织都要非常专业,能够让学生有获得感,这样才能留住学生。

(2) 高校要推动线上线下相结合的课堂教学组织。线上课程虽然有不少优点,但毕竟也存在着互动性差、进度难以把握等问题。思政课是大学课程,有充分的条件开展线下课程。线上线下相结合就成为一种可能的选择。在线上线下结合的尺度把握上,思政课教学应该以线下为主、线上为辅,线下是开展理论与实践教学的主阵地,线上是开展辅助性教学的重要平台。线下教学、线上教学并不一定是割裂的,线下的课堂教学过程中一样可以随机切换成为线上教学。教学组织形态的改变,也会带动学生调整学习状态和注意力,达到张弛有度的效果。

(3) 高校要推动建立线上学习与线下实践相结合的实践教学组织。理论讲解、简单互动等可以通过线上教学予以实现,教学效果也相对比较好。教学实践要求较强的体验和参与,在线上就很难实现,因此要将实践环节转移到线下。高校可以开发一些优质课程,放到网上实现教学资源共享,提高教学组织效能,再通过一定的线下实践丰富学习体验,激活学生学习投入度,提升思政课教学质量。

教学互动是一个贯穿于整个教学过程的重要命题,加强教学互动是师生共识,如何实现则是教师应该深入研究和探索实践的问题。研究认为,科学的组织管理、高质量的教学团队和创新课堂组织和技术运用是加强教学互动的重要路径,同时也是解决大班额教学质量不佳问题的重要路径,对于提升思政课教学质量有显著促进作用。

第三节　守正与创新：依循传统基础革新教学方法

改进教学方法是优化教学活动、提高教学质量的重要方式。大学教学方法随着大学功能与理念的演进得以发展[①]。中世纪以来大学教学方法随着大学的发展经历过多次更迭，起先大学的主要功能是培养神职、教师等方面的人才，核心路径是知识的传授，主要方法是讲授、背诵和辩论[②]。德国的洪堡大学成立以后，科学研究成为大学的重要功能，教学开始具有教育引导研究的任务，这种把研究引入教学的做法，导致了教学方法的更新与发展。以后，每逢大学的功能得以拓展、延伸，教育教学的方法也会有所发展、更新。

教学方法运用失活是高校思政课教学的现象级问题之一，表面上看是因为学生求新、赶时髦心理造成传统教学方法失灵，教师疲于研究和创新教学方法以迎合学生胃口。实际上，从质性访谈的结果来看，不少老师认为，造成教学方法失灵的关键原因并不是没用新方法，而是方法的使用不恰当、不灵活。教师不应该片面追求使用新方法，教学方法与内容的匹配运用、教学方法与学生的匹配运用是关键，如果方法运用不当，再好的方法也无济于事。学生也非常强调方法的运用，如果教师刻意使用一些新方法，把握不当反而效果大减。如若将内容与方法、对象与方法匹配起来，则效果定会大增。从本研究的思政课程评价结果来看，学生对思政课教学质量评价中教学内容与方法占比颇高，可以标示学生对教学内容与方法的重视，亦可横向对比该因素与其他四项因素之间的满意水平，为思政课教学改革提供参考依据。故本研究提出思政课教学方法的精妙之处在于灵活运用，要兼顾守正与创新，在传统的基础上鼎新教学方法，进而推动思政课教学质量提升。

一、传承优秀传统教学方法是基础

思政课教学活动中，教师对教学方法的选择，传承优秀的传统教学方法是基础，一方面是因为优秀传统教学方法是久经历史考验而沉淀下来的，使用得

[①] 赵洪.研究性教学与大学教学方法改革[J].高等教育研究，2006(2)：72.
[②] 刘宝存.大学理念的传统与变革[M].北京：教育科学出版社，2004：25.

当效果会非常好；另一方面对老方法适当微调可以焕发出新光彩。

（一）优秀传统教学方法久经考验

从辩证法的角度来看，凡事皆有两面性。传统的不一定是不好的，优秀传统教学方法，多是经历成百上千年的锤炼积累下来的，有厚重的历史基础和实践经验，不仅适应过去，还可以满足未来。当前推进教学方法的变革，不能一味求新、求变，反将优秀传统教学方法弃之不顾。毕竟，老方法是新教学的基础，应该发挥老方法的作用。

（1）强化记忆式教学。朗诵、背诵等记忆性教学法是最为传统的教学方法，对于学生丰富知识储备、构建知识体系具有显著的促进作用。朗诵可以锻炼学生表达能力、提高学生记忆效果，背诵可以加快学生记忆、增加学生知识获取。两种方法都可以促进学生记忆、增加知识获取。思政课教学中，有大量需要记忆的内容，不少教学内容通过朗诵表达也会更加记忆深刻，教师在学生记忆基础上，给予适当引导就可以达到比较好的教学效果。

（2）强化辩论式教学。辩论式教学从中世纪就开始使用，直到现在依旧深受广大师生喜爱，究其原因是因为辩论式教学可以激发师生互动积极性和思维创造性，可以引导学生就某一焦点问题开展讨论。真理越辩越明，学生在激烈的辩论中不断修正自身观念、观点，实现知识、理念的共同发展。思政课是一门具有强思辨性的课程，引入辩论式教学恰如其分。尤其"概论""思修"等课程，分别具有理论的思辨性和实践的思辨性，引导学生参与辩论，必将能够激发出更多更好的学习成果，在师生、生生的互动性辩论中，发现问题、解决困惑，提升学习投入度。

（二）优秀传统教学方法历久弥新

优秀传统教学方法久经考验，更可以历久弥新。如同大学的主要功能虽然在发展、扩充，但是培养人才这一职能始终占据首要位置。教学方法也是一样，讲授法、朗诵法、背诵法时至今日依旧是值得推崇的教学方法。所不同的是，讲授的方式在发生变化，朗诵的要求在不断提高，背诵的技巧也在不断发展。

（1）固根本。活用教学方法的根本目的都是为了培养人才，不同的教学方法适用不同的对象和范围，从不同的理念和出发点，来推动教学实践。固根本就是坚守传统教学方法的优秀本质，不轻易摒弃、不随波逐流，只有这样才能焕发优秀传统教学方法的生命力。重点可以做好以下几方面工作：一要坚持因材施教。因材施教是中国历史上最为传统、最得人心,也是最有生命力的优秀传统教学方法。因材施教强调以学生为中心,根据学生的兴趣、秉性、志向开展针对性的教学,引导学生追求个性化发展道路。这一方法和理念的本质是尊重学生、发展学生,学生在其中能够拥有极高的自主权和选择权,其积极性和主动性也得以很好的保护。二要坚持以文化人。中国优秀传统文化中拥有非常深厚的德育、智育的文化基因,儒家讲究德、礼、仁等传统文化,法家讲究平等、法治等传统文化,道家讲究无为而治等传统文化,不同的传统文化视角不一、理念有异,但也恰是这样的不同,可以为思政课大课堂所有,成为分类教学的重要依据和教学共识。以文化人,是文化育人的重要内涵,是优秀传统文化复兴的实践平台和重要机遇。从实践角度来说,优秀传统教学方法具有诸多优秀特质,值得传承发展,所不同的是许多优秀传统方法的适用范围和对象有其特殊性,如果运用到时下的教学实践中就需要适当的革新。

(2)新传统。所谓新传统,就是要将优秀传统教学方法传承下来,并根据现实发展的情况给予适当调整、更新,以达到新时代思政课教学的目标。新传统并不是否定传统、改变传统,而是在尊重传统优秀基因、理念的基础上,适当调整传统中的不良因素,增加更适合当代教育教学要求的因子,使其能够获得更多师生的尊重和支持。新传统是传承、是守正,更是创新,是对优秀传统教学方法的继承、发展,可以使得优秀传统教学方法在新时期发挥新功效。新传统,既富含传统基础上的创新、更新,又饱含阐发优秀传统、复兴优秀传统教学方法。当前不少高校开展具有浓厚传统教学方法的新实践,例如复旦大学将新生统编进入复旦学院,探索以书院式的教学打开新时期高等教育的建设路径。经过多年的实践,"书院制"重归教育界,成为当前重要的教育方法之一,是名副其实的新传统。

二、革新思政课教学方法是关键

创新教学方法是一个永恒命题,重要原因有二:一是因为新是一个相对概念,任何一件新事物、新方法问世之后,经过一段时间的发展,都会成为一种相对旧的方法;二是因为学生对新事物的好奇心是教师激发其学习行为和动力的关键,教师要通过新方法的运用,营造学生学习新氛围、新气象。革新教学方法,可以是创新方法的理念引领,也可以是旧理念上嫁接新方法,不管是哪一种创新,只要其能够为学生所接受、认同,就达到了教学目的。

（一）新理念引领新方法

访谈中有老师表示，不少新的教学方法都是在教学理念的转变中实现的，教学理念的发展会激发教学方法的变革。

（1）第一种理念转变是"以教师为中心"向"以学生为中心"转变，教学方法也发生根本性转变。"以教师为中心"强调的是教师在教学过程中的中心地位，教学进程由教师掌控，教学方法由教师掌握，课堂教学是教师"独角戏"。在"教师中心"时代，比较有代表性的教学方法就是讲授法。讲授法是教师通过口头语言向学生描绘情境、叙述事实、解释概念、论证原理和阐明规律的教学方法[①]。讲授法的核心是讲解、讲述和讲演，教师是主讲者，学生是聆听者。教师运用讲授法，一可以解释有关知识、概念，是书本语言的有力补充，二可以讲述过程、故事，引人入胜，是吸引注意力的重要路径，三可以宣讲政策、理论，增强课程感染力。随着教育的发展，讲授法的灌输性越来越浓，被误解为单一的"教师讲、学生听式的灌输式"教学法，随着教育理念从"教师中心"转变为"学生中心"，讲授法被冠以不尊重学生主体地位的"罪名"，受到越来越多的苛责。要改变这种局面，教师必须对讲授法加以改变、革新，以适应新时代、新环境的要求。主要可以通过四方面的举措，使讲授法重新焕发新的光彩。教师可以在提高讲授艺术性、使内容直观化、增加讲授的感情色彩和开讲之前提供先行组织者的基础上，通过控制讲授时间、结合问题讲授、预留理解时间、多元方法运用等方式推进讲授法变革[②]。

（2）第二种理念转变是发生在互联网时期的"中心化"与"去中心化"。不管是"以教师为中心"还是"以学生为中心"，都旨在明确教学的中心点，以便围绕中心开展方法设计、推进教学实践。随着互联网的兴起，"去中心化"成为一个新的趋势，对传统教学方法形成显著的影响。"去中心化"是网络时代的产物，强调均等发言权，指教学中应该去除学生中心、教师中心的思想，或者树立教师、学生多中心的思想，不应该将中心集中于任何一方，而应该随着教学、学习的需要将中心适当平行转移。比较有代表性的教学方法是对分课堂法。对分课堂由复旦大学张学新老师于2014年提出，他结合传统文化，融汇心理学四大学习理论和教育学三大教学理论，发展出对分课堂新型教学模式。形式

[①] 弗赖登塔尔.数学教育再探：在中国的讲学[M].刘毅竹,杨刚等译.上海：上海教育出版社，1999：96-97.
[②] 陈振华.讲授法的危机与出路[J].中国教育学刊,2011(6)：43-51.

上，对分课堂把大约一半课堂时间分配给教师讲授，另一半留给学生讨论，师生对半分割课堂时间。实质上，其关键创新是突出了讲授和讨论之间对学习至关重要的内化过程，强调了教师、学生以及学习之间的平行转移。对分课堂的主要操作过程由三步组成：第一步是讲授。对分的讲授原则主要是精讲和留白，精讲是告诉学生学什么、为何学和如何学，将学习框架、重点、难点——可以比喻为骨架、脉络与关节——讲清楚，目标是促进学生随后的学习。留白是留给学生自我学习和钻研的空间。讲授要注意时间控制、要点把握和作业布置。第二步是内化吸收。内化吸收是指课后（或当堂）给予学生一定时间阅读教材、完成作业，根据个人的兴趣、能力、需求，以最适宜自己的方式方法，深入理解，进行个性化的内化、吸收。内化吸收可以是当堂，当堂吸收适用于比较简单的、容易吸收的知识；课后吸收则是针对教师布置的作业进行深入学习，提高理解的层次和内化的水平。第三步是讨论。讨论分五个环节，分别是小组讨论、组间讨论、教师抽查、自由提问、教师总结，次序重要，不能变动。两种教学方法的革新折射出的是教学理念的发展与革新，正是因为教学理念发生革命性的变化，才有可能促发教学方法也发生巨大变化，取得新的进展。

（二）新技术支撑新方法

访谈中有教师指出，随着新技术的发展和应用，一系列新教育方法应运而生。现代教育技术是教育发展和改革的制高点[①]，已经成为推动教学改革的重要动力。现代教育技术是发展着的，是以新技术应用为基础的，并在新技术基础上推动教学改革创新、教学方法创新。比较有代表性的有传统电化教学法、现代远程教学法、微课、慕课等。传统电化教学法是以视听为主要路径的教学法，以投影、录音和电视技术运用为主要特征，通过硬件、软件和潜件的综合运用，构建成为传统电化教学法。随着时代的发展，电化教育的理念、内涵不断发展，逐渐发展为现代教育技术、信息化教育等多种形式，可以从名称的发展折射出教育方法的革新。近年来教育方法革新的显著特征就是信息技术与教学方法的融合，促发多种信息化教育的创新与发展：

（1）现代远程教学法。现代远程教学法是将课程通过发达的信息网络技术传播到各个学习终端的教学法。现代远程教学法具有时空上的灵活性、受

---

① 南国农.从视听教育到信息化教育——我国电化教育25年[J].中国电化教育，2003(10)：23.

教育权的平等性、内容传播上的无限性等特点,可以方便学生在学习终端上随时、随地、随机学习。

(2) 慕课教学法。"慕课"是一种大规模开放式的在线课程(Massive Open Online Courses,简称 MOOCs)[①]。其显著特征是大规模、开放式和在线,也就是说慕课的课程门类数非常之巨,学生可以在慕课平台上选择多种课程进行学习,自主、自发,兴趣可以占据主导地位。开放式说明慕课是一个开放的学习平台,只要通过一定的端口,就可以享受平台内所有的教育资源。在线是指所有的课程都是通过网络传播的,学习者是通过网络来学习的。慕课是信息化的产物,是信息技术发展到一定程度与教育教学交叉所形成的新型教学法。慕课教学法从早期的在线课程逐渐增设了在线互动、在线考核等多种形式的教学方式,这种升级使得慕课的使用范围越来越广。

(3) 翻转课堂法。"翻转课堂"(Flipped Classroom 或 Inverted Classroom)是指学生在家里观看教师事先录制好的或是从网上下载的讲课视频、再回到课堂师生面对面交流和完成作业的一种教学形态。翻转课堂是慕课与传统教学法的集成创新,将慕课的在线学习方法与传统教学的讲授法等结合在一起,从而实现学生根据视频课程学习、预习,再回到课堂交流学习的过程。翻转课堂要求学生在课外通过视频自学、思考,视频是老师事先录制好的课程教学内容,学生依靠视频指导和自学思考实现初步学习,之后回到课堂与师生交流互动,发现问题和不足,并在教师的指导下完成作业,实现整个学习过程。翻转课堂的优点在于提高了学生的参与度,激发了学生的思考,学生更有成就感和获得感。

从单向传授的传统电化教学法,到适当互动的慕课教学法,再到线上线下交互的翻转课堂教学法,可以看出,新技术引领下的教学法改革创新呈现出一种回归的趋势,即由原来的纯粹的追求线上教学模式,逐渐改变为一种线上线下交互的教学模式。究其原因,主要是因为纯粹的线上模式存在一些弊端,比如互动性差、检验性差、体验性差等问题,学生单位时间内的学习效率、质量较低。不过,将新技术运用于教学,甚至催生出新方法,是当前课堂教学方法发展、革新的重要路径之一。不少老师认为这种创新方式有利于提高思政课教学效率,缓解思政课教师职业倦怠,提高学生参与积极性和学习投入度,所需

---

① 王秋月."慕课""微课"与"翻转课堂"的实质及其应用[J].上海教育科研,2014(8):15.

要注意的是,如何将新技术运用于实践,这既有成本限制的因素,又有培训的因素,需要假以时日、假以培训、假以投入。

(三) 国际化提供新方法

教育国际化是当代高等教育的重要方向,也是全球化的重要内容和形式。教育国际化不仅体现在人才培养、文化交流、知识传输、科研合作等领域,还体现在教学方法的互通方面。古有苏格拉底"产婆术",今有探究式教学法、案例教学法。这些方法都是从国外引进而来,在国内教育实践中广泛运用,获得师生的普遍好评。

(1) 苏格拉底"产婆术"教学法。苏格拉底"产婆术"教学法的基本规则是使自以为知者知其不知,使自以为不知者知其所知,它的运用从教育者不自以为知出发①。通过不断的诘问,引发学习者主动思考,并最终在这种反复问辩的过程中实现学习目标。中国古代也有与苏格拉底"产婆术"相近的教学法,那就是孔子的启发教学法,"启发"艺术的规则是以自以为行者知其不行,再使自以为不行者知其行,它的运用从受教育者不自以为行出发②。两种教学方法的共同之处在于对"知"的探索、对"人"的关注,以及对学习者思考的重视。苏格拉底"产婆术"发展至今,已经成为比较成熟的谈话式教学法,为教师广泛使用。其优点是有助于增强学生的主体意识,有助于阐释课程教学的主体内容,有助于激发学生的思维互动③。其不足在于对教师、学生的水平要求都很高,教学范围不能大,小班额教学效果更佳。

(2) 探究式教学法。所谓探究式课堂教学,就是以探究为主的教学。具体说它是指教学过程是在教师的启发诱导下,以学生独立自主学习和合作讨论为前提,以现行教材为基本探究内容,以学生周围世界和生活实际为参照对象,为学生提供充分自由表达、质疑、探究、讨论问题的机会,让学生通过个人、小组、集体等多种解难释疑尝试活动,将自己所学知识应用于解决实际问题的一种教学

---

① 陈桂生.孔子"启发"艺术与苏格拉底"产婆术"比较[J].华东师范大学学报(教育科学版),2001(3):7.
② 陈桂生.孔子"启发"艺术与苏格拉底"产婆术"比较[J].华东师范大学学报(教育科学版),2001(3):7.
③ 陈瑞丰,黄莺,韩秀婷,本志红.对分课堂之高校思想政治理论课[M].北京:科学出版社,2017:14-15.

形式①。探究式教学就是将科学作为探究过程来讲授,让学生像科学家进行科学探究一样在探究过程中发现科学概念、科学规律,培养学生的探究能力和科学精神②。探究式教学是以探究活动为参考的,学生探究活动与科学探究活动的基本路径和要求是相通的,通过探究活动可以引导学生更好更快地理解和掌握科学探究的技能和方法,能够更好地培养和激发学生的研究思维,从而深化学生对知识的深度理解和融通③。总结已有的探究教学实践(Su Gang,1995;Harrison,A. G., Grayson, D, J., & Tres-gust, D. F., 1999, ect),可以得出探究教学主要有以下两种基本的模型,分别如图6-3、图6-4所示之模型A、模型B。

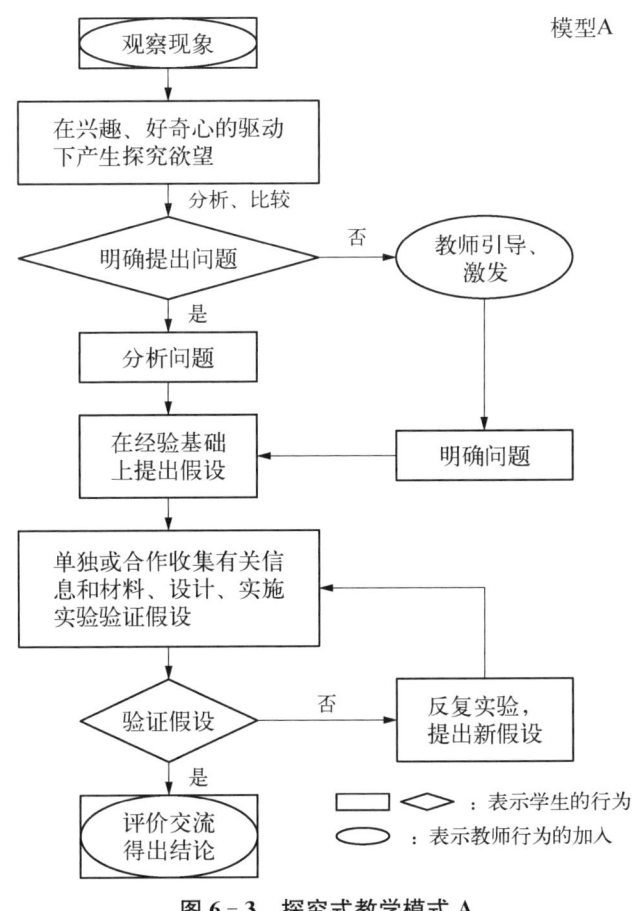

图6-3 探究式教学模式A

---

① 张崇善.探究式:课堂教学改革之理想选择[J].教育理论与实践,2001(21):39.
② 郑渊方,廖伯琴,王姗.探究式教学的模型建构探讨[J].学科教育,2001(5):2.
③ 郑渊方,廖伯琴,王姗.探究式教学的模型建构探讨[J].学科教育,2001(5):3-4.

```
                                          模型B
        ┌─────────────────┐
        │ 教师设置问题情境或教  │
        │ 师引发、探察学生的前  │
        │ 概念,让学生从中发现  │
        │ 问题和存在的疑惑   │
        └────────┬────────┘
                 │ 分析使问题归类
        ┌────────▼────────┐
        │ 组织学生针对问题交  │
        │ 流讨论,学生记录各  │
        │ 自的问题及假设    │
        └────────┬────────┘
                 │
        ┌────────▼────────┐
        │ 收集有关信息和     │
        │ 材料、设计、实     │◄──────┐
        │ 施实验验证假设     │       │
        └────────┬────────┘       │
                 │                 │
        ┌────────▼────────┐       │
        │  引入概念、       │       │
        │  评价实验        │       │
        └────────┬────────┘       │
                 │                 │
             ╱───▼───╲    否   ┌──────────┐
            ╱ 验证假设 ╲───────►│ 反复实验, │
            ╲         ╱        │ 提出新假设│
             ╲───┬───╱         └──────────┘
                 │是
            ┌────▼────┐
            │ 得出结论 │    □ ◇ :表示学生的行为
            └─────────┘    ○ :表示教师行为的加入
```

图 6-4　探究式教学模式 B

模型 A 强调从现象到问题,模型 B 侧重从启发到问题,然后都在学生的发现与思考中,提出问题、分析问题、提出假设、验证假设,最终得出结论。探究式教学相较于传统教学,它能够极大地解放学生、调动学生、鼓励学生,也能够破除教师自我中心感,使其能够在探究中与学生一起互动发展。张崇善认为探究式教学应该遵循学生的认知规律,以素质教育思想为指导,学生主动参与为前提,自主学习为途径,合作讨论为形式,培养创新精神和实践能力为重点,构建教师导、学生学的教学程序[①]。

(3)案例式教学法。案例教学法起初是英美法系国家法学院的主要教学法,1870 年前后,哈佛法学院克里斯托弗·哥伦布·郎得尔开始在法学教育中

---

① 张崇善.探究式:课堂教学改革之理想选择[J].教育理论与实践,2001(21):41.

使用。案例教学法是教师根据课程教学的内容和目标,引导学生积极参与课前精心设计的案例的分析、讨论和交流的教学互动过程。操作模式是:教学内容提炼、案例选编、论题设计、案例呈现、课堂讨论、点评总结,以及案例分析报告的撰写与教学反思等,各个教学环节逐次递进、环环相扣[①]。案例教学法的核心内容是案例,主要对象是学生,教育要求要连贯,教学过程要引导。因为案例具有生动性、实效性和代表性,运用案例开展教学可以让学生融入其中,换一种视角来思考问题,使得学习更有趣味性、参与感,不仅可以培养学生的创造性、主动性,还可以增强教学的实效性和现实性。不过案例教学法的实施要求非常高,需要注意以下几点:

一要精编案例。案例选择很关键,既要与课程相关度高,又要易于学生分析掌握,这就要求教学尽量选择学科领域相关的、比较有代表性的、有一定现实意义的、学生容易接触到或者熟悉的经典案例。此外还要精编案例,要将案例中的核心要素、教学观点、重要内涵都能够清晰地传达出来,引导学生分析掌握,实现教学目的。

二要组织严谨。课前准备要充分,要在选编案例基础上做好教学准备,包括内容准备、教具准备以及材料准备;课堂讨论、辩论也要指导适当,建立分析逻辑;最后结论要科学合理,有学习意义。

三要分析透彻。案例分析必须要透彻准确,教师要在开始阶段将案例信息准确无误的阐述出来,并提出一定的问题,让学生沿着案例问题讨论、思考。同时教师还要营造一个宽松的、头脑风暴式的讨论环境,鼓励学生沿着主题畅所欲言、互相交流、认真分析,引导他们由"学会"到"会学"再到"应用",真正达到"教是为了不教"的目的[②]。

四要深入对话总结。对话就是要讨论,师生讨论、生生讨论、组内讨论、组间讨论,自主讨论、引导讨论,各种讨论相结合,逐步形成一致的意见或者结论,通过多轮、多方、多次辩证讨论之后形成的结论,会给学生以启迪。因为结论是学生讨论出来的,观点是学生自主形成的,学生的自我认可感会增强,同时在对话交流和探讨中查找自身理解问题、分析问题的不足,学习不同视角、

[①] 杨慧民.高校思想政治理论课案例教学操作模式探析——以"一切从实际出发"教学内容为课例[J].思想理论教育导刊,2010(11):63-67.
[②] 聂起元,张建.思想政治理论课案例式教学模式研究[J].安徽理工大学学报(社会科学版),2007(3):87.

不同方法看待问题，学生的获得感也会增强。

苏格拉底"产婆术"、探究式教学法、案例式教学法等均是由国外提出、引进国内并运用于思政课教学的。苏格拉底"产婆术"尤其强调诘问引领，促发学生主动思考，不断深挖问题本质以自己思深想透。这种教学法的魅力在于积极关注学生、呼应学生需求、以学生为中心，不足在于，由于思政课教学班额普遍过大，导致其在教学中的适用性不强。探究式教学法与苏格拉底"产婆术"有共同特点，即关注学生，不同在于探究式教学强调教师引导、学生分组探究，这在一定程度上回避了大班额教学障碍问题，相对而言，其在思政课教学中的适用性更强。案例式教学法比前两者有更强的适用性，因为它不受大班额等问题的影响，主要依靠讲授、分析，引发思考，效果一样显著。随着国际化的发展，还会有更多教学法被引入国内，引入思政课教学，只要教师们适度加以改造、中国化、思政化，一定会使其更加适用于思政课教学，更加有助于推动思政课教学质量提升。

（四）新主体要求新方法

访谈中有老师认为，随着教育主体多元化，不同的主体会对教学方法有不同的诉求，需要予以应对。这是教学方法创新的倒逼机制。

（1）新主体。新主体是多元的，教学双主体，一是教师，二是学生，教师、学生都随着时代的更迭不断变化更新。同时还有更多与教学有关的主体，如国家和区域教育主管部门、高校、社会、家庭等也是与教学有关的主体。这些人群既是教学主体的一分子，又是教学的重要利益相关者。不管是占据主要地位的教学双主体，还是对教学影响较大的相关主体，都对教学方法有着非常高的期待，要求不断发展创新教学方法，以提高教学质量，其中尤以学生、主管部门和社会为最。

第一是学生。学生是学习主体、需求方，是变化着的未来。随着时代的发展，"00后"开始进入大学校园。"00后"后大学生是"网络原住民"，对传统范式的学习积极性不高，对网络学习的热情和期待都非常高，因此要依据这种学习方式选择取向的变化，转变教学方法，适当增加网络和新媒体教学，以便增强课堂黏性，吸引学生持续学习。第二是主管部门。近年来，教育部持续要求提高高等教育质量，提倡打造"金课"，这就要求思政课教师加强教学探索，创新教学方法，让"金课"闪放金光。第三是社会。社会是人才的需求方、使用方、检验场,要求高校培养出合格人才为社会所用。这就要求高校教师夯实教育质量,活用教学方法,让学生在校学习期间能够学到本领、学会研究、学通技能。

(2) 新方法。不同主体对思政课教学方法创新都会有强烈的诉求,思政课教师必须不断创新教育教学方法才有可能赢得学生、主管部门和社会等主体的普遍认可,针对主体需求而创新出来的教学方法也有多种,其中包括抛锚式教学法、体验式教学法、项目教学法等典型方法。

抛锚式教学法是指通过现实生活中存在的宏观背景,或利用交互式计算机、影碟光盘和互联网技术创设、虚拟逼真的学习情境,并从学习情境中引出能够引起学生兴趣的问题、故事、情节或情景,即"锚点"问题,围绕"锚点"组织学习和教学活动的一种教学方式。[①] 抛锚式教学法对情境创设要求很高,既要求景物、场景和环境的真实性或者高仿真性,又要求人物、情节,以及由场景、景物所唤起的人的情绪和内心境界。因此,抛锚式教学法又常被称为情境教学法。抛锚式教学法以建构主义理论为基础,强调引导学生完成知识学习的意义建构,要求教育者通过创设真实的问题环境、情感环境让学生去感受、认知和学习,以达到教学的目的。抛锚式教学法的教学过程大概可以分为四步,第一步是创设情境。情境要尽可能真实,且要以思想境界为前提,以知识为基础,以教师的业务素质和技能为条件,以教学设施为硬件基础,以了解学生为先决条件。创造情境可以通过语言、试验和参观、设问等不同方式进行[②]。第二步是确定问题。问题是抛锚式教学法的核心,是引导和启发学生思考的关键,也是"锚"之所在。问题的确定应该与课程内容、知识点和目标密切结合,问题的解决过程就是知识的学习和反思过程。第三步是自主与协作学习。抛锚式教学法营造了比较真实的学习情境,学生的求知欲和主动性将被大大激发,学生自主学习、协作学习的意愿和能力也将进一步提高,对于学习的意义也将进一步明确。第四步是效果评价。抛锚式教学法引导学生通过认知建构来深化认知学习,强化知识理解和融会贯通,学生学习效果会更有深度。

体验式教学法是指教师利用各种手段和方法、精心创设一种适宜的情境和情感氛围,通过置身于特定情境的实战演练,让学生亲自参加实践活动、在

[①] 沈蕾,木拉提·巴海,刘畅.抛锚式分层教学法在"概论"课教学中的应用[J].新疆职业教育研究,2014(3):46.
[②] 栾香武.浅论"情境教学法"[J].教育探索,1995(5):34—37.

活动中以自主独特的方式感受、认知、思考、体验和感悟,从而获取新知识、新技能,同时激发学习者的生命活力和内在价值感的一种教学方式①。体验式教学法的理论基础是杜威的经验学习理论,该理论认为学习来自经验,要在做中学才能获得比较好的学习成效。该方法与"知行合一致良知"的传统心学领域的教学方法有异曲同工之妙。体验式教学法突出实践的重要性,重视学生的主体地位,要求以学生体验为中心,推动"实践—认识—再实践—再认识"的哲学思维,要求过程循序渐进、学生独立思考、教学民主参与。在具体教学中要注意把握时机、发掘素材、注重体验等三个方面②。首先要把握时机。把握时机的关键是要适时适度,辅以适当的活动,流程化的预设可以处理得更柔和,衔接得更合理。随机性的处置可以结合学生发言以及相关的表现给予适当的引导,这样就更贴实际、更有针对性。其次要发掘素材。要充分运用视频、图片、语音等各种媒体情境拉近距离,在通过阅读、对话、表演、辩论等多种活动增强体验、感悟和思索。最后要注重体验。体验来自学习、生活和实践的方方面面,生活化的实践是最好的思政课实践教学内容,既真实又贴近现实,学生学习获得感很好。

  项目教学法主要是以学生自主探索为基础,采用科学研究及实践手段,充分发挥学生的主体性和创新精神,促进学生主动接受知识的一种教学方法③。以"项目教学法"为关键词在中国知网中检索发现,该教学法的运用和研究成果大部分落在了职业教育领域,普通本科教学中应用较少。究其原因可能是因为项目教学法是以为社会培养实用性人才为直接目的的一种人才培养方法。随着社会的发展,越来越多的地方院校、普通本科高校在向应用型本科转型,人才培养定位开始转向、甚至与职业教育交融,而职业教育也开始探索培养本科生甚至研究生。因此,项目教学法的适用范围不应被局限于高职院校,普通本科甚至是双一流高校的部分学科、专业、课程都可以适当运用项目教学法开展教学实践。项目教学是教与练的过程,包括项目选择与设计、项目展开与讨论、项目总结与提升等程序。项目选择与设计要与学生实际认知能力和实践水平相称,要与课程内容相关、贴近生活实际,要具有实践性、启发性、典

---

① 张素玲.体验式教学及其在我国干部教育培训中的应用[J].中国成人教育,2010(21):93-95.
② 阮晓莺.体验式教学法在"思想道德修养与法律基础"课教学中的探究与运用[J].思想理论教育导刊,2009(1):70-74.
③ 马清梅.项目教学法在市场营销教学中的应用研究[J].教育理论与实践,2009(1):61-63.

型性、目的性[①]，以实现教学目标。项目展开与讨论要紧扣教学主题，以项目问题为中心，分析、讨论项目的相关要素，要注重练习和互动学习的过程把握，教师要激励学生投入实践、参与讨论。项目总结与提升是对学生项目学习与实践的总结、评价与反馈，既是学生的学习总结，也是教师的教学总结，通过总结性评价给予学生更多针对性的指导和分析，帮助他们重温项目过程、分析项目得失、把握项目关键。

新主体新在人，新在人的思想、价值观和需求。如前文所述，思政课教学领域的新主体，主要是学生、政府和社会等三个方面，其中又以学生最为核心。坚持学生中心，就要积极关注和呼应学生主体的思想、价值观和需求，在教学方法的创设和使用上，以主体需求为重要导向。在实践中，抛锚式教学法、体验式教学法、项目教学法等方法被提出并广泛运用。虽然上述三类教学法各有限制和不足之处，但其可取之处更多，尤其是强调学生主体、学生中心、学生感受、学生需求，并能够通过一定的设定将有关内容传授给学生。抛锚式教学法的"锚"、体验式教学法的"实践体验"、项目教学法的"过程"从不同侧面展现了教学法的魅力。具体到思政课教学领域中，上述三种教学方法均有其价值和意义，"锚"能够帮助教师和学生锁定关键信息，为学习目标设立和达成奠定基础。"实践体验"可以让学生更好融入学习，更加切身地感受思政课教学内容的本身。"过程"可以让学生更加系统地参与学习，了解项目学习的全过程，以增强对相关学习内容的整体认知。因此，随着"00后"大学生逐渐成为思政课教学的主要对象，加强针对"00后"思想、价值观和需求去设计思政课教学方法愈发显得重要，因新主体创设新教学方法，既必要又急需。

三、当前创新思政课教学方法的新路径

（一）协同式创新

有受访老师认为，协同育人是一种趋势，也是一种选择。协同创新是以知识增值为核心，企业、政府、知识生产机构（大学、研究机构）、中介机构和用户等为了实现重大科技创新而开展的大跨度整合的创新组织模式[②]。协同创新

---

① 贺平.项目教学法的实践探索[J].中国职业技术教育，2006(8)：43.
② 陈劲，阳银娟.协同创新的理论基础与内涵[J].科学学研究，2012(2)：161.

已经成为当前国家科研、教学创新活动中非常重要的范式。福建师范大学"大格局思想政治理论课协同创新的探索与实践"项目获得2018年福建省教学成果特等奖,就是思政课协同创新探索的典范。可见,思政课的协同创新平台逐渐走上舞台,其特点也非常显著:第一是主体协同。从教师、学生双主体,到政府主管部门、高校、企业等相关主体,协同一致推进思政课教学方法创新和资源整合,形成学习新气象。第二是利益协同。从各利益相关者视角出发,夯实思政课育人的共识基础,尽可能多的推动目标一致化、长期化、常态化。第三是环境协同,要协同校内联动、校内外联动两个方面,实现思政课教学的内环境、外环境协同一致,为思政课教学法的创新营造更好的环境。

(二) 融合式创新

有受访老师认为,融合创新是思政课教学方法创新的重要路径之一。融合创新是一种通过采用模块化集成策略,按照创新路线图,将政府、企业、科研院校、社会组织等不同主体聚集,将技术创新与社会创新(包括组织结构、社会进程、金融管理、制度机制方面的创新)相结合,利用跨学科跨部门方法,寻求应对创新活动中复杂性挑战解决方案的创新①。相对于协同创新、传统创新,融合创新更加强调跨学科、跨部门,技术集成、组织集聚,强调模块化的集成创新路线,着力点在目标融合、主体融合、学科融合②。思政课教学方法创新实践中,运用融合式创新,可以更多地从技术集成和组织集聚的视角来探索。例如当前上海高校中普遍开展的课程思政教学改革就是跨学科、跨部门的成功实践,课程思政将专业课程、通识课程中的思政资源挖掘出来,开展针对性的思政教育,与思政课教学形成同向同行,效果显著。慕课、微课可以视为已有的技术集成和组织集聚的创新实践。未来还可以运用大数据、人工智能等新技术探索思政课教学方法创新的新实践。

(三) 原始创新

原始性创新是指通过科学实验和理论研究探索事物的现象、结构、运动及

---

① 章文光,Ji Lu,Laurette Dubé.融合创新及其对中国创新驱动发展的意义[J].管理世界,2016(6):3.
② 章文光,Ji Lu,Laurette Dubé.融合创新及其对中国创新驱动发展的意义[J].管理世界,2016(6):2-3.

其相互作用规律,或者运用科学理论解决经济社会发展中关键的科学技术问题的过程①。与协同创新和融合创新不同,原始创新强调原创,不是集成型创新,要求创新主体提出原创理论、路径和方法,得出原创成果。所以相对而言,原始创新难度最大,影响也最大。自然科学、社会科学都可以进行原始创新。社会科学领域的原始创新强调逻辑、理论和实效。陈雅兰等通过调查研究总结出原始创新的影响因素,认为内在和外在两方面因素会影响原始创新。内在因素有原始积累、核心人物、团队协作、原创技巧、科研兴趣,外在因素包括创新氛围、激励机制(包括经费支持、合理的立项审查和成果评价体系、待遇等政策体系及相应制度)等②。他们提出了原始创新的演化机理模型(图6-5),认为原始积累和项目选择是诱发因子,核心人物、创新文化、激励机制、原创技巧、科研兴趣、团队协作是创新研究的强动力,原创研究成果需要保护以及做好评价。

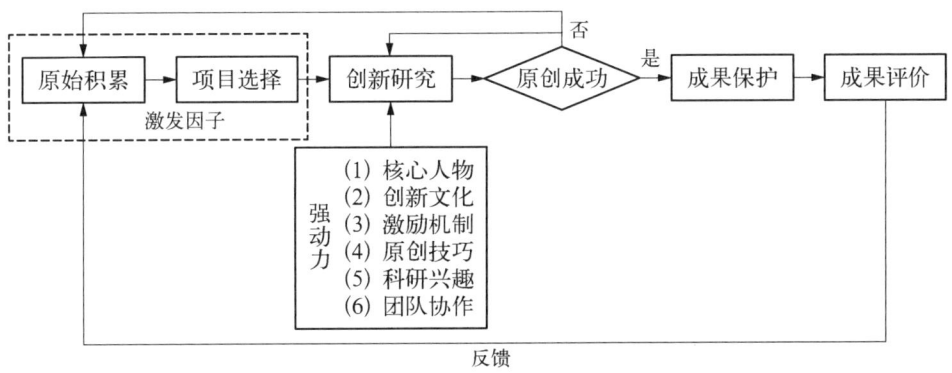

图6-5 原始创新的演化机理模型

具体到思政课教学法的原始创新领域而言,首先要注重对现有教学方法的研究分析,萃取和积淀优秀教学方法的特质与共性,然后选择切入视角和内容匹配,然后在学科领军人才、教学杰出人才的带领下,开展创新研究。如能实现原创突破,则应该及时提出成果保护与评价。思政课教学法的原始创新应该更多扎根于中国传统文化,将其与思政课内容、价值结合在一起,萃取、形

---

① 陈雅兰,韩龙士,王金祥,曾宪楼.原始性创新的影响因素及演化机理探究[J].科学学研究,2003(8):433.
② 陈雅兰,韩龙士,王金祥,曾宪楼.原始性创新的影响因素及演化机理探究[J].科学学研究,2003(8):434.

成新的教学方法。

综合前文所述,与质性访谈中诸多老师的切身感受相应,思政课教学方法之于提升思政课教学质量无比重要,从实证评价的数据来看,教学方法之于学生的质量判断也非常重要。过去一段时间,曾出现过于强调创新而忽视传统教学方法有效性的思想。实际上,这种思想不准确。一些受访老师提出,传统教学方法在一些教学环节中,作用依旧突出,做好守正和创新兼顾,灵活运用教学方法,才是提高方法与内容、方法与学生及其需求匹配的关键,也是通过教学方法推动思政课教学质量提升的关键。

第四节 成效与评价:遵照学习投入鼎新教学评价

学习成效是学习行为的综合学习结果与实现这一学习结果所付出的综合学习成本之比,即单位学习成本的综合学习结果[①]。学习成效是学习投入的成果体现,也是学习评价的客观反映。学习成效与高等教育质量关系密切,有学者认为高等教育质量与学生发展质量密切相关,认为"学生质量是高校质量的根本体现,大学生应该成为质量的主体"[②]。因此,判断思政课教学质量高低的重要依据应该是学生学习成效,学习成效高低的关键则是学习投入。在传统的思政课教学中所呈现的教师中心化、学生边缘化,教材中心化、实践边缘化、课堂中心化、现场边缘化等几个方面的问题可能是造成学生投入度低的原因之一,即学生在教学中没有被需要、被尊重的感受,是被边缘化的。学生需求没有被满足也是造成其学习投入低的重要原因。评价是检验学生学习成效的主要方式,随着评价工具的发展,评价越来越强调客观、公正,但正如前文所述,评价容易陷入工具理性的怪圈,反而造成忽视学生的主体情感、内在需求和价值认可,评价一旦不能获得学生认可,则评价的内在价值、精神价值和多元价值将大大降低。

在实证研究中,学生成效与评价位于五大因素第四位,足见学生对于该项

---

① 姜艳玲,徐彤.学习成效金字塔理论在翻转课堂中的应用与实践[J].中国电化教育,2014(7):133.
② 周作宇,周廷勇.大学生就读经验:评价高等教育质量的一个新视角[J].大学·研究与评价,2007(1):27-32.

内容并不满意。其原因可能如前文所析,在教学评价领域中,学生的主体性没有体现,被边缘化、被忽视、缺少价值认同。学生学习投入与支持位于五大因素第五位,同样体现学生对该项内容并不满意,与学生学习成效与评价结论基本一致。因此,引导学生正式评价、认可评价、参与评价不仅对判断学生学习成效有用,对提升学生学习成效和学习投入都会起到促进作用。因此发挥评价引导和激励的作用,推动和提升学习投入和成效,是提高思政课教学质量的有效路径。

一、研究学习投入的影响因素

大学生学习性投入作为一个多维度的概念,既包括学生为主导的学习投入,即个人努力质量和人际互动,也包括院校为主导的学习投入,即课程要求和校园环境支持[1]。前期不少研究表明,学生学习性投入对学生成长具有正向的中介作用,这种作用在不同类型院校中存在着差异[2]。可见研究和提高学习投入的重要性。学习投入受到哪些因素影响? 一般认为,学习投入受到学校教育因素、学生主观因素以及学习背景因素等方面的影响。显然,这不足以支撑学习投入研究做出结论判断,必须深刻研究相关影响因素,甄别主次、确定内涵,才能为思政课教学改革提供更加有针对性的支持。有研究认为,学习投入的影响因素可以分为两类:

(1) 个体变量,包括人口统计学变量(如个体的性别、种族、家庭收入等)和个体特征变量(如倦怠、专业承诺等)。

(2) 环境变量,包括家庭和学校等变量[3]。

在本研究设计中,将人口统计学因素作为重要的教学质量评价参考要素,也是基于上述相关研究的判断。所不同的是,综合前人研究成果和本研究假设、验证,本研究将有关因素进行类聚,认为人口统计学因素、心理因素和外部教学因素是影响学生学习投入的主要因素。高校思政课教师要根据这些因素,对教学进行调整,对学生学习行为进行教育牵引,提高学生学习投入度。课程评价是做好牵引、确立价值导向的关键,为提升学习投入必须倒逼思政课

---

[1] 王纾.研究型大学学生学习性投入对学习收获的影响机制研究[J].清华大学教育研究,2011(8):31.
[2] 朱红.高校学生参与度及其成长的影响机制——十年首都大学生发展数据分析[J].清华大学教育研究,2010(6):35-43,63.
[3] 倪士光,伍新春.学习投入:概念、测量与相关变量[J].心理研究,2011,4(1):81-87.

教学评价改革。

(一) 人口统计学因素

根据有关研究结论,人口统计学因素与学生学习投入和学习质量相关度极高。人口统计学因素与学生成长背景、心理行为、认知基础、价值观念密切相关,具体包括性别因素、年级因素、专业背景等,这些因素与认知基础、认知背景极为相关,对学生学习投入影响显著:

(1) 性别因素。因为男女在学习行为、思维习惯和知识转化方面存在着显著差异,男性多好动、女性偏文静,男性偏向于线性思维、女性偏向于感性思维,男性敏于计算、逻辑推演,女性擅长联想、归纳演绎。

(2) 年级因素。年级因素中包含年龄因素和认知基础因素两个部分,低年级的学生年龄偏低,认知水平和能力相对较低,对思政课中辩证性强、推理性强的知识理解能力偏弱,而高年级的学生随着年龄的成长,心智愈发成熟,厚实的知识基础为后期开展思政课学习提供了扎实的基础。当然也会存在部分学生学习态度不端正,年级越高,越不重视思政课,这是另一种因素,与人口统计学因素不同。

(3) 专业背景因素。学科专业对于学习思政课影响体现在三个方面,一是高中阶段的选科与高考,高考科目考政治的学生与未考政治的学生对思政课的理解、认知水平会有显著不同;二是高中阶段偏理科与偏文科的学生,对思政课学习也会有显著不同;三是大学阶段的学科专业方向与思政课学习也会有显著影响,部分学科专业之间的学生思政课学习投入也会存在显著差异。

显然,人口统计学因素还包括家庭经济条件、生源地、学校所在地等,这些因素都从不同角度影响学生学习投入乃至教学质量提升。第一是家庭经济条件因素。经济条件作为基础性条件之一,对学生学习影响显著,最为直接的是一个家庭经济收入制约对教育的投入,从而影响该家庭中子女的学习投入和学习质量。第二是生源地因素。生源地对于学生学习的影响非常具体,教学设施、学生眼界、周边环境都会因不同生源地发生变化,尤其在城市、乡镇和农村之间存在显著差异。第三是学校所在地因素。很多年来,高考填志愿时学校、专业和城市是学生和家长重点考虑的三个要素,可见以学校所在地城市为代表的区域因素对学生学习影响之大。学校所在地会给学生带来显著的文化影响、经济影响、政治影响等,并通过对其学习态度、学习积极性的影响对学生学习投入产生显著影响。

(二) 心理因素

在过去的研究成果中,有不少学者提出,学生的学习动机、学习习惯、第二课堂参与情况等对学生学习投入影响显著:

(1) 学习动机。大学生的学习动机分为内部动机和外部动机,内部动机以自我成就感为代表,外部动机以升学和就业压力为代表。大学生的内、外部动机不存在显著的相关,也并非截然对立,是相互影响、相互作用的;大学生的内部动机与学习成绩之间存在极其显著的相关,外部动机与学习成绩存在负相关,即过于强烈的外部动机对学习成绩会产生消极作用[1]。

(2) 学习习惯。学习习惯既是学习的养成过程,也是学习的习惯性行为。良好的学习习惯对于学生学习的促进具有显著的正向影响。学习习惯具有生成性、固定化、自动化和情感依赖等几个特点[2],即习惯不是天生的,是学习过程中养成的,具有固定的惯性特征,有一定的自动化特征和典型行为反射系统,有情感依赖性。

(3) 第二课堂参与行为。第二课堂是第一课堂的重要补充,是学生学习投入与支持的重要影响因素。孙睿君等人通过研究认为,第二课堂活动参与对学生的学习成绩的影响不显著,但对其知识技能收获具有显著的积极作用[3]。即虽然第二课堂参与情况对实际学业成绩影响不显著,但对学生以后的人生成长可能有更深远的影响,这说明思政课教师不能完全按照学习成绩来衡量学生学习成效与评价,还要关注课堂和实践教学对学生未来发展产生的影响。

(三) 外部教学因素

外部教学因素主要指教师教学内容与方法、教学互动与组织和学习成效

---

[1] 刘孝群,耿德英.大学生学习动机与学习成绩的相关研究[J].西昌学院学报(社会科学版),2005(2): 75-77.
[2] 申仁洪.学习习惯:概念,构成与生成[J].重庆师范大学学报(哲学社会科学版),2007(2): 113-118.
[3] 孙睿君,沈若萌,管浏斯.大学生学习成效的影响因素研究[J].国家教育行政学院学报,2012(9): 70.

与评价等多个教学方面的因素,还包括校风、学风乃至社会风气等。根据前期调研可以得出结论,教学内容与方法、教学互动与组织和学习成效与评价都是影响思政课教学质量的关键因素。

(1)教学内容与方法。在教材内容基本设定的基础上,教学方法尤为重要。教学方法对课堂教学、实践教学效果影响显著,好的教学方法会活跃课堂气氛、激发学生学习兴趣、培养学生学习探索精神,激发学生学习投入积极性,进而提高思政课教学质量。

(2)教学组织。当前思政课教学组织的核心问题是大班额,动辄100—150人的教学班额与专业课、基础课30—50人教学班额形成鲜明对比。如此高的生师比使得教学组织形态过分单一、难以变化,组织灵活度降低,学生感受度低、学习成效随之降低。

(3)师生互动。师生互动是以教师水平和学生态度为基础的,需要教师以极强的责任心、良好的教学方法、高尚的人格魅力来吸引学生、激励学生,使学生以积极的学习态度投入到思政课的学习中去。师生互动应该是由教师主导、学生积极参与的,如果教师主导不当或者学生主导性太强,则容易使课堂失去秩序,反而不利于教学。在教学实施过程中,还要注意整个教学系统的协调、有序推进,整体性教学对学生学习投入影响明显。四是学习成效与评价。教育界普遍认为,教学中正向激励和引领比强迫压制灌输的效果要好。适度运用评价激励手段,激发学生学习兴趣、提升学习动力,会产生良性循环,不断引领学生加强学习投入、提升学习质量。

人口统计学因素、心理因素和外部教学因素是影响学生学习投入的重要方面。在教学实践中,鉴于学生学习投入与学校教学支持、与学习成效与评价均有一定的积极关系,思政课教师应该更多关注上述三方面因素对学生学习投入积极性的影响,通过各种方式刺激学生增强学生学习投入度。

二、实施课程评价引领思政课教学科学分段

教学实施是一个系统性工程,是将教材体系转化为教学体系的重要路径。教学实施是影响学生学习成效的重要因素,分为教学前段、教学中段,教学后段。教学前段主要指教学设计、开发和教案制订等教学开展前的阶段;教学中段是指课程教学的过程,每节课都还包括课前、课中、课后三个部分;教学后段是考核、评估、反馈和调试阶段。整个教学实施前中后段缺一不可,缺少任何

一个环节,教学系统都不完整。教学实施的前段、后段是教师占据完全主导地位的部分,教学实施中段是学生能够主观感受、形成学习成效的核心环节。因此在教学实施中段对于学生体验来说更加重要,也是教学效果评价的重要依据。

(一) 推动课前准备的协同评估

课前准备是教师的本分,也是学生的义务。课前准备对于教师来说是备课,包括重新熟悉教材、撰写完善教案、更新教学内容、预判教学进展等各种教学的前期内容。教师备课充分会提高教学掌控力,增强学生的认可度,从而激发学生学习热情,提高学生学习成效评价。对于学生来说是对前期学习的温习、对即将学习内容的预习,主动寻找学习的难点和问题,以便于在课程教学中寻找解决答案。学生加强温习与预习势必会提高学习成效。可见,课前准备对于学生学习投入、学习成效评价均有一定的正向作用。

(1) 教师课前准备的评估。备课是教师教学的日常行为。课前,教师应该认真备课,这既是职业要求、也是教学需要。不过,教师备课作为教学的必须环节,并没有受到教学管理部门和质量评价部门的重视,该环节被认为是教师的个人业务基础性内容,是教学细节,应该是教师个人重视,教学主管部门和质量评价部门缺位。殊不知,备课质量直接影响教学质量。教师备课质量高,准备充分,教学质量就会显著提高,反之备课质量低则会直接导致教学质量低。这就要求教学主管部门加强对教师备课和其他课前准备的评价、评估。至少可以从以下三个方面开展教师课前准备评估:一是教案的完整度。教学主管部门可以定期抽查教师教案,要求教师将有关章节的教案提交审核,或者有督导随堂听课时检查教师教案撰写情况,作为课前教学准备的重要评估内容。二是要求教师给学生布置课前作业。布置课前作业,一方面可以推动学生课前预习落地,另一方面可以让教师主动思考后一阶段课程的主要内容、任务和重点。三是要求教师开展适当课前辅导。教师开展适当的课前辅导与布置课前作业异曲同工,一样可以促发学生主动预习,促使教师主动部署。

(2) 学生课前准备的评估。预习同复习一样,是学生学习的重要路径和方式,是学生课前准备的重要组成。对于学生而言,预习是自行熟悉陌生的知识的过程,是自主学习的重要方式,更是开展知识建构的重要方式。因此,于学生而言课前准备是重要的学习任务，不可忽视。不过，当前不少大学生对于思政课的学习态度消极，对思政课的重要性认可度低，这就导致不少大学生学习积极性不高、学习懈怠感增强。对于学生课前准备情况要准确评估，且这一任务的主要落实方应该是任课教师。可以通过以下方法落实：一是布置预习内容。要求学生在课前完成规定的预习内容。二是适当的学习检测。可以通过布置一定的课前预习作业，检查学生的预习情况，也可以通过课中的提问环节检查学生的课前预习情况。三是适当调整教学安排。预习是学生的重要学习任务和方式，检验预习情况是教师了解学习情况的重要手段，在此基础上对教学安排进行合理的、适当的微调也就成为必要的教学安排。

（二）完善课中教学的质量评价

课堂教学、实践教学都是课中的主要部分，是以单位时间计时开展的课堂教学活动。课堂教学是教学活动的主要环节，是学生开展学习活动、提高学习质量的主要路径。一般而言，高校普遍采用 90 分钟大课制的方式开展思政课教学，90 分钟内包括两小节课，每节 45 分钟，两小节间有短暂休息，时间约为 5 分钟。思政课教学均是由两小节、90 分钟构成，并不断推进的。高校应该抓住思政课的"90 分钟"做质量文章。

（1）教师提高提问质量。提问是一种非常好的促发学生自我思考、引导学生开启辩证思维的重要教学手段。古希腊苏格拉底"产婆术"、孔子引导式教育均是以提问为上。提问之所以重要，是因为提问可以提高学生投入度、关注度和注意力，可以加强学生学习的主动性、积极性和创造性，可以启发学生开启思辨、引导学生开展论辩。教师要提高提问的质量必须从以下几方面设计提问：一是紧扣教学内容。教学内容是教学设问的主要依据，如果教学设问与教学内容无关，则无法对学生学习产生真正促进作用，更无法推动教学内容落地。二是贴近学生生活。思政课的教学内容容易产生"高大上"的感觉，教师要通过一些"接地气"的设问，使教学成为教材内容与学生理解之间的桥梁。三是紧跟时事热点。针对时事热点进行设问，绝不是"蹭热点""随大流"，而是增强教学的针对性、及时呼应学生关切、提升学生学习投入度的关键举措。这既是思政课的课程精神要求，也是学生学习成长的需求。

（2）教师评估学生学习成效。学生学习成效分短期、中期和长期三个阶段，课中教学的学习成效评价是一种短期的评价方式。课中教学评价是对

90分钟的教学效果、学习效果的简单、直接、即时性的评价,这有利于教师及时掌握教学效果和学生学习情况。高校要开展教学评价就需要对90分钟的课堂进行重构,可以按照以下思路来进行:一是确定90分钟的教学结构。思政课是高校开展大学生思想政治教育活动的主阵地,每个90分钟都是重要的教学实施过程,应该认真设计。一个高效的90分钟教学体系至少应该包括前课回顾、本节教学和学生学习成效评估三个部分。二是确定90分钟的教学安排。三个部分的时间分布可视具体内容和实际教学情况来设定,一般而言,采用"5+80+5"的方式比较适宜当前的思政课课堂。三是确定90分钟的评价方式。教学评价是一种非常重要的、检测学生学习情况的评价活动。高校多采用以学期为单位评价思政课教学质量的方式推进教学评价,对于90分钟内的课程评价探索较少。高校可以借助新技术的发展和运用,探索新的便捷的课堂教学评价方式。

(3) 教师指导学生做好拓展性学习。拓展性学习是对日常学习的引申和拓展,是教师教育引导学生开展自我学习、指导学生学习方向的重要方式。当前大学生拓展性学习存在着专业课程学习的局限性、对拓展性学习认识的局限性以及对拓展性学习实践的局限性等三个方面的问题[①]。现代教学观中,教师的启发作用要远大于教师的传授作用。因此,教师指导学生做好拓展性学习是重要任务之一。做好拓展性学习有如下具体的实践路径:一是坚持系统化教学。即将思政课教学目标、内容与专业教学乃至整个人才培养目标、内容融合一致、相互支撑,使之成为大学生人生成才的重要助力。思政课教师要紧密结合学生日常学习生活指导学生开展拓展性学习,而不是就课程教课程。二是点面结合。在具体章节及知识点的教学过程中,需要将教学内容加以拓展,指导学生自主开展相关内容的学习、体会。比如北京某高校开展的"时政述评",要求学生结合本节课的具体内容在前10分钟就某一时政或社会热点新闻开展述评,既要还原事件原貌,又要有个人分析见解。这就容易让学生进入课堂,由点及面、由浅入深地学习。三是留好接口。这个接口是课堂与课外的接口,可以是利用翻转课堂教学方式引导学生自主学习,在回归课堂时解决问题;也可以是教学与自学的接口,推荐学生阅读相关领域的书籍,引导学生

---

① 李晓燕,陈欣.论全面深化改革论点对当代大学生拓展性学习的启示[J].教育教学论坛,2016(8):204-205.

将教学与自学联通,形成双学共育的良好局面。

(三)追踪课后长期的影响评测

思政课教学应该注重学生学习成效与评价,甚至是跟踪评价、长期评价。教学的主要目标是培养人才,培养人才的主要路径是课堂教学、实践教学,但是教学质量或学生学习成效的成果表现却不只是在课堂之中,更重要的是课后一段时期乃至学生过毕业后的整个人生。因此如何评判教学质量,追踪课程教学对学生的成长影响,就成为重要的问题。当前以"知识学习"视角而开展的课程考试的方式是普遍采用的短期教学质量和学习质量的评测方式,还有注重对学生未来发展影响的追踪式调查。

(1)丰富短期考试方式。思政课作为思想政治教育类的课程,内含丰富的知识点,这些知识点是学生必须掌握的。考试是检测学生知识点是否掌握的重要方式。当前的考试主要是由闭卷和开卷两种方式进行,闭卷考试主要考查学生对概念、概况以及理论等知识点的掌握情况,开卷考试多注重考查学生对某一事件、观点、理论的理解、应用、分析、述评水平。开卷、闭卷考试各有优缺点,可以通过以下方法作适当调试、创新以增强考试的评测效力:一是增加课堂随机测试。即将每节课的内容作为评测目标,在课程即将结束的时候开展测评,观测学生当堂学习掌握情况。这种课堂随机测试有利于教师及时掌握学生学习进展情况,也有利于加大学生学习压力,使之全神贯注于课堂学习。二是灵活运用闭卷开卷考试。开卷、闭卷各有优势,思政课教师可以综合运用两者的优点,分别开展开、闭卷考试。比如一门考试分上、下试卷,上卷为闭卷,占时45分钟,主要考查概念、理论、观点等知识点的掌握情况,下卷为开卷,占时45分钟,主要考查知识点的应用情况。三是合理赋值。学生课程学习成绩应该是由出勤、课堂测试及表现、期末考试成绩等多个方面的成绩综合而成,其中出勤是学生学期整体进课堂情况的记录,侧面反映学生的学习积极性和学习态度,课堂测试及表现是学生在各个阶段的知识学习情况及学习活跃度,期末考试成绩是学生课程综合测试的结果。三个方面的表现均是学生课程学习的表现情况,思政课教师应该根据实际情况给予一定的赋值,最终形成课程学习的总分。总分可以客观反映学生整个课程学习的情况。

(2)加强长期跟踪评测。长期跟踪思政课的教学质量非常难,难点在于三个方面:一是评判优劣的标准缺失,二是评判周期的长短认识不一,三是评判方式的选择及实施的主体难以客观。这三个方面的原因很容易造成长期跟踪测评的失败。不过既然要监测思政课教学质量,适当加强长期跟踪评测就是必要的。高校可以通过如下融合检测的方式推进相关评测落地:一是监测量化指标。如毕业生五年、十年之内的入党率、成为入党积极分子比例等,政治身份的进步可以较为直观地反映学生思想的进步,思政课是学生思想进步的前期基础。因此将政治身份的进步作为量化指标有一定科学依据。二是现实工作表现。如毕业五年、十年内的工作业绩、成效以及职务晋升的情况,作为其职业能力、态度、价值观的重要内容,这些要素是以思想为基础的。因此将工作表现作为衡量思政课教学质量的后续影响也有一定科学依据。三是生活态度。思政课的重要目标就是教育引导学生健康、积极地生活。如果在五年、十年内学生经历社会的磨砺能够保持一个阳光、向上的生活态度,那一样可以将其作为思政课教学质量依据。三个方面的内容有量化也有质性,可以比较客观地反映现状,将其作为思政课长期质量评测的依据是科学的、合理的,也是可操作的。

课程评价视角下的思政课教学改革探索,应该更加注重分段教学评价,其强调的是精细化、专业化,也是适应思政课教学规律的必然要求。通过分阶段的课程评价,可以准确把握思政课教学不同阶段的进展、情况和质量,并在此基础上开展针对性的调试。当前思政课教学中,学生课前准备普遍不足,这就要求思政课教师加强课前辅导,辅以一定的考核激励措施,提高课前准备质量。课中阶段,思政课教师更要积极调动学生学习积极性和创造性,借以提升学生学习投入、学习成效,具体可以通过教学方法革新、教学互动加强等多种路径与教学评价综合运用。课后阶段尤其要加强教学考核评价,通过评价结构、内容和方式的优化,提高学生参与的积极性,提升思政课学习投入度,进而推动思政课教学质量提升。

三、推动思政课教学评价改革

当前思政课教学评价、学生学习成效评价还有待进一步完善。教学评价既是评判教学质量的重要手段,也是评判学生学习成效的重要路径。在"以学生为中心"的教学价值观和质量评价观看来,以学生学习成效评价来推动教学效果评价改革成为一种重要选择。以此观之,教学效果评价就应该以学生为中心,通过学生学习成效评价来引导教学效果评价的导向、标准和方式变革。因此,高校要客观评价教学质量,就必须建立一套科学、公正、可操作的评价体系。

(一) 重置教学评价的价值导向

价值观是人们基于生存、发展和享受的需要,在社会生活实践中形成的关于价值的总观点、总看法,是人们的价值信念、信仰、理想、标准和具体价值取向的综合体系。① 价值导向是以价值观为判断依据的基本取向。在以往思政课教学评价中,多"以教师为中心"开展教学评价,即观察教师教学能力、教学水平、知识阅历、方法运用等,并将这些要素的基本情况作为教学评价的重要依据。评价的焦点始终在教师身上。鉴于当前教育发展的现状,教学越来越关注学生,越来越倡导学生中心、学生为本,故教学评价的价值导向也应该调整。大学课堂教学的核心价值在于:一切为了学生的学习和发展②。这既指出了教学的核心价值所在,也给出了判断教学价值的核心依据——是否为了学生的学习和发展,是否能够促进学生的学习和发展,是否能够激发学生的学习和发展。因此,建立以学生为中心的教学评价的价值导向,适当关注教师的主体作用发挥,兼顾思政课教学组织、管理等内容,形成新的思政课教学评价的价值导向——"以学生为中心"的多元价值导向,这种价值导向"以学生为中心",兼顾教师、学校、社会、企业和国家等主要利益相关者的诉求。根据前文实证调研数据可以做出判断,以学生为本就要以提高学生学习成效与评价、学习投入与支持和教学质量为主要目标。

(二) 重构教学评价的标准体系

标准是进行评价和管理的必要条件,具有共识性、规范性、权威性、分类性、主体性、客体性③。标准体系是标准的集成,是针对某一具体事务的流程、内容、要求构建起来的标准要求体系。重构思政课教学评价的标准体系,就是要重构思政课教学评价的主体内容,校核相关标准。即要"以学生为中心"、以学生发展为主要内容来构建教学效果评价的主要内容,重点突出有利于提高学生学习成效的要素,规避可能会降低或消解学生学习成效的因素。

(1) 要将标准内容进行重构。刘志军认为现代课堂教学质量评价标准应

---

① 李景源,孙伟平.价值观和价值导向论要[J].湖南科技大学学报(社会科学版),2007(7):46.
② 王昌民,王凌.大学课堂教学价值导向的审视[J].渭南师范学院学报,2018(11):5.
③ 陈玉祥.从标准的内涵看我国本科教学质量标准的建立[J].中国高教研究,2007(7):35.

该包含基础层次、提高层次和体验层次①。所谓基础层次包括激发学习兴趣、理解、掌握、会用,提高层次包括主动参与教学,充分、有效地交往,体验层次包括感受生活乐趣,体验创造的成功。这是以学生为中心的教学质量评价标准的分层概念,可以更好关注到学生学习成效评价,更好提升教学成效评价的真实度。2018年教育部颁发《普通高等学校本科专业类教学质量国家标准》(以下简称"国标"),首次在国家层面上提出了教学质量国家标准的概念:一是坚持"以学生为中心",努力推动教学从"教得好"向"学得好"转变;二是坚持产出导向,主动对接经济社会发展需求;三是坚持突出持续改进,不断加强质量保障体系建设,推动质保工作落地落实②。由此可见,推动标准内容结构的重构,首先要将确立多元主义价值导向,"以学生为中心"引领标准重构,更加重视学生学习成效的表现。其次要构筑多层次的标准内容,包括学生基本情况、学生课堂表现、师生互动、学习投入等一系列体现学生中心的评价内容,以及教师教学互动与组织、教学内容与方法等主导性因素的呈现。最后要适度关注学生成绩,学习成绩是学生学习成效的重要反映,是学生知识习得情况的主要指标,相关成绩判定应该在前文论证的基础上综合考量。

(2)要重构标准比例。教育部"国标"确定了"以学生为中心"的多元主义价值导向,在标准比例的构成上,学生因素应该占据主导地位,即应该将学生学习成效、学习投入及相关因素列为标准的主要内容,占据一半以上的赋值。之后适当考虑教师因素以及学校因素、社会因素、政府主管部门因素等,关注不同利益相关者的主体需求,以实际情况给予一定赋值。这就构成了学生、教师及其他利益相关者为主要因素群的标准体系。其中学生是主体,学习成效和学习投入是其核心;教师是主导,关注学生是核心;其他利益相关者是重要的参与者,支撑教学是核心。不同因素有不同影响力,应该在标准体系中占据不同的位置。这就要改变以往"以教师为中心"的教学质量评价体系。学生学习成效和学习投入反映在学习成绩、学习态度、学习投入度等多个方面,要通过观测学生学习成效和学习投入的变化,来关联教学效果。这种关联是将影响学生学习成效和学习投入的教学因素与教学效果评价联系起来,如学生学习态度不认真,是学生本身不认可,还是教学教学方法运用有问题;学生学习

---

① 刘志军.试论课堂教学质量评价标准的建立[J].华东师范大学学报(教育科学版),2002(6):38.
② 新华社.我国高等教育领域首个教学质量国家标准发布[J].陕西教育(高教),2018(3):80.

课堂测试成绩不好,是因为上课没认真听,还是课程内容没得以消化吸收,或者教师没能将有关理论、概念讲清楚,导致学生未能学会、弄懂、会用。分析学生学习成效、学习投入及其影响因素,有利于教师分析和发现教学问题,有利于推进教学效果评价。在研究中,学生学习成效和学习质量受到人口统计学因素的诸多影响,受到教学互动与组织、教学内容与方法等方面的非人口统计因素影响。两类因素不同路径影响着学生的课堂表现、互动表现、学习成效、学习投入等,进而影响学习质量和教学质量。

(三)革新教学评价的方式方法

教学评价的方式方法是提高评价质量的关键。当前落实教学评价的主要方式方法有学生评教、督导评教、同行评教、领导评教等,评教的重点在教师身上,不是"以学生为中心"的评价方法。按照新的"以学生为中心"的多元主义价值导向,推动教学评价方式方法革新应该从学生视角展开,即以学生学习成效好坏来推动教学成效评价设计。

(1)以学生学习质量为主要评价内容。学习收获是学生学习质量的重要体现。学生收获的主要内容可以包括知识获得、心理获得和素养习得等。高校可以根据学习收获的主要内容设计相关的评价量表,测试学生学习收获水平。教师要重点发挥能够提升学生学习成效的教学要素作用,同样学校也要重视该评价视角的转变,即以能够提高学生学习成效的教学手段为评价依据。

(2)改革教学评价的方式。有受访老师表示,教学评价方式不够科学。以前的评教重点在教师身上,评价方式也是"以教师为中心"的,革新教学评价的方式重点在于转教师中心为学生中心、学生评教为教师评学、督导评教为督导评学、同行评教为同伴评学、领导评教为学生自评,通过一系列的主体转换、视角转换,来推动评价方式方法的变化。试卷、问卷、访谈以及跟踪调查的方式是推进评价落地的主要途径。具体的评价方式改革创新可以通过以下几个方面实现:一是运用新技术。思政课教学可以引进多种新技术开展教学评价。例如运用新媒体互动技术,即时开展课堂测试,即时展示学生学习成效评价,反映课堂教学成效。二是贯彻新理念。变灌输式教学为互动式教学,中间以互动问答来监测学生知识习得情况,动态掌握学生学习成效的同时,判断不同教学手段对学生学习成效的影响,推动提高教学效果评价改革。三是增强学生主动性。设立多种反馈和评价渠道，让学生根据实际情况来做选择。如部分高校要求学生在查询期末成绩前开展教学评价，这样既保证了教学评价的覆盖面，也避免了学生出于讨好教师或不敢得罪教师而打高评价分值的情况。四是借鉴国际成果。在国际上已经发展出多种教学评价的方式方法，让学生成为评价的主角，学习成效成为反映教学成效的主要依据。

评价举措不力是导致学习成效不彰的关键原因，评价机制对于学生学习成效、学习投入的引导和激励都具有非常重要的促进作用。学生学习成效与评价、学习投入与支持都是反映学生学习情况的重要指标，从实证的数据来看两者均低于五大要素的平均水平，处于第四、第五位，这说明学生在这两个指标上的质量认可度不高、满意度不高，这也成为推动思政课教学评价改革的重要因素。本研究认为，新时期的思政课教学评价必须坚持"以学生为中心"，这既是"国标"的精神要求，也是课程评价的多元主义价值观要求，学生情况、学生需求、学生学习动力等都必须获得评价的高度关注，并且通过各种成效激励、投入引导、政策支持激励的评价任务来倒逼思政课教学评价改革，进而推动思政课教学质量提升。

第五节　素养与能力：始于教学实践建设教师团队

思政课师资队伍建设落伍于时代环境需要是导致思政课教学质量不佳的主要因素之一，体现在思政课教师队伍数量、结构、水平等方面存在一系列问题。在受访的 20 所高校代表教师中，绝大多数（全部校领导）都提到了教师队伍建设问题，其中数量问题尤其突出，成为高校普遍存在的现象级问题。

"百年大计，教育为本，教育大计，教师为本"，足见思政课师资队伍建设的重要性。国家高度重视思政课教师队伍建设，从师资培训、领军人才培养、专家讲师团建设、制度建设等各个方面开展了一系列富有成效的改革举措，思政课教师队伍质量得以显著提升。不过相对于实际需求而言，思政课师资队伍建设底子太薄、问题颇多，存在数量不够、结构不均、研究能力不足、责任感被消解等显著问题，并没有得到根本扭转，这些问题依然是制约思政课教学改革、教学质量提升的梗阻点。

研究认为,思政课教师队伍建设依然在路上,依然需要通过数量提升、质量建设、结构优化、水平提升、价值实现等四个方面来推动思政课师资队伍建设,进而推动思政课教学质量提升。

一、推动思政课教师数量提升

2014 年,有学者通过调研发现高校思政课师资队伍建设存在重视不够、政策没有落实到位、师资队伍素质良莠不齐、培训力度不足、少数高校机构建设没跟上等问题①。这与本研究在质性访谈中发现的问题基本一致,这一方面说明五年来思政课教师队伍建设没有发生根本性转变,另一方面也说明思政课教师队伍建设还处于低位徘徊。造成如此困境的成因可能与思政课的尴尬处境有关。从课程定位上,虽然思政课是必修课,但主课身份、副课地位的尴尬在日常教学建设中一直存在。学生认为思政课不是专业课程,考试基本靠背、基本都能通过,学校认为思政课是基础类课程,非专业教师也能上,导致师资队伍的数量建设、质量建设都出现一定问题。要改变这一现状,首先得从数量入手。

增加思政课教师数量的途径有很多,引进和培养是最重要的两种方式。

(一) 引进

从全国高校思政课教师总数增长来说,引进的主要渠道是国内高校培养的马克思主义、思想政治教育相关专业的博士毕业生。鉴于思政课的特殊性,国外高校鲜有培养和提供思政课专业教师,所以师资人才培养的重任就落到了国内少数具有马克思主义学科博士学位培养资格的高校。显然,这类高校数量少,每年培养的博士、硕士总量有限,不足以支撑全国高校思政课教师的刚性需求,这就必然导致"吃不饱"的情况。从高校个体来看,虽然全国高校的总需求难以从引进满足,但鉴于不同高校的吸引力和重视程度不一,人才招聘的投入力度不一,会造成各高校人才引进的实际情况存在巨大差别。经济发达地区、财力雄厚的高校会受到博士毕业生的青睐,这类高校可以引进质量优异、数量足够的思政课教师。一些偏远地区、财力单薄的高校情况则相反,引进的数量、质量都会受到很大限制,思政课教师队伍建设则会继续处于低位徘

---

① 李永贤.关于高校思政课师资队伍建设的调研报告[J].国家行政学院学报,2014(4):68-69.

徊的阶段。要从面上解决所有高校思政课教师数量不足的问题，仅靠招聘引进显然不行，还得发挥内部培养的作用。

（二）培养

高校对思政课教师的需求总量与供给总量之间存在显著的不平衡，需求总量明显大于供给总量，培养是解决差额的重要路径。高校思政课教师来源本就多元，有不少是从其他专业岗位分流而来，虽然思政课教学水平不高，但一定程度上弥补了数量的缺陷。因此，加强内部师资队伍的流转，争取一些有思政课教学意向和热情的老师转岗到思政课教学岗位上来，先解决数量问题，再通过培训、带教、专业学习等多种方式培养、提升转岗教师的专业能力、教学水平。

师资数量是保障思政课教学秩序、教学质量的基础。思政课教师数量要按照350∶1的生师比配备，这是刚性要求，也是质量保证的基础。高校应加大人才引进和培养力度，从经费上加大投入，从政策上适当倾斜、从待遇上逐步提高，借以吸引更多、更优秀的博士毕业生、在职教师投身到思政课教学事业中来。解决师资数量问题，是解决超高师生比、超高班额、超强度工作、高疲劳持久战的主要路径，是消除思政课教师职业倦怠、提高思政课教师积极性，进而提升思政课教学质量的关键基础。

二、完善思政课教师团队结构

数量是基础，结构是关键。对于师资队伍建设而言，不管数量是否达到配置要求，结构优化都是必要工作。优化教师团队结构，必须从优化师资队伍总体结构开始，进而优化课程教学团队结构。增加师资队伍数量本身起到优化结构的作用，同时如果能够在增加数量的同时，兼顾学科、专业、研究领域和年龄、职称等结构问题则会起到更好的作用。

（一）优化师资队伍总体结构

高校思政课教师队伍主要以马克思主义学院专职教师为主，辅以适当的兼职教师，专兼职教师队伍构成了思政课教师的总量，形成了思政课教师的基本结构。当前思政课教师队伍主要存在学科专业背景不强、分流教师过多、年龄职称分布不均等问题，要解决这些问题必须从优化学科结构、优化工作结构、优化来源结构等三个方面着手①。一要优化师资队伍总体学科结构。引进、培养一批以马学科背景为主，心理学、历史学、教育学、政治学背景为辅的专兼职思政课教师队伍，这将有利于师资之间形成交叉融合的团队合作，有利于激发教学创新。二要优化教师工作结构。专兼职协同既可以缓解教师数量不足的压力，也可以优化教师队伍结构；同时加强激励保障，可以更好调节师资队伍工作模式，提高师资工作积极性和主动性，加强相互补位。三要优化师资来源结构。社会招聘、校招等引进模式，内部轮岗、选拔等培养模式，都是优化师资来源结构的重要路径。优化来源结构是优化师资总体结构的主要方式。

（二）优化课程教学团队结构

优化课程教学团队结构是师资队伍总体结构的再优化，是构建在整体思政课教师队伍基础上的局部优化。尽管当前思政课师资队伍总体优化存在一定困难，但是局部优化、教学团队优化却可以实现：一要培养团队负责人。团队负责人是思政课教学队伍建设的关键，选拔培养一批教学业务出众、教学热情高涨的骨干教师，使之逐渐具备团队负责的能力水平，这将为优化教学团队打下坚实的基础。二要搭建教学团队。一个优秀的团队应该具备职称、年龄和性别等方面的梯队和协调属性，有一定的共同学科基础和差异学科能力。因此，优化思政课教学团队必须从学科、支撑、年龄甚至性别等方面搭建一个团结协同、学科交叉、能力互补的优秀教学团队。三要加强团队交流。一方面要注重内部团队交流，定期开展业务研讨、团队团建，提升业务水平的同时，增强团队凝聚力、战斗力；另一方面加强团队之间的交流互动，互相学习先进经验、做法，探讨解决教学中出现的实践问题，为团队教学水平的总体提升互学互鉴、集思广益。

在思政课教学越来越受到重视的背景下，教学团队建设无疑是最为重要的。教师数量不足是导致师资队伍建设不力的关键原因，队伍建设反映在不同层面，整体师资队伍数量、课程教学团队以及研究能力等是重要内容。课程教学团队是落实课程教学、开展师生互动、落实人才培养、坚持立德树人根本

---

① 王嘉，戴艳军.高校思想政治理论课师资建设需处理好四个关系[J].江苏高教，2012(3)：93-94.

任务的基础,因此高校应该大力加强课程教学团队建设,以团队建设促进教学质量提升。

三、提升思政课教师研究水平

职业危机是教师产生职业倦怠的重要原因之一。思政课教师教学能力一方面基于多年的实践锻炼,另一个重要的路径就是科研反哺。从质性课程评价的有关结论来看,思政课教师教学任务量巨大、班额巨大、精力消耗巨大,这不仅容易造成教学倦怠,也同时挤压了思政课教师的科研时间。时间、意愿、能力、水平都是制约思政课教师开展科研工作的主要因素,时间是前提,如果大部分的时间被教学占据,科研时间必然受到挤压,而产生力不从心的感觉。同时,思政课教师开展科研也有如下诸多障碍:一是思政课教学的期刊较少,科研成果难以被期刊收录;二是思政课教师职称晋升标准基本参照人文社科标准,没有体现思政课教师的特殊性和重要性;三是高校教师考核体系中普遍存在"重科研、轻教学"的情况,但实践中却因巨量的教学任务挤压了科研的空间,导致考核与实际呈现完全相反的导向。在师资数量、整体教学环境短期无法转变的情况下,要破解如上问题,提升思政课教师科研能力水平,本研究认为应该从以下两方面入手。

（一）加强师资培训

高校可以优化教师精力和时间配比,在完成基本教学工作量的情况下,将原来教研室活动以及有关会议时间进行重新整合,引进思政课教学科研领域的专家学者进校与思政课教师们开展互动,指导教学和科研实践。寒暑假中,高校要积极倡导和推动寒暑假培训和科研活动,引导教师积极参与寒暑假的各类学术研讨班、培训班,开阔视野的同时能够调节心境,缓解教学压力和职业倦怠问题。

（二）加强科研团队建设

一般而言,科研活动可以由个人开展,也可以是团队协同,尤其在思政课领域,思政课教师可以选择个人独立开展科研。与此形成对应的是,成立团队开展科研会有更多好处。首先是团队更容易出成果。科研团队可以集中优势力量攻坚具体研究领域,团队能力、水平均要显著高于一般意义上的个人,成果水平也会更高一筹,发表机会也会更多。其次是团队智慧更具优势。研究观点、路径、方法都是在思想的激烈碰撞中产生的,团队头脑风暴可以从更多视角、更多领域开展探讨、研究,以便形成更有价值、更加先进的科研成果。最后是要以制度支持团队建设。高校可以借助体制优势,在校内成立相关研究所、研究院,并在此基础上,搭建和推动若干科研团队的建设,在人力、财力、物力上给予支撑。

培训是教师借助外力提升能力水平的重要路径,科研是教师自发投入提升能力水平的重要路径。培训和科研都有多种路径可以支撑思政课教师提升研究能力和水平,实现职称提升、促进教学质量提升。

四、引领思政课教师价值实现

思政课教师的价值实现是解决职业倦怠的根本方式。思政课教师的价值实现可以表现在多个方面:一是实现在给学生浓厚人文关怀中[①]。教师的天职是培养、启迪和关爱学生,思政课教师尤其具有这方面的优势和属性。思政课的课程内容具有深厚的文化底蕴,涉及中国传统历史文化、马克思主义文化等,以文化人、文化育人是思政课教师最有可能推动、实现的育人活动。二是实现在师德师风建设中。无论是从教师的职业性质还是思政课内容特点来说,高校思政课教师都应该具有良好的职业修养和高尚的道德情操[②]。师德师风建设一直被党中央高度重视,高校普遍设立的教师工作部也是为加强师德师风建设所专门推动设立的。思政课教师是德育工作者,这就对其自身的师德师风要求更加高。

(一) 激发教师传道授业动能

师者,传道授业解惑也。这是作为老师能够给予学生最大的支持和帮助,引导学生开启认知、辨析和求学之路,帮助他们树立正确的世界观、人生观和价值观。在此过程中,如何推动教师与学生共同成长成为关键。长期、高强度的教学工作使得教师职业倦怠现象问题频发,如何调节教师工作节奏、调动教师工作积极性、激发教师工作动能,是新时期思政课教育教学管理与运行的关

---

① 茆素琼.师资建设是思想政治理论课供给侧改革的关键[J].高教学刊,2018(1):67-70.
② 茆素琼.师资建设是思想政治理论课供给侧改革的关键[J].高教学刊,2018(1):67-70.

键内容。激励和保障都是优化教师需求供给的重要手段,都是肯定教师职业价值的重要方式。高校可以通过优化保障措施、强化激励政策等两种路径来激发教师工作动能,提高教师教学积极性和创造性。保障措施包括教师的基本待遇、适度的工作压力、匹配的考核制度等。激励措施包括良好的培训和发展机会、适度的精神和物质奖励等等。只有协同落实保障和激励的各项政策,才能更好激发思政课教师工作动能。

(二)提高教师职业价值认可

价值认可是提高思政课教师工作积极性和创造性的重要方式和长效保障。价值认可是从思想理念、工作机制和实施路径等多个方面实现的,既包括对思政课教学内容的认可,也包括对思政课教学指向的认可,更包括对思政课教学成果的认可。即办好思政金课,坚持立德树人根本任务,把思想政治工作贯彻到教育教学的全过程。要提高思政课教师的价值认可,必须引导教师提高职业自豪感、工作认同感。习近平在全国教育大会上要求教师"要执着于教书育人,有热爱教育的定力、淡泊名利的坚守"。执着于教书育人就是职业使命的要求,将教书育人作为教师这个职业的光荣使命。肩负使命,就要有热爱教育的定力和淡泊名利的坚守,热爱教育,不只是热爱教学,更是热爱学生,学生是教学的根本,是目的,是意义,是一切的总和。热爱学生就要与学生交朋友,成为学生的知心人,获得学生的充分信任,并在此基础上开展教学、传授知识。履行使命是教师的价值所在,也是国家、社会和学生对教师的核心要求。教师在履行使命的过程中,实现自身价值,培养学生成才,获得学生认可。增强教师职业使命感,要明确职业定位、担当职业责任、树立职业自信。首先是明确职业定位。思政课教师是"传道"者,要将"道"传给大学生,帮助大学生澄清思想困惑,坚定马克思主义理想信念。"培养担当民族复兴大任的时代新人"就成为思政课教师的职业定位。其次要担当职业责任。不管社会上拜金主义或者迷信之风如何流行,学校管理或者考核有何偏颇,思政课教师都应该坚守本职、本岗,竭力帮助学生树立正确的世界观、人生观和价值观,关注和建设学生的精神世界,用马克思主义世界观和方法论武装学生的思想和头脑。最后是树立职业自信。思政课教师是解决学生思想困惑的人,是引导学生构建正确三观的人,是培养人才的人,其功能定位和价值实现都体现了思政课教师的重要性。思政课教师应该坚持职业自信,提高职业认同感。

引领思政课教师价值实现,既是教师个体的价值实现,也是教师团队的价值实现。高校要通过增加师资数量、优化师资结构、提高师资水平、促进价值实现等路径,为他们拓展发展空间、提供学习机会,解决教师职业倦怠问题,提高思政课教师的自我认同、价值认同,引导他们开展团队建设,构建集学科领军人才、教学骨干、基础队伍于一体的、层次结构分明、数量质量均衡的思政课教师队伍。以队伍建设推动教学、学科和科研建设,不断提升思政课教师团队的能力水平,为提高思政课教学质量奠定坚实基础。

第六节　服务与保障:依照教学需求改善教学条件

思政课教育教学目标,需借助一定媒介才能实现,而要使这种效果更佳,除了上述在教学设计、互动组织、方法创新、评价改革和团队建设等方面进行改进之外,还需要一定软硬件条件的支持。从全国思政课教学的条件支撑情况来看,基本只有基础的教室、音响和电脑配备,阶梯教室限制了活动形式,硬件缺失降低了教学效率等现象普遍存在。由质性课程评价得出的结论可以看出,思政课教学条件会在很大程度上影响思政课教学的实施效果。因此要从加强条件支撑、优化服务保障方面推动思政课教学条件改革。

教学条件包括直接条件、间接条件两个方面,直接条件指直接与教学发生关系的支撑条件,包括教学经费投入、教学设施建设和教学基地建设等,间接条件指间接与教学发生关系的支撑条件,包括教育政策支持、社会参与支撑和教学管理支持等。教学条件是保障教学正常开展、实现教学目标的前提和基础,没有一定的教学条件保障,教学目标难以实现,教学改革难以落地。思想政治理论课承担着对大学生进行系统的马克思主义理论教育的任务,是巩固马克思主义在高校意识形态领域指导地位、坚持社会主义办学方向的重要阵地,是全面贯彻党的教育方针、落实立德树人根本任务的主干渠道和核心课程,是加强和改进高校思想政治工作、实现高等教育内涵式发展的灵魂课程[①]。高校要高度重视思政课的重要功能及其作用发挥,不断加强教学条件保障,推

---

① 教育部关于印发《新时代高校思想政治理论课教学工作基本要求》的通知.教社科〔2018〕2号.http://www.moe.gov.cn/srcsite/A13/moe_772/201804/t20180424_334099.hTCMl.

动思政课教学创新、改革和发展。

一、以直接条件建设激活思政课教学改革内生动力

近年来,国家教育经费投入均占 GDP 的 4% 以上,高等教育随之进入快速发展阶段。随着高等教育规模的不断扩大,经费问题再次凸显出来。教学经费是教育经费的重要组成部分,也是推进教学发展改革的重要前提和基础。要加强教学内部条件建设,一要加大教学经费投入,二要加强基础设施建设,三要加强教学基地建设。

(一) 加大教学经费投入

有受访老师表示,加大教学经费投入是提高思政课教学质效的基础条件。教学经费是开展教学活动的保障性条件、必备条件之一。2001 年,《普通高等学校本科教学工作水平评估方案(试行)》曾将本科教学经费大致划分为本专科业务费、教学差旅费、体育维持费、教学仪器设备维修费等四大类。张学敏等人研究认为,教学经费应该指在教学过程中直接发生的费用或对教学产生重要促进作用的经费,主要包括教学人员经费、专业与课程建设费用、教学设备设施费用、实验实习经费、图书资料费用以及用于教学研究的费用[①]。这是指所有教学经费的总和。思政课教学经费主要由学校通过从教学经费中划拨而来,分别有教学主管部门和马克思主义学院两方面负责,其中实习三项经费多由教学主管部门划拨至二级学院,教学业务费、学科建设费等直接划拨至马克思主义学院。上海高校思政课均教学经费基本在 40—60 元区间,加上思政课教学改革、研究和实践等相关经费,思政课教学生均经费总额在 100 元左右。这是当前思政课教学经费的主要结构、调配方式和金额区间,相对于实际需求,存在着教学经费总体不足和管理使用过于分散的情况。解决总体不足,必须依靠高校加大资金投入力度,提高生均教学拨款;解决过于分散,必须依靠行政力量,将资源往马克思主义学院聚集,这样可以提高资金使用效益。

(二) 加强基础设施建设

有受访老师表示,教学基础设施建设对思政课教学有重要影响。教学基

---

① 张学敏,贺能坤.本科教学评估指标"教学经费"构成研究[J].中国大学教学,2007(11):76-78.

础设施包括教室、教学设备、配套设施等。高校通常没有专门针对思政课教学而设置的专门教室,基本上都是使用阶梯教室以解决大班额课堂教学的容量问题,相关的设备设施一般也只有电脑、投影、话筒等,基本是当前教室的基本配置。智慧教室、多功能教室尚未成为思政课教学的主阵地。要丰富思政课教学组织形式,充分发挥各类教学方法的作用,加强基础设施建设和升级成为必然。一要引入新技术设备支撑新教学方法的实现,尤其要加强智慧教室的建设和普及,推动多种教学技术手段在课堂上的应用,以提高教学质量。二要以增强互动为着眼点,大力加强互动教学设施的建设,使得课程教学能够更加灵活、精准。三要"以学生为中心",增强人文关怀,尤其在教室及其周边要尽可能多配一些人文关怀性的设施,增强文化育人。

(三) 加强教学基地建设

有受访教师认为,思政课是理论性与实践性相统一的课程,加强教学基地建设非常必要。思政课教学基地主要指实践教学基地,包括校内、校外两方面的实践基地。思政课实践教学基地是大学生接触社会的窗口,也是进行思政课实践教学的有效平台[①]。教学基地建设路径有多种,大致有校内学习活动平台,以及爱国主义教育基地、志愿服务基地、社会实践基地、校企合作基地、网络平台基地等六种主要形式。校内学习互动平台品类多样,可以是理论学习型社团,也可以是辩论赛、沙龙互动等。爱国主义教育基地是较好的思政课实践教学基地,其中包含诸多红色资源、科普元素,是学生瞻仰历史、提高修养的重要资源。志愿服务和社会实践基地是学生走进社会、接受教育、增长才干、做出贡献的重要平台,也是经受各种历练、提高思想修养的砥砺平台。校企合作基地是学生接触社会经济生活、提高生存和发展能力的重要平台,学生可以直面社会生产、了解经济发展。网络平台则是网络技术与实践教学的融合产物,是新时代思政课实践教学的必备渠道,教师可以利用网络平台随时随地开展触手可及的思想政治教育活动。

加强思政课经费投入、设施建设以及实践基地建设是优化教学直接条件的重要举措,增加经费投入、规范经费使用可以拓展思政课教学资源,夯实基

---

① 张小云.高校思政课实践教学基地建设的问题与对策[J].中国石油大学胜利学院学报,2018(6):73.

础设施建设可以支撑教学技法创新,拓展实践教学基地建设可以丰富学生实践认知渠道,随着资源的丰富、技法的创新、渠道的拓展,思政课教学的内部改革动力将不断提升,形成自内而外的改革局面。直接支撑条件是学生能够切实感受得到的教学条件,是对学生学习投入与支持的重要组成部分。直接条件还是各种教学方法、教学互动、教学评价等各种改革举措得以落地的关键基础,有经费投入、设施支撑才有可能实现上述各类教学改革的目标。因此,改善教学条件是思政课教学综合改革的基础。

二、以间接条件建设倒逼思政课教学改革走向深化

教学间接条件是指不直接参与教学,但对教学效果有重要影响的支撑条件,主要包括各类教育教学政策、社会思潮及社会参与以及教育管理的能力水平等。间接条件建设多由思政课教学的利益相关者推动,这些利益相关者也多是思政课程评价的参与主体。不同水平的间接条件对思政课教学实效影响颇大,良好的间接环境及条件可以倒逼思政课教学改革走向深化,实现内外互动的改革局面。

(一) 加强教育政策支撑力

政府主管部门是教育政策制定者,同时是思政课教学的顶层设计者,也是思政课教学评价的重要参与者。教育政策是教学发展的重要条件,教育政策影响教学的方方面面,就思政课教学而言,思政课教学领军人才建设政策直接影响思政课学科建设、科研发展以及教学成效。领军人才政策包括各类经费投入、人才称号及待遇落实、科研条件和项目支撑等。思政课学科建设政策包括确定思政课的政治地位、资源匹配以及发展导向等,涉及队伍建设、课程建设、科研发展等各个领域。思政课教学改革政策则是要确立导向,明确党委书记一把手负责制,提高思政课教学地位和水平。随着以全国双一流、省域高水平为代表的高等教育发展政策的推进和落实,实施高校分类管理、学生分类教学必将成为新的政策趋势。分类管理,是遵循高等教育发展规律和办学规律的体现,有利于激发高校自主办学主动性[①]。分类教学,是遵循学生认知和发展规律的提下,有利于提高学生学习积极性和投入度。

---

① 史秋衡,康敏.探索我国高等学校分类体系设计[J].中国高等教育,2017(2):40.

（二）提高社会参与支撑力

社会力量是思政课教学的参与主体之一，也是思政课程评价的重要利益相关者之一。改革开放和社会主义现代化建设的新阶段，要求明确高等教育利益主体的权力关系和职责，提高高校面向社会自主办学能力和质量[①]。思政课的社会参与包括以下多个方面：一是社会思潮潜移默化的浸入。社会思潮从未间断，也不曾消解。思政课教师要面对包括西方普世价值观、极端宗教价值观以及各类拜金主义、利己主义思潮和观念的影响，并在这种社会环境下开展大学生思想教育。二是家庭和用人单位的要求。家庭希望高校能够培养出品格优秀、素质良好、专业过硬的孩子，用人单位也希望高校能培养出业务能力突出的人才。家庭和用人单位的需求既有相近也有不同，需要高校居中平衡，并尽可能培养出德才兼备的社会主义合格建设者和可靠接班人。三是社会投入。一方面，有以思潮为代表的文化价值观的潜移默化，也有以实际发展需要为代表的人才诉求，还有以责任与使命促发的社会投入影响。另一方面，以校友捐赠、科研合作伟代表的社会力量支持教学发展创新逐渐成为高校事业发展的重要支撑力量。

（三）汇聚教学管理支撑力

教学管理者既是思政课教学秩序的维护者，是教学活动的积极参与者、推进者，也思政课教学评价的主要实施者。教学管理者拥有课程建设和管理权，是课程质量建设标准的重要制定者。质量建设是当前高等教育建设的重大工程之一，教学管理是支撑教学质量建设的重要力量。现代化、精细化和协同化既是教学管理发展趋势和方向，又是支撑教学质量建设的重要方式。教学管理现代化是要求理念现代化、管理手段现代化、人员素质现代化和管理机制现代化[②]。教学管理精细化是对教学管理程序、服务和质量的一种追求，要求以人为本、管理科学、简洁高效、细致入微、精益求精。教学管理协同化是要求教学管理部门与相关人员协同一致，提高管理服务水平，包括教务处、教学质量办公室、教师发展中心、二级学院等部门及负责人，以及教师、学生和教辅人员等，力求达到"心往一处想、劲往一处使"的良好协同局面。教学管理现代化、

[①] 史秋衡.深化高等教育综合改革的历史责任与结构设计[J].中国高等教育，2018(10)：38.
[②] 蔡青.论高校教学管理的现代化[J].中州大学学报，2002(1)：40.

精细化和协同化是对教学质量建设的最好支撑,是促进教学改革的重要推动力量。

高校思政课教学改革是一个极为重要的真命题,诸多现象级问题是思政课教学质量不佳的具体体现,也是开展教学改革的直接动力。将思政课放在整个教育大环境下,可以发现国家越来越重视思政课的教学发展,习近平强调要把思想政治工作贯穿教育教学全过程,开创我国高等教育事业发展新局面。与此同时,思政课教学所面临压力也越来越大:一是政府主管部门、高校对思政课教学要求也越来越高,二是全球化及其泛起的多元价值文化与马克思主义文化和中国传统文化激烈交互,三是"00后"进入大学成为新时代高校大学生的生力军,意味着教育对象及其需求发生空前变化,四是思政课本身的理念、方法、技术、实施、过程等各种因素存在着与现实不适配的情况,教学质量徘徊不前。这一系列因素与现象级问题一样,标示着推动思政课教学改革势在必行。

本研究通过实证评价和质性访谈,发现思政课教学质量与学生性别、年龄、专业等人口统计学因素密切相关,与学生价值认知与目标实现、教学内容与方法、教学互动与组织、学生学习投入与支持、学习成效与评价以及师资队伍建设、教学条件支持等方面密切相关,研究认为,在兼顾人口统计学特征变量的前提下,可以借力课程评价技术,诊断问题与需求,提出改进对策与建议,即高校应该通过需求供给协同、创新组织技术、兼顾守正创新、引领学习投入、激发师资动能、优化服务保障等六项措施推动思政课教学设计、教学互动、教学方法、教学评价、教学团队和教学条件等六大领域的持续改革,借以推动思政课教学的全面改革,最终实现思政课教学质量的全面提升。

总而言之,思政课改革是一项综合性工程,单纯依靠一项或几项工作是无法彻底实现预定目标的。我们不仅需要从课程本体推进改革,如教学设计与组织、教学方法、教学评价等,而且还需要相应条件的支持,还有很多其他方面配套才能更好地实现思政课教学目标,比如教材组编创新、教学管理规章制度的配套、师资队伍建设等等。限于水平和篇幅,本研究仅选取我们认为对思政课教学影响较大的几个方面进行分别论述,其他方面将希望在以后的深化研究中继续跟进。

参考文献

一、外文文献

[1] Prosser, M., & Trigwell, K. Perceptions of the teaching environment and its relationship to approaches to teaching[J]. British Journal of Educational Psychology, 1997, (1).

[2] Elliott K. M., & Healy M. A. Key Factors Influencing Student Satisfaction Related to Recruitment and Retention[J]. Journal of Marketing for Higher Education, 2001, (4).

[3] Tinto V. Dropout from Higher Education: A TheoreticalSynthesis of Recent Research [J]. Review of Educational Research, 1975, (1).

[4] Zhao Wenduo. Engineering Ethics Education and Moral Education Reform in Universities of Science and Engineering[P]. Proceedings of the 2015 3d International Conference on Advanced Information and Communication Technology for Education, 2015.

[5] Linchuan Zheng. Theoretical Analysis of the Integration Development of Moral Education and Technology[P]. Proceedings of the 2019 5th International Conference on Social Science and Higher Education (ICSSHE 2019), 2019.

[6] Sevket Benhur Oral. The Question Concerning the Aims of Moral Education: Meillassoux's Ethic of Immortality[J]. Interchange, 2017, 48(1).

[7] Johan Dahlbeck. A Spinozistic Model of Moral Education[J]. Studies in Philosophy and Education, 2017, 36(5).

[8] Xiaoman Zhu. Moral education and values education in curriculum reform in China [J]. Frontiers of Education in China, 2006, 1(2).

[9] Petru Lisievici, Mihai Andronie. Teachers Assessing the Effectiveness of Values Clarification Techniques in Moral Education[J]. Procedia — Social and Behavioral Sciences, 2016, 217.

[10] Elizabeth Seabury. Moral education for Americans[J]. Journal of Criminal Justice, 1996, 24(2).

[11] Emilija Petrova-Gjorgjeva. Democratic society and moral education[J]. Procedia — Social and Behavioral Sciences, 2010, 2(2).

二、中文文献

[1] 王策三.教学论稿[M].北京：人民教育出版社,1985：168.

[2] 拉尔夫.泰勒.课程和教学的基本原理[M].施良方译.北京：人民教育出版社,1994：85.

[3] 丹尼斯·劳顿等.课程研究的理论与实践[M].北京：人民教育出版社,1994：85.

[4] 江山野编译.简明国际教育百科全书.课程[M].北京：教育科学出版社,1991：168.

[5] 比彻姆.课程理论[M].黄明皖译.北京：人民教育出版社,1989：185.

[6] 扈中平主编.现代教育理论[M].北京：高等教育出版社,2000：265-266.

[7] 张华.课程与教学论[M].上海：上海教育出版社,2000：73.

[8] 佘双好.思想政治理论课程教学法探析[M].北京：中国人民大学出版社,2018：13.

[9] 姚利民.有效教学论：理论与策略[M].长沙：湖南大学出版社,2005：13-14.

[10] 潘懋元.潘懋元文集(卷一·高等教育学讲座)[M].广州：广东高等教育出版社,2010：36-37.

[11] 张文喜.方法与反方法——基于哲学与人文社会科学的思想对话[M].成都：西南交通大学出版社,2016：358,224,169,296,27,201,44,187.

[12] 刘宝存.大学理念的传统与变革[M].北京：教育科学出版社,2004：25.

[13] 弗赖登塔尔.数学教育再探：在中国的讲学[M].刘毅竹,杨刚等译.上海：上海教育出版社,1999：96-97.

[14] 陈瑞丰,黄莺,韩秀婷,本志红.对分课堂之高校思想政治理论课[M].北京：科学出版社,2017,(2)：14-15.

[15] 叶澜.教育概论[M].北京：人民教育出版社,1996：40.

[16] 李雁冰.课程评价论[M].上海：上海教育出版社,2002：126-133.

[17] 高鸿业.西方经济学(第七版)[M].北京：中国人民大学出版社,2018：22.

[18] 刘宝存.大学理念的传统与变革[M].北京：教育科学出版社,2004：25.

[19] 中国社会科学院语言研究所词典编辑室编.现代汉语词典[M].北京：商务印书馆,1998年12月(717).

[20] 季海菊.新媒体时代高校思想政治教育研究[D].南京师范大学,2013：1.

[21] 杨洪泽.当代大学生思想政治教育实效性研究[D].东北师范大学,2013：54.

[22] 赵卫民.高校思想政治理论课实践教学保障体系建设内部条件问题研究[J].北京青年政治学院学报,2012(10)：90.

[23] 郑永廷.论思想政治教育的本质及其发展[J].教学与研究,2001(3)：49-52.

[24] 毛玲.从学生评价的角度看高校思想政治理论课教师的基本素质[J].教育与职业,2013(3)下：85.

[25] 陈占安.积极推动高校思想政治理论课教学管理的改革[J].思想理论教育,2007(10)：37.

[26] 吕小亮,时晓建.基于社会热点问题的大学生思想引领策略[J].学校党建与思想教育,

2014(10):10.

[27] 吕小亮.习近平教育是未来生产力思想研究[J].上海经济研究,2018(4):29.

[28] 丁国浩.改革开放以来高校思政课教学方法改革的基本经验与趋势[J].前沿,2013(1):145-148.

[29] 赵永振.论全面实施高校思想政治理论课新课程方案[J].教育与职业,2008(9)中:101.

[30] 王佳.浅谈如何坚持高校思政课的问题导向[J].长春师范大学学报,2017(5):161-164.

[31] 王晓佳.高校课程评价问题与对策研究[J].北京教育.(高教),2015(3):62-64.

[32] 谢火木等.以课堂教学变革为导向的高校智慧教室建设[J].现代教育技术,2018(10):76.

[33] 江星玲.高校学业课程评价存在的问题及对策研究[J].中国教育技术装备,2017(24):116-117,120.

[34] 陆长平,姜锐,邓庆山.构建探究式教学课程评价指标体系[J].中国大学教学 2013(6):76-78.

[35] 王润,张增田,章全武.核心素养:课程评价的时代追求[J].教育理论与实践,2018(4):52-56.

[36] 韩艺,陶珊珊,郭鹏飞.基于"主体间性"的精品课程评价系统及其构建[J].高等教育管理,2017(7):105-111.

[37] 吴永军.基于特色人才培养的课程评价体系构建[J].大庆师范学院学报,2015(3):154-157.

[38] 钱铭,袁兰.基于学生发展理论的大学课程评价研究[J].天津教科院学报,2017(8):30-32.

[39] 母小勇.课程评价:从学业成就评价走向学业评价[J].教育理论与实践,2007(8):46-49.

[40] 夏玉环.教师课程评价权:内涵、意义及其实现[J].教育导刊,2015(6)上:86-89.

[41] 丁朝蓬.教材评价指标体系的建立[J].课程·教材·教法,1998(7):43-46.

[42] 史晓燕.教师教学质量评价机制探索[J].教育评论,2014(3):48-50.

[43] 刘启迪.课程目标:构成、研制与实现[J].课程·教材·教法,2004(8):24-29.

[44] 李志厚,李如密.论可持续发展教育的课程观[J].课程·教材·教法,2004(1):10-14.

[45] 张学敏,贺能坤.本科教学评估指标"教学经费"构成研究[J].中国大学教学,2007(11):76-78.

[46] 张远增.论校本课程评价的四个问题[J].上海教育科研,2003(7):63-66.

[47] 张广花.校企双主体课程评价的实践探索[J].农技服务,2015(1):184-185.

[48] 严丽萍.应用型本科教育课程设计中的两难问题[J].江苏高教,2013(3):85-87.

[49] 李雁冰.课程评价的新途径:教育鉴赏与教育批评——从艾斯纳的课程评价观再探

[J].外国教育资料,2000(4):14-18.

[50] 周勇.加拿大关于科学课程评价的研究与启示[J].全球教育展望,2003(7):66-70.

[51] 钱小龙,盖瑞·马特金.加州大学欧文分校本科生课程评价研究[J].现代大学教育,2016(6):60-65.

[52] 史秋衡.深化高等教育综合改革的历史责任与结构设计[J].中国高等教育,2018(10):38.

[53] 高德毅,宗爱东.课程思政:有效发挥课堂育人主渠道作用的必然选择[J].思想理论教育导刊,2017(1):31-34.

[54] 邱伟光.课程思政的价值意蕴与生成路径[J].思想理论教育,2017(7):10-14.

[55] 王艳娟.红色文化进思想政治理论课的改革与实践——以浙江理工大学为例[J].浙江理工大学学报(社会科学版),2017(2):71-76.

[56] 虞满华,祁国凤,孙丽.基于"翻转课堂"的混合式教学模式在思政课中的应用[J].鸡西大学学报,2015(11):7-10.

[57] 唐燕.基于网络技术探索高校思政课教学新方式[J].黑龙江教育,2012(12):47-48.

[58] 曹胜.基于网络运行的思想政治理论课立体化教学模式研究[J].学校党建与思想教育,2011(11):38-39.

[59] 韩淑芹,张德学.基于应用型人才培养的思政课教学改革探讨[J].黄山学院学报,2016(10):133-135.

[60] 王美定.基于课程特殊性原则的高校"原理"课实践教学研究[J].内蒙古师范大学学报(教育科学版),2016(2):77-79.

[61] 史秋衡,卢丽君.大学文化:提升学生学习的育人文化[J].云南师范大学学报(哲学社会科学版),2012(5):129.

[62] 罗丽华.基于"95后"大学生思想特点的"概论"课讨论式教学模式探索[J].大庆师范学院学报,2017(1):141-145.

[63] 郑永廷,张国启.论思想政治教育学科建设与发展[J].思想教育研究,2006(2):4-11.

[64] 赵德成.教学中的形成性评价:是什么及如何推进[J].教育科学研究,2013(3):47.

[65] 林静.形成性评价在高校课程评价中的应用[J].现代教育管理,2011(9):66-67.

[66] 宫黎明.试论校本课程评价的原则[J].现代教育科学,2004(6):1.

[67] 李彬,杨鹏.教育性原则:课程评价的应有之义[J].湖南师范大学教育科学学报,2009(9):77.

[68] 刘桂芝,李婧.完善本科生课程评价体系,激发师生联动发展[J].中国高等教育,2012(15,16):53.

[69] 董学荣.加强高素质思政课教师队伍建设[J].社会主义论坛,2018(5):50-52.

[70] 姚利民.高校教学方法研究述评[J].大学教育科学,2010(10):26.

[71] 石阔.论思想政治理论教育的四个特征[J].思想理论教育导刊,2007(6):46.

[72] 陈文干.高校思想政治理论课的特殊性及对教师的要求[J].杭州电子科技大学学报(社会科学版),2007(11):24-27.

[73] 顾明远.新时代教育发展的指导思想——学习习近平总书记在全国教育大会上的讲话[J].北京师范大学学报(社会科学版),2019(1):6-7.

[74] 吴雪丰.高校思政课课堂讨论中贯彻理论联系实际原则的有效途径[J].教育教学论坛,2016(3):47-48.

[75] 吴俊芳.论高校思政课实践教学的基本原则[J].教书育人,2018(9):110-112.

[76] 陆佳.上海高考新改革方案解读——兼与英美高考制度比较[J].课程教学与研究,2016(7):27.

[77] 赵菲,陈阳.大学生获得感现状及影响因素研究[J].江苏第二师范学院学报,2018(10):85-91.

[78] 史秋衡,王芳.我国大学生就业能力的结构问题及要素调适[J].教育研究,2018(4):52.

[79] 侯衍社.因时而变,遵循规律,改革创新——高校思政课教学方法创新的若干思考[J].思想理论教育导刊,2017(9):112-114.

[80] 周作宇,周廷勇.大学生就读经验:评价高等教育质量的一个新视角[J].大学·研究与评价,2007(1):27-32.

[81] 蔡忠建.对描述性统计量的偏度和峰度应用的研究[J].北京体育大学学报,2009(3):75.

[82] 杨凌燕,郭建鹏,史秋衡.我国大学生课堂体验及其影响因素的多层线性模型分析[J].复旦教育论坛,2013(6):49.

[83] 史秋衡.大学生学习情况究竟怎样[J].中国高等教育,2015(3):68.

[84] 邱秀华.高校思想政治理论课加强大学生社会主义核心价值体系教育的思考[J].思想理论教育导刊,2009(11):72.

[85] 查有梁.从思维模式看课程改象的价值取向[J].课程教材教法,2005(10):15-21.

[86] 何克抗.建构主义的教学模式、教学方法与教学设计[J].北京师范大学学报(社会科学版),1997(5):79.

[87] 郭敖鸿.高校思想政治理论课项目化教学设计与实践[J].重庆科技学院学报(社会科学版),2015(12):51-53.

[88] 王晓漪.基于个性课堂的《思想道德修养与法律基础》教学设计[J].学校党建与思想教育,2017(5):45.

[89] 刘美含,马宝娟.基于大学生调研基础上的高校思政课教学方法创新现状与对策[J].教育教学方法,2018(10):51-52.

[90] 王雪凌.试论思想政治理论课教师的基本素质[J].思想理论教育导刊,2006(1):18.

[91] 王俊斐.法制视野下的思政政治教育功能拓展[J].鸡西大学学报,2015(11):4.

[92] 陈宝生.培养社会主义建设者和接班人[J].党建研究,2018(7):19-21.

[93] 吕小亮.新媒体时代高校德育路径研究[J].青年学报,2016(2):92.

[94] 张男星.核心价值观教育与大学生思政课教学模式改革——访上海交通大学校长张杰[J].大学(研究版),2015(3):4-11.

[95] 刘献君.论文化育人[J].高等教育研究,2013(2):2-3.
[96] 陈晓端.多元智力理论对课堂教学改革的启示[J].陕西师范大学继续教育学报,2003(1):84-88.
[97] 靳爱心.基于需求分析理论的高校英语教学改革探讨[J].中国教育学刊,2015(S1):310-311.
[98] 张小云.高校思政课实践教学基地建设的问题与对策[J].中国石油大学胜利学院学报,2018(6):73.
[99] 文静,史秋衡.大学生学习满意度的要素与结构探析[J].宏观质量研究,2013(3):88.
[100] 高德毅.高校"形势与政策"课质量提升:规范化建设与综合改革[J].思想理论教育导刊,2017(9):26.
[101] 王路,任福全.大学生思想政治素质现状及教育路径研究[J].教育与职业,2012(9)中:54-55.
[102] 杨娉.高校思政课教学团队建设研究[J].才智,2016(22):48-50.
[103] 郭彩星,邱纪坤.高校思政课教学内容整合优化的路径[J].安顺学院报,2015(8):43-45.
[104] 边敏佳.大学生思政课实践教学研究——评《大学生思政课实践教学探索》[J].教育发展研究,2018(8):85.
[105] 史秋衡,柯安琪.美国政府"高校记分卡"评析[J].复旦教育论坛,2017(6):100.
[106] 周有建.供给侧结构性改革语境下高校思政课教学存在的问题及对策[J].现代教育科学,2016(11):49-53.
[107] 王学俭,杜敏.高校思想政治教育供给侧改革探讨[J].思想政治教育研究,2017(6):117-121.
[108] 杨亚非.高校思想政治教育模式的反思与重构[J].吉林师范大学学报(人文社会科学版),2011(6):94.
[109] 黄美娟.基于供给侧视角下的高校思想政治理论课教学改革审视[J].广西技术师范学院学报,2016(4):99.
[110] 朱庭伟.供给侧改革视域下新建本科高校思想政治理论课教学改革的路径选择[J].湖北开放职业学院学报,2018(12)下:73.
[111] 周越,曹培强系统论视阈下高校思想政治教育载体探索[J].社科纵横,2018(7):138.
[112] 姚利民.论有效教学的特征[J].当代教育论坛,2004(11):24.
[113] 孙丽娜,贺立军.高校基层教学组织改革与教学团队建设[J].河北学刊,2007(9):163.
[114] 姜亚金,张珠龙.兴趣小组:开放教育环境下素质教育的有效形式[J].江苏广播电视大学学报,2003(10):27.
[115] 吴廷强,罗德莲.基于地方高校电工技术理论与实验课融合式教学研究与探索[J].遵义师范学院学报,2017(6):123.

[116] 赵洪.研究性教学与大学教学方法改革[J].高等教育研究,2006(2):72.

[117] 陈振华.讲授法的危机与出路[J].中国教育学刊,2011(6):43-51.

[118] 南国农.从视听教育到信息化教育——我国电化教育25年[J].中国电化教育,2003(10):23.

[119] 王秋月."慕课""微课"与"翻转课堂"的实质及其应用[J].上海教育科研,2014(8):15.

[120] 陈桂生.孔子"启发"艺术与苏格拉底"产婆术"比较[J].华东师范大学学报(教育科学版),2001(3):7.

[121] 张崇善.探究式:课堂教学改革之理想选择[J].教育理论与实践,2001(21):39.

[122] 郑渊方,廖伯琴,王姗.探究式教学的模型建构探讨[J].学科教育,2001(5):2.

[123] 蔡青.论高校教学管理的现代化[J].中州大学学报,2002(1):40.

[124] 杨慧民.高校思想政治理论课案例教学操作模式探析——以"一切从实际出发"教学内容为课例[J].思想理论教育导刊,2010(11):63-67.

[125] 聂起元,张建.思想政治理论课案例式教学模式研究[J].安徽理工大学学报(社会科学版),2007(3):87.

[126] 沈蕾,木拉提·巴海,刘畅.抛锚式分层教学法在"概论"课教学中的应用[J].新疆职业教育研究,2014(3):46.

[127] 栾香武.浅论"情境教学法"[J].教育探索,1995(5):34-37.

[128] 张素玲.体验式教学及其在我国干部教育培训中的应用[J].中国成人教育,2010(21):93-95.

[129] 阮晓莺.体验式教学法在"思想道德修养与法律基础"课教学中的探究与运用[J].思想理论教育导刊,2009(1):70-74.

[130] 马清梅.项目教学法在市场营销教学中的应用研究[J].教育理论与实践,2009(1):61-63.

[131] 贺平.项目教学法的实践探索[J].中国职业技术教育,2006(8):43.

[132] 陈劲,阳银娟.协同创新的理论基础与内涵[J].科学学研究,2012(2):161.

[133] 章文光,Ji Lu,Laurette Dubé.融合创新及其对中国创新驱动发展的意义[J].管理世界,2016(6):3.

[134] 陈雅兰,韩龙士,王金祥,曾宪楼.原始性创新的影响因素及演化机理探究[J].科学学研究,2003(8):433.

[135] 姜艳玲,徐彤.学习成效金字塔理论在翻转课堂中的应用与实践[J].中国电化教育,2014(7):133.

[136] 史秋衡,康敏.探索我国高等学校分类体系设计[J].中国高等教育,2017(2):40.

[137] 刘孝群,耿德英.大学生学习动机与学习成绩的相关研究[J].西昌学院学报(社会科学版),2005(2):75-77.

[138] 申仁洪.学习习惯:概念,构成与生成[J].重庆师范大学学报(哲学社会科学版),2007(2):113-118.

[139] 孙睿君,沈若萌,管浏斯.大学生学习成效的影响因素研究[J].国家教育行政学院学报,2012(9):70.

[140] 李晓燕,陈欣.论全面深化改革论点对当代大学生拓展性学习的启示[J].教育教学论坛,2016(8):204-205.

[141] 李景源,孙伟平.价值观和价值导向论要[J].湖南科技大学学报(社会科学版),2007(7):46.

[142] 王昌民,王凌.大学课堂教学价值导向的审视[J].渭南师范学院学报,2018(11):5.

[143] 陈玉祥.从标准的内涵看我国本科教学质量标准的建立[J].中国高教研究,2007(7):35.

[144] 刘志军.试论课堂教学质量评价标准的建立[J].华东师范大学学报(教育科学版),2002(6):38.

[145] 新华社.我国高等教育领域首个教学质量国家标准发布[J].陕西教育(高教),2018(3):80.

[146] 查有梁."交流—互动"教学模式建构(下)[J].课程·教材·教法,2001(5):27.

[147] 韩喜平,李艳梅.思想政治理论课教师承担的神圣使命[J].思想教育研究,2017(8):87-90.

[148] 聂英.高校课堂互动教学中新型师生关系的作用分析[J].广东技术师范学院学报,2008(1):95-98.

[149] 史秋衡,郭建鹏.我国大学生学情状态与影响机制的实证分析[J].教育研究,2012(2):119.

[150] 文萍.基于建构主义的师生互动教学实践[J].广西师范大学学报(哲学社会科学版),2003(7):90-95.

[151] 谭志虎等.微助教对高校大班课堂互动教学的重构[J].现代教育技术,2018(1):107-113.

[152] 吕小亮,时晓建.全球化背景下高校德育队伍建设路径研究[J].扬州大学学报(高教研究版),2019(2):20.

[153] 刘志军.发展性课程评价体系初探[J].课程教材教法,2004(8):19-21.

[154] 蒋雅俊.课程评价:课程价值的创造与实现[J].华南师范大学学报(社会科学版),2014(3):63-65.

[155] 钟启泉.课程评价:从量化评价到质性评价——与日本课程学者浅沼茂教授的对话[J].全球教育展望,2002(3):4.

[156] 刘义兵.当代国外课程评价的基本模式[J].外国教育研究,1992(1):14-17.

[157] 董建春.论发展性课程评价制度建设[J].中国教育学刊,2008(4):53.

[158] 陈玲,王汐牟.论思想政治理论课教学中的"情"与"理"[J].思想理论教育,2019(5):68.

[159] 余双好.关于思想政治理论课教学质量评价问题的思考[J].学校党建与思想教育,2018(7):16.

[160] 本报评论员.培养造就一大批一流教师[N].中国教育报,2016-9-14(1)

[161] 习近平.习近平在同各界优秀青年代表座谈时的讲话[N].人民日报,2013-5-4(1).

[162] 习近平.在北京大学师生座谈会上的讲话[N].人民日报,2018-5-3(2).

[163] 《〈中共中央宣传部教育部关于进一步加强和改进高等学校思想政治理论课的意见〉实施方案》.[DB/OL].http://old.moe.gov.cn/publicfiles/business/hTCMlfiles/moe/moe_772/201001/xxgk_80414.hTCMl.

[164] 陈宝生.教育部:坚持以本为本 推进四个回归 加快建设高水平本科教育.[DB/OL],2018.06.21.http:∥education.news.cn/2018-06/21/c_129898414.hTCM.

[165] 教育部关于印发《新时代高校思想政治理论课教学工作基本要求》的通知.教社科[2018]2.http://www.moe.gov.cn/srcsite/A13/moe_772/201804/t20180424_334099.hTCMl.

后 记

《深化新时代教育评价改革总体方案》指出,教育评价事关教育发展方向,有什么样的评价指挥棒,就有什么样的办学导向。课程评价是教育评价的重要内容和方式,事关课程建设的价值导向,会深刻影响课程的教学和改革。笔者选择从课程评价视角,研究高校思政课教学改革,是想从价值导向出发,探索推动教学改革,提升思政课教育教学质量。

本书在国内外现有研究的基础上,认真梳理了课程评价理论和思政课教学改革领域的相关概念和理念,基本厘清了思政课教学实践中存在的问题及成因,深入探究了思政课教学改革的对策与路径。研究推进中,笔者坚持兼顾整体与局部、理论与实践相结合的原则,引入课程评价理论和供需理论指导研究。

选择从课程评价视角,研究探索系统性的教学改革对策,有三个原因:其一,课程评价可以为诊断和改进思政课教学提供有针对性的指导;其二,思政课不是一门课,而是一个课程门类,不仅应该将其视作一门课去评价优化,更应该将其作为课程集合作整体评价优化;其三,思政课教学改革,不应只是教学方法、互动形式的改革,还应该是包括教学设计、教学评价、教学团队和教学条件于一体的整体改革,通过整体改革追求教与学供需协同,实现课程价值最大化、质量最优化。

笔者在撰写本书的过程中,遇到了不少困难和困惑,得到厦门大学史秋衡教授的鼓励和指导,得到多所高校领导、中层干部和思政课专任教师的关心和支持,在此一并表示诚挚的谢意。

此书是阶段性成果。未来,还有一些领域,比如典型案例研究、差别化教学研究等领域值得深入研究,笔者将继续努力。

作者于上海电机学院
2020 年 10 月 20 日